1 fr. 25 le volume

ŒUVRES COMPLÈTES D'HECTOR MALOT

MICHELINE

PARIS
ERNEST FLAMMARION, ÉDITEUR
26, RUE RACINE, PRÈS L'ODÉON

EN VENTE A LA MÊME LIBRAIRIE

EN COURS DE PUBLICATION

ŒUVRES COMPLÈTES D'HECTOR MALOT

à 1 fr. 25 le volume

Le Lieutenant Bonnet	1 vol.
Suzanne	1 vol.
Miss Clifton	1 vol.
Clotilde Martory	1 vol.
Pompon	1 vol.
Marichette	1 vol.
Un Curé de Province	1 vol.
Un Miracle	1 vol.
Romain Kalbris	1 vol.
La Fille de la Comédienne	1 vol.
L'Héritage d'Arthur	1 vol.
Le Colonel Chamberlain	1 vol.
La Marquise de Lucillière	1 vol.
Ida et Carmelita	1 vol.
Thérèse	1 vol.
Le Mariage de Juliette	1 vol.
Une Belle-Mère	1 vol.
Séduction	1 vol.
Paulette	1 vol.
Bon Jeune homme	1 vol.
Comte du Pape	1 vol.
Marié par les Prêtres	1 vol.
Cara	1 vol.
Vices Français	1 vol.
Raphaelle	1 vol.
Duchesse d'Arvernes	1 vol.
Corysandre	1 vol.
Anie	1 vol.
Les Millions Honteux	1 vol.
Le docteur Claude	1 vol.
Le Mari de Charlotte	1 vol.
Conscience	1 vol.
Justice	1 vol.
Les Amants	1 vol.
Les Époux	1 vol.
Les Enfants	1 vol.
Les Amours de Jacques	1 vol.

PARIS. — IMP. C. MARPON ET E. FLAMMARION, RUE RACINE, 26.

MICHELINE

Ouvrages de HECTOR MALOT

COLLECTION GRAND IN-18 JÉSUS

LES VICTIMES D'AMOUR :	SANS FAMILLE............ 2 vol.
LES AMANTS, LES ÉPOUX,	LE DOCTEUR CLAUDE.... 1 —
LES ENFANTS.......... 3 vol.	LA BOHÈME TAPAGEUSE.. 3 —
LES AMOURS DE JACQUES. 1 —	UNE FEMME D'ARGENT... 1 —
ROMAIN KALBRIS........ 1 —	POMPON............... 1 —
UN BEAU-FRÈRE........ 1 —	SÉDUCTION............ 1 —
MADAME OBERNIN....... 1 —	LES MILLIONS HONTEUX.. 1 —
UNE BONNE AFFAIRE.... 1 —	LA PETITE SŒUR....... 2 —
UN CURÉ DE PROVINCE... 1 —	PAULETTE............. 1 —
UN MIRACLE........... 1 —	LES BESOIGNEUX....... 2 —
SOUVENIRS D'UN BLESSÉ :	MARICHETTE........... 2 —
SUZANNE............. 1 —	MICHELINE............ 1 —
SOUVENIRS D'UN BLESSÉ :	LE SANG BLEU......... 1 —
MISS CLIFTON........ 1 —	LE LIEUTENANT BONNET. 1 —
LA BELLE MADAME DONIS. 1 —	BACCARA.............. 1 —
CLOTILDE MARTORY..... 1 —	ZYTE................. 1 —
UNE BELLE-MÈRE....... 1 —	VICES FRANÇAIS....... 1 —
LE MARI DE CHARLOTTE.. 1 —	GHISLAINE............ 1 —
L'HÉRITAGE D'ARTHUR... 1 —	CONSCIENCE........... 1 —
L'AUBERGE DU MONDE : LE	JUSTICE.............. 1 —
COLONEL CHAMBERLAIN,	MARIAGE RICHE........ 1 —
LA MARQUISE DE LUCIL-	MONDAINE............. 1 —
LIÈRE.............. 2 —	MÈRE................. 1 —
L'AUBERGE DU MONDE : IDA	ANIE................. 1 —
ET CARMELITA, THÉRÈSE 2 —	COMPLICES............ 1 —
MADAME PRÉTAVOINE.... 2 —	EN FAMILLE........... 2 —
CARA................. 1 —	

Mme HECTOR MALOT

FOLIE D'AMOUR........ 1 vol.	LE PRINCE............ 1 vol.

ÉMILE COLIN — IMPRIMERIE DE LAGNY

MICHELINE

PAR

HECTOR MALOT

PARIS
ERNEST FLAMMARION, ÉDITEUR
26, RUE RACINE, PRÈS L'ODÉON

Tous droits réservés.

A MA FEMME

Aux heures où l'on se plaît à imaginer l'avenir, tu avais passé devant mes yeux comme une apparition faite de mes désirs et de mes espérances. Depuis, la réalité a remplacé le rêve; tu es là, chère Marthe, telle que ma jeunesse t'avait créée : la vraie femme de l'artiste, passionnée d'art toi-même. Aussi j'avais hâte de dire que ce n'est pas seulement POMPON *qui t'appartient, mais que tout ce que je pense, tout ce que j'écris est ton bien; dans mes livres de maintenant se trouve la trace de ton esprit, comme dans ceux d'autrefois l'espoir du bonheur présent.*

HECTOR MALOT.

MICHELINE

PREMIÈRE PARTIE

I

Quand on va de Pont-l'Évêque à Trouville, on aperçoit sur la droite, adossé à la forêt de Touques, un château neuf, moitié gothique, moitié Renaissance, qui détache ses tourelles et ses clochetons en pierre blanche de Caen sur la sombre verdure des bois.

C'est le château d'Hopsore, bâti, il y a une vingtaine d'années, par un médecin, le docteur Beaumoussel, qui, après s'être enrichi en exploitant un vieux remède qu'il avait eu l'intelligence de faire entrer, au moyen de l'annonce, dans le grand courant de la bêtise humaine, avait eu la vanité de vouloir jouir de sa grosse fortune dans son village natal.

C'était lui qui disait « natal », quoique cela ne fût pas très exact; et ce petit accroc à la vérité avait encore la vanité pour cause. Il voulait ainsi rapprocher son nom de celui de Vauquelin, le chimiste, né à quelques lieues de là, à Saint-André-d'Hébertot. « Vauquelin et moi, nous sommes du même pays », disait-il à ses amis de Paris, n'osant pas ajouter, malgré l'envie qu'il en avait : « Et du même métier »; car, répudié par les médecins qui le traitaient en industriel, il eût été heureux de pouvoir se raccrocher aux chimistes. A la vérité, là s'arrêtait la ressemblance. Tandis que Vauquelin était revenu au village natal pour dormir dans son vert cimetière, sous une dalle de marbre blanc, Beaumoussel était revenu au sien pour habiter un « château princier », comme disent les guides.

C'était à Londres, où il allait souvent pour étudier les secrets de la réclame et de l'annonce, que l'idée lui était venue de faire construire son château. Se laissant prendre à l'enthousiasme patriotique des Anglais pour le palais du Parlement, et croyant, comme ils le disaient, que cette immense construction réunissait les merveilles des hôtels de ville de Louvain, d'Ypres et de Bruxelles, il s'était promis que quand il se ferait construire un château, il choisirait ce style. Comme un architecte français ne pouvait pas réaliser une aussi belle conception, il avait choisi un élève de l'Irlandais Charles Barry et, après avoir acheté à Hopsore une cinquantaine d'hectares de bois enclavés dans la forêt et une centaine d'hectares de champs et d'herbages, il avait livré ce terrain à son architecte anglais.

Alors on avait vu sortir de terre une vaste construction qui était devenue la curiosité du pays et le but de promenade des baigneurs de la côte : un corps central carré de trente mètres de côté et de quinze de haut, qu'on appelait un *hall*, flanqué à droite et à gauche de pavillons hérissés de colonnettes, de tourelles, de clochetons délicatement fouillés.

Devant, au milieu d'une pelouse accidentée, s'étalait une vaste pièce d'eau formée par un petit ruisseau descendant des hauteurs ; derrière, montait le parc avec ses grands hêtres et ses vieux chênes autrefois compris dans la forêt. Et tout autour étaient disséminés, çà et là dans les prés, des étables, des écuries, des bâtiments d'exploitation, des maisons de paysans. De toutes les réclames qu'il avait inventées, ce château était encore la mieux réussie : comment ne pas croire à l'excellence d'un remède qui rapportait une pareille fortune !

Beaumoussel avait été moins difficile pour sa femme que pour sa maison : il avait voulu qu'elle fût belle, mais il n'avait pas exigé qu'elle fût Anglaise, ni d'un style original ou bizarre.

Née Française, Sophie Patouillet était d'une beauté simplement régulière, ce qu'on appelle une belle femme : une taille imposante, un visage au profil correct, des chairs à la Rubens, et un front étroit. Bien que petite bourgeoise, elle avait toujours rêvé qu'elle ferait un mariage qui satisferait toutes ses ambitions, et si à vingt-cinq ans elle avait accepté Beaumoussel, de trente ans plus âgé qu'elle, c'était parce qu'à défaut de titre et de rang, il lui offrait au moins la fortune.

Désirant la richesse, elle s'était imaginé que c'était presque tout; l'ayant, elle avait senti que ce n'était presque rien. Combien d'humiliations n'avait-elle pas eu à subir malgré cette richesse! A combien de déceptions n'avait-elle pas été exposée! Combien de fois, dans sa luxueuse salle à manger de l'avenue de l'Impératrice, la moitié des chaises rangées autour de sa table était-elle restée inoccupée, les convives priés n'ayant pas voulu venir et ne s'étant même pas donné la peine de s'excuser!

On riait de ce nom de Beaumoussel. Les petits journaux le raillaient. Partout elle le voyait : sur les murailles, à la quatrième page des journaux, sur les rideaux des théâtres, sur l'asphalte des trottoirs, dans la ville, dans les villages : « Beaumoussel, Beaumoussel, Beaumoussel; évitez les contrefaçons; vérifiez le cachet; » elle ne pouvait pas faire un pas dehors, ouvrir un journal chez elle, sans en être assassinée.

La mort l'avait prise en pitié. Après douze ans de mariage, son mari l'avait laissée veuve, et comme il l'avait passionnément aimée, il l'avait faite sa légataire universelle, n'ayant point d'héritiers à réserve, ni ascendants, ni enfants, mais seulement des neveux et des nièces, des cousins et des cousines, pauvres gens, ouvriers, artisans ou pêcheurs habitant les environs d'Hopsore, qui ne comptaient pas pour lui.

Ce n'avait jamais été le mari qui l'avait gênée dans le mariage, il était brave homme, ou plutôt excellent pour elle, ce mari qui l'aimait; c'avait été le nom, et la mort ne l'avait pas débarrassée de ce nom. Elle était veuve Beaumoussel maintenant, et les murailles, les journaux, les trottoirs continuaient à crier : « Beaumoussel, Beaumoussel. Vérifiez le cachet! » Comme elle ne pouvait pas suspendre ou supprimer ces annonces et ces réclames qui étaient sa fortune même, il fallait qu'elle remplaçât ce nom par un autre.

Avec une fortune comme la sienne, cela devait être facile, et quoiqu'elle eût d'autres prétentions qu'au temps où elle était une fille sans dot, elle trouverait bien un homme qui lui apporterait un titre et un rang.

Ce mari titré ne s'était pas présenté, le temps s'était écoulé, car ce n'était pas seulement pour elle que ce nom de Beaumoussel était exaspérant; il l'était pour les autres aussi.

Combien de prétendants qui étaient dans les meilleures dispositions matrimoniales quand on leur proposait une belle veuve très riche, se sauvaient et ne voulaient plus rien entendre quand on nommait cette veuve!

— Beaumoussel! Qui est Beaumoussel? « Beaumoussel! vérifiez le cachet! »

Ceux dont elle aurait voulu ne voulaient pas d'elle; ceux qui voulaient d'elle, elle ne les voulait pas.

Et le terrible, c'étaient les années qui s'ajoutaient aux années, l'embonpoint qui l'envahissait; les quelques cheveux gris qui allaient l'obliger à se faire franchement blonde; son menton qui, de double qu'il était depuis quelques années, menaçait de devenir triple; ses sourcils et ses cils qui avaient besoin du crayon, ses paupières de l'estompe après un bain de thé vert, ses joues pour lesquelles les fards secs devaient remplacer la veloutine.

Elle avait diminué ses prétentions à mesure que l'embonpoint avait augmenté; mais les répugnances que montraient les épouseurs qu'on lui cherchait avaient suivi une marche contraire; à celles qu'inspirait le nom s'étaient jointes celles qu'inspirait la femme.

— Elle a plus de quarante ans, votre belle veuve!

Elle en était arrivée à désespérer tout à fait et à croire qu'elle porterait jusqu'à la mort le nom exécré de Beaumoussel, lorsqu'à quarante-deux ans elle avait rencontré un jeune musicien de vingt-sept à vingt-huit ans qui venait de faire exécuter à l'Opéra-Comique un petit acte : la *Trompe des Alpes*, dont le succès d'estime s'était arrêté à la septième représentation.

S'il n'avait été que l'auteur de la *Trompe des Alpes*, ce jeune musicien, elle n'aurait jamais eu la pensée de le prendre pour mari; si dépitée, si découragée qu'elle fût, elle avait encore trop de fierté pour tomber à un pareil mariage, mais il était plus et mieux que cela : il figurait dans l'*Almanach de Gotha*:

SOBOLEWSKI.

Catholiques. — Résidence : Paris. — (La famille Sobolewski, par ses armes ainsi que par l'évidence historique, prouve sa descendance du ministre de Casimir le Grand. Elle a toujours gardé le nom de Sobolewski et a rempli les plus grandes charges de la République.

I. *Ligne aînée du prince Casimir.*

Casimir-Michel Stanislas, prince Sobolewski, né à Paris le 15 mai 1834, succède sous tutelle à son père.

Frères et sœurs.

1. Pr. *Adam-Joseph*, né en 1828.
2. Pr. *Carola-Isabelle*, née en 1840.
3. Pr. *Ladislas-Jérôme*, né en 1841.
4. Pr. *Wanda-Clémentine*, née en 1842.
5. Pr. *Hedwige-Eveline*, née en 1845.
6. Pr. *Witold*, né en 1848.

II. *Ligne du prince Michel.*

Michel-André Sobolewski succède sous tutelle à son père, le prince Joseph Sobolewski, etc., né le 15 mars 1856.

Si l'évidence historique prouvait la noblesse de la famille Sobolewski, l'existence famélique du prince Casimir, ainsi que celle de ses frères et sœurs, prouvait avec non moins d'évidence leur détresse et leur misère, au moment où madame Beaumoussel avait connu le jeune musicien.

Elle l'avait si bien consolé de son insuccès, si bien plaint, si bien enveloppé que trois mois après elle échangeait le nom exécré de Beaumoussel contre le titre de princesse Sobolewska, et au mois de janvier suivant elle figurait aussi dans le *Gotha* à la suite de son mari :

Marié le 15 février 1861 à la Pr. Sophie Patouillet.

Trois ans après ce mariage, un matin de juillet, un palefrenier amenait devant le perron du château d'Hopsore un cheval de selle, et presque aussitôt le prince, en costume du matin, apparaissait à la porte du hall.

C'était un homme de grande taille, très élancé, blond de cheveux et de barbe, aux traits fins, à la physionomie d'une douceur féminine. Il fit quelques pas en avant sur la galerie et parut interroger le ciel : pas de vent, pas de nuages, un soleil radieux aspirant les légères vapeurs qui flottaient encore au-dessus du cours sinueux de la Touques; sur l'étang les cygnes dormaient les ailes soulevées sans que la plus légère brise les fît bouger de place.

Il sourit au temps en homme heureux de la belle journée qui se préparait, et il allait descendre le perron, quand, du côté opposé à celui par lequel il était venu, arriva une femme habillée de blanc enveloppée de dentelles, le visage poudré à frimas ; — la princesse, qui accourait, s'arrachant à son lit pour assister au départ de son mari.

En l'apercevant, il s'arrêta et vint au-devant d'elle.

— Eh quoi, dit-elle, vous sortez? nous sommes arrivés d'hier !

Il se mit à sourire.

— Vous ne voulez donc plus que je garde ma sveltesse? dit-il d'un ton moitié câlin, moitié moqueur.

Et oui, elle voulait qu'il la gardât, car plus il était mince, élancé et souple, moins elle se trouvait grasse et alourdie, se regardant en lui, se rajeunissant de sa jeunesse.

— Vous rentrerez déjeuner? demanda-t-elle d'un ton un peu timide et presque avec crainte.

— Sans doute.

Elle le regarda se mettre en selle, elle l'admira.

— Bonne promenade ! dit-elle.

Mais déjà il avait pris un trot allongé qui ne lui permettait pas d'entendre ce qu'elle disait.

Appuyée sur la balustrade de la galerie, elle le suivit des yeux jusqu'à ce qu'il disparût au tournant du chemin.

Alors, rentrant dans le hall, elle alla à une grande glace dans laquelle elle se regarda assez longtemps; puis se détournant avec un geste de découragement :

— Prévenez Regina, dit-elle à un domestique, que je l'attends pour ma toilette.

II

Ce mariage avait été un suicide pour Casimir Sobolewski, mais telle était sa situation à ce moment qu'il n'avait le choix qu'entre deux suicides, — une balle au cœur ou ce mariage.

Seul au monde, il n'aurait pas hésité : un pistolet dans sa poche il serait allé à Montmorency et, pas loin du cimetière où étaient enterrés son père, sa mère et ses parents de l'émigration polonaise, dans un petit bouquet de bois qu'il avait regardé plus d'une fois en se disant qu'on serait bien là pour mourir, il se serait tué ! ç'aurait été fini, plus de misères, plus d'humiliations, plus de honte; mais il n'était pas seul, il avait ses frères et ses sœurs, misérables comme lui, qu'il devait sauver et protéger, puisqu'il était chef de famille.

Quand, après trois ou quatre années d'attente, de démarches, de luttes, il avait vu que son opéra allait être enfin représenté, il avait cru que la misère était vaincue, et, avec une facilité prodigieuse à l'illusion qui était sa nature même, il avait bâti les plus beaux projets

A la vérité, ce n'était qu'un petit acte, dans lequel il avait dû se borner et à chaque instant couper les ailes à son inspiration, pour ne pas trop le surcharger de musique, mais enfin, tel qu'il était, il montrait ce que pouvait son auteur, surtout ce qu'il pourrait quand il aurait la liberté de se développer. Le *Chalet* aussi n'était qu'un petit acte, et cependant il avait fait Adolphe Adam. Pourquoi la *Trompe des Alpes* n'aurait-elle pas la même influence sur son avenir ? Il y avait de l'analogie entre les deux poèmes, puisque dans le sien on parlait de « vallons de l'Helvétie, de chalets, de glaciers ». Pourquoi cette coïncidence ne lui porterait-elle pas bonheur ?

Ce n'était pas tout simplement en allant déposer sa partition chez le concierge de l'Opéra-Comique qu'il était arrivé à la faire accepter par la direction. C'était le succès qu'elle avait obtenu dans les salons où elle avait été jouée qui l'avait en quelque sorte imposée. On n'en avait pas tout d'abord voulu, selon la règle ordinaire. Mais à force de s'entendre répéter par des ministres, des sénateurs, des députés, des personnages considérables de la politique et du monde : « Pourquoi donc ne montez-vous pas l'opéra du prince Sobolewski ? il est charmant ! » un directeur avait faibli et, ne pouvant plus longtemps retarder des promesses dont il avait déjà si souvent ajourné la réalisation, il s'était décidé à le mettre en répétition, furieux contre lui-même, furieux contre l'auteur, furieux contre ceux qui s'intéressaient à celui-ci et l'appuyaient de leur autorité.

— Qui le débarrasserait des opéras en un acte !

Sobolewski était trop fin, trop Polonais pour ne pas remarquer cette répulsion, mais il était trop aventureux pour s'en inquiéter. C'était à l'homme que s'adressait cette hostilité, non à l'œuvre; on lui en voulait d'avoir forcé la porte; le succès de l'œuvre ferait celui de l'homme.

Comment eût-il douté de ce succès, alors que tant de gens « qui s'y connaissaient » l'avaient à l'avance proclamé.

Ç'avait été pour lui une grosse affaire que sa première représentation, beaucoup plus grosse qu'elle ne l'eût été pour un autre. Les autres qui arrivent par la force du talent, de l'intrigue ou du hasard ne doivent rien à personne, et dans la composition de leur salle ils n'ont à se préoccuper de donner les places dont ils disposent qu'à ceux qu'ils ont des raisons de croire disposés à les applaudir. Mais ce n'était pas là le cas de Casimir. Lui devait à un grand nombre de personnes : à celles qui l'avaient applaudi ; à celles qui lui avaient ouvert leurs salons pour qu'il fît entendre un morceau de son opéra ; à celles qui l'avaient appuyé ou qui s'étaient vantées de l'avoir appuyé, — tout un monde, — et le moment était venu de s'acquitter.

Comment, avec les quelques billets qu'on lui remettait pour son service de première, payer toutes ses dettes?

Trop fier pour réclamer et demander, il n'avait qu'un moyen, qui était d'acheter ce qu'on ne lui donnait pas.

Mais pour prendre ces billets au bureau de location, il fallait de l'argent et il n'en avait pas. Depuis trois mois qu'ils vivaient tous les sept, ses frères, ses sœurs et lui, dans leur pauvre logement de la rue Lamandé, aux Batignolles, en attendant le lendemain de cette représentation pour manger à leur faim, ils avaient épuisé toutes leurs ressources : mise au Mont-de-Piété, emprunts, crédit, et cependant il fallait en trouver de nouvelles.

Quand il était rentré et qu'il avait déposé sur la table les quelques billets qu'on venait de lui remettre, il y avait eu un mouvement de déception, car tous, frères, sœurs, même le petit Witold, qui n'avait que treize ans, comptaient bien assister à cette fameuse première.

Mais ce mouvement n'avait pas duré.

— Ne te tourmente pas pour nous, avait dit Adam ; nous irons à la seconde.

— Ou à la troisième, avait ajouté Carola.

— Je n'ai pas douté de vous ; mais ce n'est pas assez de votre sacrifice ; il faut que vous m'aidiez à trouver l'argent nécessaire pour louer les places que je dois offrir à nos amis.

— Je verrai demain si je ne peux pas emprunter un louis ou deux à mes camarades d'atelier, dit Adam, qui étudiait la peinture et qui, de sa vie, n'avait gagné un sou.

— Je crois que je pourrai bien trouver dix ou quinze francs, dit Ladislas qui s'occupait de chimie « pour devenir inventeur ».

Les trois filles, qui ne sortaient pas et travaillaient de leur aiguille à la maison, tantôt à la broderie, tantôt à la soutache, tantôt au perlage, selon que ceci ou cela était à la mode, ne pouvaient pas offrir de trouver de l'argent par leurs relations, mais Hedwige, qui s'était levée, était bientôt revenue avec une croix en or émaillée de bleu :

— Voilà la croix de chanoinesse de ma marraine, dit-elle... j'aurais voulu la garder... on peut la mettre au Mont-de-Piété.

— Peut-être qu'on voudra bien me prêter quelque chose demain à l'école, dit Witold qui suivait les cours de l'École polonaise.

Mais Casimir n'avait pas permis cela ; si grande que fût leur détresse, il fallait être prudent dans les emprunts et ne pas s'adresser à ceux-là mêmes à qui on devait offrir une place qu'ils auraient alors payée.

En battant le rappel désespérément, ses frères et lui, ils avaient fini par réunir à peu près la somme suffisante pour satisfaire la moitié de ceux à qui Casimir était obligé de donner un témoignage de reconnaissance. Deux heures avant le lever du rideau, il courait encore Paris pour porter ses places et économiser le commissionnaire qu'il ne pouvait pas payer ; mais qu'importait ! les applaudissements allaient faire oublier la fatigue, et si aujourd'hui avait été dur jusqu'à cette heure, demain serait doux et chaud sous les rayons de la gloire.

Pourquoi ne tomberaient-ils pas sur lui, ces rayons ? Depuis qu'il avait entendu sa musique à l'orchestre, il découvrait dans sa partition toutes sortes de beautés qu'il n'avait pas soupçonnées quand il l'avait écrite. C'avait donc été sans le moindre inquiétude qu'il avait entendu frapper les trois coups : malgré la mauvaise distribution qu'on lui avait imposée, il était sûr du succès ; et c'était de la meilleure foi du monde qu'il se demandait pourquoi cela n'en serait pas un, et même un grand, un très grand.

Si, lorsqu'il avait jeté un regard dans la salle, il avait été moins préoccupé de chercher ses protecteurs et ses amis, ceux pour qui il s'était donné tant de peine et qui lui coûtaient si cher, il eût pu faire certaines remarques qui auraient entamé sa confiance.

Elle était mauvaise, la salle, autant parce que les amis de la direction ne se gênaient pas pour dire qu'on ne comptait pas sur la pièce, que parce qu'on en voulait à Casimir Sobolewski d'être parvenu à se faire jouer.

— Un étranger !
— Il n'a pas trente ans.
— Il est très protégé !

Le public n'aime pas qu'on soit protégé, et les confrères l'aiment encore moins ; si l'envie désarme, c'est devant ceux qui s'imposent eux-mêmes, non devant ceux qu'on impose.

Que de raisons d'hostilité : sa nationalité, son titre, son âge, son éducation musicale qui n'était pas régulière.

Dès l'ouverture, cette hostilité s'était manifestée ; il y avait une partie de cors imitant la trompe des Alpes dans la vallée de Grindelwald qui forcément rappelait le rans des Vaches de Rossini ; on n'avait voulu voir là qu'un plagiat, sans chercher si à côté il n'y avait pas de l'originalité. — C'est du *Guillaume Tell*. La toile levée. — C'est du *Chalet*. Quand une salle est dans ces dispositions, tout lui est bon pour s'amuser : dans la cavatine, la chanteuse ayant mal attaqué une note aiguë, ce fut un fou rire qui monta des fauteuils d'orchestre à la galerie : là-dessus, le ténor fit son entrée en lâchant cette phrase malheureuse : J'ai *failli-t-être* écrasé. » On se pâmait. La partie était perdue. Ce fut tout juste si on ne siffla pas les noms des auteurs ; mais dans les couloirs on se rattrapa.

— Musique de prince !

Que répondre à cela ? On appelle d'un jugement, non d'un mot ; ç'avait été un effondrement. Ce n'étaient pas seulement les espérances de gloire et de fortune qui s'écroulaient, les rêves d'avenir, c'étaient aussi les amitiés qui sombraient dans ce désastre ; ceux qui avaient le plus applaudi la *Trompe des Alpes* avant la représentation étaient les premiers à l'accabler de railleries après ; ceux qui l'avaient imposée la reniaient indignés contre le malheureux qui les avait compromis.

Quel anéantissement dans le pauvre petit logement de la rue Lamandé !

C'était à ce moment que madame Beaumoussel lui avait tendu la main.

Elle l'admirait cette *Trompe des Alpes*, qui était d'un prince ; et sur les sept représentations qui avaient eu lieu en trois mois, elle l'avait entendue cinq fois.

Comment n'eût-il pas été sensible à ses consolations, à ses bonnes paroles, à ses prévenances, à ses attentions!

Elle était un peu âgée, la belle madame Beaumoussel, un peu grasse, un peu imposante; elle avait une démarche un peu majestueuse, mais le visage avait réellement de la beauté; les cheveux étaient d'un blond superbe, tous blonds; l'œil avait de l'éclat.

Tout ce qu'on pouvait dire d'elle, tout ce qu'il voyait n'empêchait pas qu'elle fût bonne, qu'elle eût de la générosité; et de cette bonté, de cette générosité, ce seraient les siens qui en profiteraient.

Adam pourrait continer ses études de peinture, Ladislas ses études de chimie; Carola, qui était une grande et jolie fille, trouverait un mari; plus tard il lui serait possible de marier Wanda et Hedwige, qui ne perdraient pas leur santé et leur beauté dans un labeur épuisant; il élèverait Witold pour qu'il devînt un homme.

Elle ne tarderait pas à n'être plus qu'une mère pour lui et dès maintenant elle en serait une pour ses frères et ses sœurs.

Après trois mois de luttes, d'hésitations, de résolutions contradictoires, il s'était laissé marier.

III

Il avait maintenu son cheval au trot tant qu'il avait été dans le parc, mais en entrant dans la forêt, il l'avait mis au galop de chasse; et les bûcherons qui travaillaient au pelard dans les ventes, avertis par le bruit des sabots sur la terre durcie, levaient la tête pour voir qui passait.

Rares étaient ceux qui ne le saluaient point, car, bien qu'il n'habitât le pays que depuis trois ans, et encore pendant quatre ou cinq mois seulement, il avait déjà su se faire aimer.

— Il ne ressemble pas à Beaumoussel, le prince Casimir, disait-on dans la contrée.

En parvenu qu'il était, Beaumoussel n'avait jamais été facile pour les ouvriers qu'il employait, les faisant travailler dur, les payant aussi peu que possible, discutant les comptes, les rognant, allant devant le juge de paix pour une contestation de cinquante sous. A contraire, en prince qu'il était, Casimir savait mettre la main à la poche avec autant d'aisance que de bonne grâce, et pas un misérable ne s'adressait à lui sans en recevoir un secours accompagné d'une bonne parole. Sa femme, qui l'adorait, et qui, pour un sourire de ses doux yeux bleus, se serait ruinée, lui avait remis l'administration de sa fortune, et il en profitait pour faire des heureux autour de lui, sans se demander jamais si l'on n'exploitait pas sa générosité. Plus d'un de ceux qui s'en allaient le gousset sonnant se disait sans doute que, pour ce que cette fortune lui avait coûté, il n'y avait pas à lui savoir gré de son aumône ou de son prêt; mais qu'importait! Il savait, lui, ce qu'elle lui avait coûté, ce qu'elle lui coûtait chaque jour, et c'était sa manière de la payer que de l'employer à cet usage.

Bien que la forêt de Touques, autrefois une des plus belles de l'Ouest, ait été dévastée par de larges défrichements, elle a encore des parties de bois d'une intensité de verdure et d'une poussée qu'on ne rencontre nulle part ailleurs. Les arbres sont là plus droits et plus robustes que dans les autres forêts, les couverts sont plus frais, les clairières plus enchevêtrées de hautes herbes foisonnantes, les futaies plus veloutées de mousses. C'est que les racines de ces arbres s'enfoncent dans la terre la plus riche de France, tandis que leurs cimes baignent dans les pluies et les nuages traînants que le vent de la mer pousse dans la baie de Seine.

Le prince galopait sous une de ces futaies et, bien qu'il n'eût pas plu depuis assez longtemps déjà, la voûte feuillue des hêtres et des charmes avait conservé si bien d'humidité qu'il fallait un cheval adroit pour ne pas glisser à chaque instant dans les fondrières bourbeuses qui coupaient le chemin. Au loin, entre les colonnes des hauts arbres, montaient de légères vapeurs aspirées par le soleil qui commençait à chauffer les cimes, et de temps en temps des rayons de soleil filtrant çà et là à travers le feuillage en longues nappes dorées vivifiaient le sous-bois. Quand le chemin s'élevait sur un plateau, la futaie se faisait plus maigre et alors passaient à travers les branches des brises chargées d'air salin; parfois des échappées de vue s'ouvraient sur la mer toute blanche au delà des prairies vertes de la Touques.

Arrivé à la croisée du chemin d'Aguesseau et de la route de Touques à Criquebœuf, il tira sa montre et, ayant regardé l'heure, il ralentit l'allure de son cheval en homme qui n'a plus à se presser.

A une courte distance, entre deux gros hêtres qui semblent être là comme pour en marquer l'entrée, un sentier s'ouvre par une pente raide à travers les taillis d'un petit mamelon. Il prit ce sentier et le monta au pas, en relevant de temps en temps les jambes pour éviter les fougères dont les hautes tiges s'accrochaient dans ses étriers.

Il ne tarda pas à arriver au haut, dans une clairière formant carrefour, où il aperçut une jeune femme assise sur un tronc d'arbre abattu, abritée sous une ombrelle blanche.

Sautant à bas de son cheval il courut à elle tandis qu'elle venait à lui, le visage épanoui, les yeux rayonnants.

— Germaine!

Elle était dans ses bras.

— Je ne suis pas en retard? dit-il, lorsqu'elle se dégagea.

— C'est moi qui suis en avance. J'aurais été malheureuse de ne pas t'attendre.

Il fallait reprendre le cheval; il se laissa approcher, et, quand il fut attaché à un jeune arbre, il se mit tranquillement à brouter l'extrémité d'une branche qu'il atteignait en allongeant le cou et en tirant la langue.

Alors ils allèrent s'asseoir à quelques pas de là, sous un bouquet de trembles dont les feuilles, agitées par la brise, rappelaient le murmure de l'eau courante : c'était le seul bruit qui troublât la solitude de ce nid de verdure, à souhait pour un rendez-vous d'amour.

Mais presque aussitôt il se releva, et, s'agenouillant devant elle, en lui prenant les deux mains dans les siennes :

— Laisse-moi te regarder! dit-il d'une voix vibrante.

Vingt-quatre ans; une taille au-dessus de la moyenne, souple et enlevée; la tournure d'une jeune fille, si ce n'est que les épaules et la gorge se présentaient avec une ampleur moelleuse, qui corrigeait ce qu'il y eût eu de garçonnier dans l'allure; les hanches si menues, le tour de taille si fin, qu'elle ne semblait qu'à moitié femme. Cette jeunesse extrême d'un corps construit pour garder sa grâce et son harmonieuse délicatesse se retrouvait sur le visage. Ce qui frappait tout d'abord dans ce visage, d'une carnation fraîche et laiteuse, c'étaient les yeux

— des yeux très grands, peut-être gris, peut-être bleus, peut-être verts, dont la pupille dilatée les faisait quelquefois paraître noirs, mais toujours sombres, sérieux, souvent mélancoliques et noyés sinon dans un chagrin présent, au moins dans la réflexion ou dans le rêve : leur charme mystérieux troublait non seulement par leur beauté, mais par la songerie qu'ils éveillaient et par la sensation qu'ils donnaient d'une âme en qui il n'y avait rien de banal, d'un esprit en qui il n'y avait rien d'ordinaire. La bouche démentait les yeux, car les lèvres, qui avaient le rouge de la fraise, étaient franchement gaies et sensuelles; le nez droit, un peu charnu, rejoignait d'une ligne pure un front enfantin que couronnaient des cheveux blond foncé ou châtain clair, plutôt blond foncé.

— Et ces belles mains, dit-il, je ne les verrai donc point aujourd'hui?

Elle était gantée de gants de Saxe qui montaient jusqu'à mi-bras, il les lui tira et alors apparurent « ces belles mains », comme il disait dans un enthousiasme d'amant qui n'avait rien d'exagéré.

C'était bien réellement une belle main, une main parfaite de dessin et de chair, à la peau blanche veinée de bleu avec des ongles durs, retroussés au bout, d'un rose vif; une main douce et nerveuse, toujours fraîche, qui à elle seule pouvait faire la gloire d'une femme.

Comme il relevait les yeux sur elle, elle l'attira doucement :

— Viens t'asseoir près de moi, dit-elle.

Il fit ce qu'elle demandait et reprit sa place près d'elle.

— Me voici, dit-il en l'enlaçant de son bras, prêt à écouter, aussi longtemps que tu voudras bien parler.

— Micheline a très bien fait le voyage, dit-elle, sans fatigue, de belle humeur, sans crier; hier, je l'ai promenée sur la plage pendant deux heures; la mer ne l'agite pas du tout. Tu ne devinerais jamais l'idée que j'ai eue?

— Alors dis-la.

— Je voulais venir avec elle. Tu n'aurais donc pas été heureux de voir ta fille et de l'embrasser?

— Tu aurais attiré encore un peu plus l'attention avec un enfant au maillot dans tes bras qu'en sortant seule en voiture; ce n'est pas l'habitude, il me semble, qu'une femme de ta condition fasse ainsi la nourrice.

Sur son visage radieux, passa un triste sourire.

— En tout cas, dit-elle, j'espère que pour ce qui est de l'hôtel, tu pourras, quand nous ne devrons pas nous voir dans ces bois, venir sans trop de danger. On voulait me donner un appartement au premier étage. J'en ai pris un au rez-de-chaussée, comme à Cauterets, le numéro 5, à gauche dans le jardin, et en venant le matin de bonne heure ou le soir quand la nuit est tombée, tu pourras entrer sans qu'on te remarque ou tout au moins sans qu'on sache chez qui tu vas.

— J'irai demain soir, je veux savoir comment tu

es; je verrai Micheline. Je serai moins tourmenté quand je pourrai en pensée venir près de toi, me dire ce que tu fais; me représenter le milieu dans lequel tu te trouves, ce qui t'entoure, ce que tu as sous les yeux. Elle va être si triste, cette existence de plusieurs mois dans une chambre d'hôtel!

— Ce ne seront pas les journées qui seront les plus longues, j'ai Micheline; ce seront les heures de la nuit, pendant lesquelles je ne dormirai pas et me demanderai, comme je me le demande si souvent, ce que sera notre avenir, ce que sera celui de cette malheureuse enfant. Voilà mon angoisse; voilà l'obsession constante contre laquelle j'aurais besoin d'être défendue. Je ne sais s'il est des femmes qui peuvent porter leur faute d'un cœur léger, en tout cas je ne suis pas de celles-là. Je tremble parce que je me sens coupable et que, si grande que soit l'expiation, elle sera moins grande encore que ne l'a été notre faute. Nous, nous pouvons souffrir, nous pouvons être punis, nous avons tout fait pour le mériter; si terrible que soit le danger, nous l'avons couru volontairement, au moins follement. Mais notre fille! mais Micheline! Que nous soyons séparés dans quelques mois, que deviendra-t-elle? Il y a dans cette pensée de quoi troubler les nuits d'une mère.

— Il peut se passer tant de choses en quelques mois! Ainsi nous allons nous voir beaucoup plus souvent, et avec beaucoup plus de facilité que je ne l'avais cru : ma sœur Carola va venir s'établir à Hopsore pendant quelques semaines avec son fiancé, et cela me donnera une liberté et des facilités de sortir sur lesquelles nous ne devions pas compter. Quand nous allons nous trouver réunis plus souvent que nous ne l'espérions, faut-il douter de la bonne chance?

Il la prit dans ses bras.

IV

L'année précédente, la princesse Sobolewska, souffrant d'une bronchite, avait été envoyée à Cauterets, et elle s'était logée à l'*Hôtel de France*, le seul qui, à cette époque, fût digne de recevoir une personne de son rang ; c'était là que le prince qui l'accompagnait avait fait la connaissance de Germaine.

L'appartement occupé par le prince et la princesse était au rez-de-chaussée au midi et donnait sur le petit jardin qu'entourent les divers bâtiments de l'hôtel. Le lendemain de son arrivée, en se mettant à la fenêtre le matin, le prince avait aperçu à une fenêtre faisant face aux siennes et aussi au rez-de-chaussée une jeune femme qui se gantait, prête à sortir, et, frappé par sa beauté, le charme de sa physionomie, l'éclat de ses yeux, l'élégance de sa tournure, il l'avait regardée avec une attention qu'il n'accordait plus aux femmes. Car, depuis son mariage, les femmes n'étaient plus rien pour lui, et de parti pris, par principe, par devoir, il voulait être tout entier à celle qu'il avait épousée. Tendre et passionnée comme elle l'était, pleine de prévenance d'attentions, uniquement préoccupée de l'idée de lui être agréable, s'ingéniant constamment à chercher comment elle pourrait lui faire plaisir, ne méritait-elle pas qu'à défaut de passion il eût pour elle de la bonté et ne la tourmentât point par la jalousie? On peut vivre sans amour, et s'il lui était impossible de rendre à sa femme celui qu'elle lui témoignait, au moins ne devait-il point en éprouver pour une autre. Cela était facile, lui semblait-il. En tout cas, cela l'avait été depuis son mariage; et celles qui avaient eu la fantaisie d'éprouver la fidélité de ce jeune mari d'une vieille femme en avaient été pour leurs avances; il n'avait point répondu à leurs coquetteries; souvent même il en avait plaisanté avec sa vieille femme.

Mais ce n'était ni par les avances ni par la coquetterie que celle-là attirait ses regards et les retenait, c'était par la seule influence de sa beauté qu'elle s'imposait.

Il restait devant elle, pendant qu'elle continuait de se ganter, la tête légèrement inclinée sur l'épaule, ne paraissant pas remarquer l'examen dont elle était l'objet. Quand elle eut fini, elle se retourna et il l'entendit appeler : « Eugénie ! » La voix était sonore et douce en même temps, bien timbrée, sans accent, ce qui indiquait une Française. Presque aussitôt, il la vit traverser le jardin et se diriger vers la sortie de la rue Saint-Louis, suivie d'une vieille femme de chambre; sa démarche était souple et légère ; comme elle était habillée d'une robe courte, il remarqua que le pied mignon se posait sur le gravier avec fermeté et adresse.

Au moment où elle arrivait au haut d'un petit escalier en marbre bleu qui rachetait la pente du terrain, elle se trouva en face d'un médecin qu'il avait connu à Paris, et elle s'arrêta pour lui parler.

Ce médecin, le docteur Cotton-Querville, qu'on appelait Coton-et-Fil, était un petit bossu intrigant qui, après avoir essayé de tout, de la politique, de la science, de l'industrie, de la finance, avait fini par venir échouer trois mois par an à Cauterets, où il tâchait d'exploiter les relations qu'il avait ébauchées de-ci de-là dans le monde parisien, surtout dans celui de la bohème et des artistes.

Après avoir quitté la jeune femme, qu'il avait saluée avec toutes les marques du respect, le docteur Cotton avait descendu l'escalier en se tournant obstinément du côté opposé à la fenêtre où se tenait le prince Casimir; si bien qu'il avait fallu que celui-ci l'appelât pour qu'il le vît.

— Comment, mon cher prince, vous ici! dit le médecin en venant à la fenêtre. Quelle surprise! Vous n'êtes pas malade, j'espère?

Cette surprise était d'autant plus naturelle que Cotton la jouait presque tous les jours, car c'était son habitude de parcourir les hôtels chaque soir et de s'informer des arrivées. Si parmi les nouveaux venus qu'on lui nommait il y en avait qu'il connaissait, il s'arrangeait pour les voir le lendemain matin avant qu'ils eussent été chez un médecin, et, naturellement, c'était lui qu'on prenait : il faisait de ses confrères un tel portrait, qu'on aimait encore mieux s'adresser à lui, quoiqu'on sût ce qu'il valait.

C'était donc sa manœuvre habituelle qu'il exécutait en ce moment, afin que le prince Sobolewski, dont il avait su l'arrivée la veille, le prît pour médecin : ce serait un client dont il pourrait se parer et qui vaudrait mieux que les artistes et les comédiens qu'il soignait ordinairement.

Casimir avait répondu qu'il n'était pas malade et qu'il venait à Cauterets pour sa femme atteinte d'une légère bronchite, puis tout de suite il avait interrogé Cotton sur la jeune femme que celui-ci venait de saluer.

— Quelle jeune femme? Excusez-moi, mon cher prince, mais je rencontre le matin tant de malades qui veulent m'arrêter que je m'y perds.

— Là, au bout de cet escalier.

— Madame Harouis ! Charmante jeune personne, la femme d'un ingénieur, d'un directeur de mines au Chili, à Chanarcillo, je ne sais trop où, dans ce pays qu'on appelle « semis de turquoises ». J'ai connu autrefois son mari à Paris, homme fort intelligent, tête infernale, qui a essayé de tout, peut-être parce qu'il est propre à tout.

— Elle n'a pas l'air bien malade.

— Rien ; une simple dyspepsie que je traite par l'eau de Mauhourat; elle partira d'ici radicalement guérie, et, cependant, elle est arrivée en bien mauvais état ; terrible, cet ardent climat du Chili pour une nature fine comme la sienne. Et la princesse, rien de sérieux, n'est-ce pas ?

— Vous la verrez tantôt.

— A quelle heure ?

Il avait réussi : « Je disais à la princesse Sobolewska ma cliente » ; cela ferait bien.

Il y avait le soir une représentation donnée par Brasseur dans les salons de l'hôtel, à laquelle le prince et la princesse devaient assister, mais que manqua la princesse par suite d'une fâcheuse aventure qui lui était arrivée dans l'après-midi. Parmi les prescriptions du prudent Cotton : vous boirez un quart de verre de la Raillère, une cuillerée à café de César, etc., se trouvait une séance de pulvérisation. Vers cinq heures, la princesse, la figure bien peinte et bien faite par l'habile Regina, s'était assise sans méfiance devant l'appareil qui devait lui envoyer dans la gorge l'eau pulvérisée ; mais, quand elle s'était relevée, sa figure rose comme la rose était devenue celle d'une négresse ; les couleurs à base de plomb dont elle se peignait avaient noirci sous l'action des vapeurs sulfureuses. Avertie par Regina, qui l'accompagnait, elle avait pu heureusement cacher ce désastre à son mari ; mais elle était si irritée, si exaspérée que, le soir, elle n'avait pu assister à la représentation théâtrale, à laquelle son mari s'était rendu seul.

Le salon s'était vite rempli et il n'était bientôt resté qu'une chaise inoccupée, celle de la princesse. A ce moment, Cotton avait fait son entrée, panadant sa bosse en donnant le bras à la belle madame

Harouis. Voyant qu'il ne pouvait point placer celle-ci qui n'avait pas eu la précaution de prendre un billet de location, le prince lui avait offert la chaise dont il pouvait disposer ; et madame Harouis l'avait acceptée.

Assis côte à côte pendant deux heures, après avoir été présentés l'un à l'autre, ils ne pouvaient pas ne pas se parler ; et quand ils s'étaient séparés, Casimir était ravi ; jamais il n'avait vu femme aussi charmante.

Il en avait rêvé ; pour la première fois, depuis son mariage, il s'était dit qu'il n'était peut-être pas aussi facile qu'il l'avait cru de vivre sans amour.

Le lendemain matin il était à sa fenêtre ; quand elle était apparue à la sienne, il lui avait adressé un long salut qu'elle lui avait rendu.

Deux heures après, pendant que sa femme prenait un bain à la Raillère, lui, qui ne suivait aucun traitement, allait se promener dans le sentier de Mauhourat, et comme il montait sa pente raide en regardant les ressauts du gave et ses cascades, il avait vu madame Harouis qui descendait venir à lui. Spontanément, sans réflexion, il l'avait abordée, et sans qu'elle parût surprise de ce manquement aux convenances, ils avaient repris leur entretien de la veille en amis.

Chaque jour ils s'étaient retrouvés dans ce sentier, mais, au lieu de l'attendre à la descente, il l'attendait à la montée, de sorte qu'ils allaient et revenaient ensemble ; comme s'il avait à justifier sa promenade à la grotte, il s'était mis à boire aussi son verre d'eau, dont il n'avait nul besoin.

La saison s'était passée ainsi, Casimir constatant chaque soir que l'impression qu'elle avait produite sur lui avait été plus tendre. Puis était arrivé le moment du départ. Allaient-ils donc être séparés ? Elle devait aller à Biarritz ou à Arcachon, quelque part où elle trouverait un climat calmant qui achèverait sa guérison.

Alors il avait donné à ses paroles une précision qu'elles n'avaient point eue encore, et il lui avait demandé que, puisqu'elle n'était point fixée sur le pays qu'elle devait habiter, elle vînt en Normandie où elle rencontrerait un climat plus calmant que celui du Midi à cette époque, avec des chemins verts, des bois, des promenades ombrées qu'épargne même le soleil d'août. Il avait proposé Trouville ; mais elle l'avait refusé comme trop bruyant et trop mondain pour une femme dans sa position, n'ayant pour chaperon qu'une nourrice devenue femme de chambre. Trouville rejeté, il avait fait adopter Villers. Ce qu'il voulait, c'était qu'ils pussent se voir.

Et ils s'étaient vus. Chaque jour il montait à cheval et il la rencontrait dans un de ces chemins couverts qui sont le charme de ce pays. Ou bien elle-même venait en voiture dans la forêt de Touques, et côte à côte ils se promenaient sous les hautes futaies aux sentiers fleuris.

Depuis longtemps ils s'étaient dit leur amour. Un jour, irrésistiblement, ils s'étaient trouvés aux bras l'un de l'autre.

La grossesse de Germaine les avait rejetés dans la réalité.

Que faire si son mari la rappelait près de lui ?

S'il ne la rappelait point tout de suite, mais seulement au bout d'un certain temps, comme cela paraissait probable, que deviendrait cet enfant qui n'aurait ni père ni mère ?

C'avait été l'angoisse de leurs amours, la terrible pensée qui constamment était restée entre eux, sans que rien pût en affaiblir le tourment ou le chasser.

Il lui avait proposé de partir avec elle ; d'aller se cacher quelque part, en Italie, en Angleterre, aux États-Unis, là où ils pourraient vivre de son métier de musicien ; elle avait refusé.

Ne s'en tenant point à ce qu'elle lui avait dit de son mari, il avait écrit à l'un de ses amis qui habitait le Chili pour savoir ce qu'était au juste ce monsieur Harouis, et l'ami avait répondu que c'était un homme dévoré d'ambition, aventureux, jusqu'à un certain point aventurier, qui surmenait si bien sa vie que c'était miracle qu'il ne fût pas encore mort ; pour le moment, il commençait l'exploitation de nouvelles mines au nord de l'Atacama, dans lesquelles il devait laisser ses os. Et Casimir, avec sa disposition naturelle à voir tout en beau, s'était dit qu'elle ne retournerait sans doute jamais au Chili, et qu'il n'y avait pas à prendre les devants pour éviter un malheur qui probablement ne se réaliserait pas.

L'hiver s'était écoulé ainsi. Casimir voyant Germaine tous les jours dans un appartement de Neuilly, où celle-ci était venue habiter en quittant Villers.

Puis au mois de juin, un peu avant le moment de l'accouchement, Germaine avait été s'établir chez un médecin de Bourg-la-Reine, et là, elle avait donné naissance à une fille, qui avait été déclarée, par le médecin qui l'avait mise au monde, comme née de père et mère inconnus.

En juillet, le prince et la princesse Sobolewska devant quitter Paris pour venir au château 'Hopsore; il avait été décidé que Germaine passerait la saison d'été à Trouville, qui, maintenant qu'elle avait sa fille, n'était plus trop bruyant pour elle, et qu'ils se verraient tous les jours, tantôt à l'hôtel, tantôt dans la forêt, ici ou là, en changeant souvent l'endroit de leur rendez-vous.

V

La princesse aimait trop passionnément son mari pour n'être pas jalouse; mais, précisément parce qu'elle l'aimait, elle se gardait bien de laisser paraître sa jalousie.

Quand, à quarante-deux ans, elle avait pensé à épouser ce jeune homme, qui n'en avait que vingt-sept, elle avait eu la sagesse de se dire qu'un jour viendrait où elle ne serait qu'une mère pour lui. Mais, maintenant qu'elle était mariée, elle aurait voulu que ce jour ne vînt jamais. Ce n'est pas une année qui change une femme, et surtout une femme qui sait prendre des précautions.

Elle faisait venir de Londres une teinture qui était une merveille, puisqu'elle donnait aux cheveux le moelleux en même temps que la couleur, et elle allait elle-même choisir chez Violet les gants gras dans lesquels elle couchait, les crayons, les fards les plus parfaits à cent francs le pot, tous ces cosmétiques que Regina, qui n'avait jamais été plus habile, employait avec le talent d'une grande artiste. Que de précautions ne prenait-elle pas pour ces achats, jusqu'à faire arrêter sa voiture devant Labrousse, où elle choisissait des fleurs ruineuses, pour filer ensuite le long des magasins du boulevard jusqu'à la rotonde de Violet, où elle se précipitait comme les pauvres honteux entrent au Mont-de-Piété! Que de précautions aussi pour sa toilette, pendant laquelle la porte de son appartement était fermée comme celle d'une prison! Il n'avait donc jamais pu se douter que dans les cheveux blonds, les sourcils lisses et réguliers, le visage rose, les lèvres sanguines, les mains satinées, les ongles brillants qu'elle lui montrait, il y avait le moindre artifice; des soins, ils étaient évidents, ceux qu'une jolie femme doit à sa beauté, mais rien que des soins, la nature en toilette, cela était évident aussi, mais rien que la nature.

Et cependant elle avait sonné depuis un an déjà l'heure où la mère devait remplacer la femme.

Assurément, il n'avait pas cessé de l'aimer, et et même elle reconnaissait que jamais il ne lui avait témoigné autant de tendresse et d'affection; jamais il n'avait eu pour elle les prévenances, la déférence dont il l'entourait maintenant; mais enfin elle eût voulu moins d'affection et plus d'amour, moins de déférence et plus d'abandon.

Pendant les deux premières années de leur mariage, il avait vécu avec elle dans l'intimité, ne la quittant pas, l'accompagnant partout, voulant qu'elle-même l'accompagnât toujours.

Maintenant, au contraire, il avait chaque jour des raisons nouvelles pour sortir seul, tantôt sous un prétexte, tantôt sous un autre; vraisemblables toujours mais cependant bien irritants, bien inquiétants, bien exaspérants pour sa jalousie.

Où allait-il?

Parmi les femmes de son entourage, elle n'en voyait pas qu'il pût, sinon aimer, au moins honorer d'un caprice, car elle avait une telle admiration pour lui qu'elle ne jugeait aucune femme digne d'attirer son attention. Elle savait bien qu'autrefois il avait eu des maîtresses, mais de ces histoires anciennes, elle n'avait retenu que celles qui avaient un panache; les autres n'étaient que des accidents... malheureux.

Malgré la constante obsession de cette angoisse, elle se gardait de la laisser paraître, et c'était toujours le sourire aux lèvres qu'elle assistait à son départ, comme c'était le sourire aux lèvres qu'elle accueillait son retour, ne s'abandonnant, ne désespérant que lorsqu'il n'était pas près d'elle, et encore se retenant de pleurer, ce qui l'aurait empêchée d'avoir le visage d'une femme de trente ans qu'elle croyait se faire tous les matins.

N'était-ce pas par la douceur, la soumission et le sourire qu'elle pouvait le ramener?

Elle ne s'en était pas tenue aux sourires et à la soumission, à la douceur et à la résignation, elle avait voulu agir et d'une façon qui la touchât au cœur.

Carola, quoique belle fille, et même très belle fille, était arrivée à vingt-quatre ans sans trouver un mari. De même Wanda, qui avait vingt-deux ans, n'était pas mariée, bien qu'elle fût en femme ce que son frère était en homme, élancée, blonde, élégante, une charmeuse. De même Hedwige, qui atteignait ses dix-neuf ans et qui n'était pas moins jolie que ses sœurs, n'était pas plus qu'elles sur le chemin du mariage. Quel mari peut trouver une fille sans le sou qui est née princesse? Un avocat? un commerçant? un industriel? Gênante, une pareille femme!

Cependant Carola avait fini par mettre la main sur un vice-consul en Orient, qui ne demandait qu'à passer consul pour épouser, mais qui, touchant une dot, se décidait tout de suite. Cette dot, elle l'avait promise, et elle en avait promis une pour Wanda et pour Hedwige. Pourrait-il n'être pas heureux de ce qu'elle faisait pour ses sœurs, c'est-à-dire pour lui? Pourrait-il ne pas lui en être reconnaissant, comme il l'était des pensions qu'elle servait à ses frères : à Adam, qui ne vendait encore que fort peu sa peinture; à Ladislas, qui n'avait pas encore réalisé la grande invention sur laquelle il comptait pour s'enrichir; à Witold, qui, malgré ses seize ans, n'avait pas encore choisi la carrière qu'il suivrait, balançant entre trois tout à fait opposées : les armes, le clergé, l'art, et se sentant des dispositions autant pour l'une que pour l'autre, car si la position d'un grand artiste avait ses agréments, celle d'un évêque ou d'un général avait ses avantages.

Tout cela ne pouvait lui valoir qu'une reconnaissance morale, elle en avait voulu une matérielle, et dans ce but elle avait arrangé les choses pour que le mariage de Carola se fît à Hopsore. Quand Casimir aurait près de lui ses frères, ses sœurs, son futur beau-frère, il ne pourrait plus quitter le château, et elle n'aurait pas à souffrir de ces absences qui, depuis un an, l'avaient si fort tourmentée ; pendant six semaines ou deux mois, elle aurait la tranquillité ; une fois les mauvaises habitudes de l'année précédente rompues, elles ne reprendraient pas sans doute.

Quand elle l'avait vu monter à cheval le premier jour de leur installation à Hopsore, elle s'était applaudie de sa combinaison ; il allait être retenu, et non par elle, ce qui était le grand point.

Elle s'attendait à ce que le lendemain matin il recommencerait son excursion, et même elle s'était levée pour le guetter. En voyant qu'il ne sortait point, elle fut tout heureuse, et ne pensa qu'à lui payer la joie qu'il lui donnait en restant avec elle.

Puisqu'il tenait tant à la promenade, elle lui demanda de sortir en voiture, ce qu'il accepta ; elle proposa d'aller par Trouville jusqu'à Villerville en suivant la route de la falaise ; mais lui voulut au contraire tourner le dos à Trouville, et elle se conforma à son désir sans réflexion, ne trouvant à cela rien d'extraordinaire.

Elle avait fait une élégante toilette de promenade, aux nuances les plus tendres, mais il ne parut pas la remarquer, étant manifestement sous l'influence d'une préoccupation qui l'absorbait.

Ce fut seulement quand elle lui parla du cadeau

de noces qu'elle voulait offrir à Carola, et qu'elle avait commandé chez ses bijoutiers Marche et Chabert, des boucles d'oreilles en saphir, qu'il sortit de sa rêverie et lui prenant les deux mains dans un moment d'élan :

— Tu es la meilleure des femmes, lui dit-il en revenant, sans y penser, au tutoiement d'autrefois.

— Prends garde, dit-elle en se collant à son oreille, nous ne sommes pas en voiture fermée.

— Qu'importe ! répliqua-t-il avec une inconsciente brutalité, je voulais vous dire que je ne méritais pas tout ce que votre générosité ingénieuse...

— Passionnée, interrompit-elle en lui jetant ce mot dans l'oreille.

— ... Fait pour les miens ; mais soyez convaincue qu'elle trouve un cœur plein de gratitude.

— Alors je suis heureuse! s'écriait-elle en montrant un visage radieux. Toute la vie ne tient-elle pas pour moi dans la joie de vous prouver ma tendresse? je ne pense qu'à cela; je ne cherche que cela.

Puis, se reprenant pour qu'il ne pût pas croire qu'elle voulait lui faire à lui-même le cadeau des boucles d'oreilles et lui imposer ainsi un remerciement :

— Mais dans le cas présent c'est à Carola que j'ai pensé bien plus qu'à vous; j'ai pour elle une vive affection et je suis heureuse de la lui marquer en lui offrant une chose qu'elle désirait, je le sais. Ce qu'il y a de meilleur dans l'argent, c'est qu'il nous donne le moyen d'être agréable à ceux qu'on aime.

Il lui reprit la main et, l'ayant serrée, il la garda dans les siennes.

Elle eût voulu rester ainsi toujours et continuer leur promenade jusqu'à la nuit, mais il fallait donner l'ordre de revenir à Hopsore, car elle avait l'habitude de se mettre en toilette pour le dîner, même lorsqu'ils devaient dîner en tête à tête, et elle n'avait que le temps de s'habiller, Regina ne permettant pas qu'on la pressât.

Ce n'était pas seulement par la générosité, par la tendresse, par la toilette qu'elle voulait plaire à son mari, c'était encore en l'entourant dans les choses de la vie de tout ce qui pouvait lui donner une satisfaction quelconque, petite ou grande, celles du luxe aussi bien que celles de la table.

Obligée à une extrême sobriété; ne mangeant presque pas par peur de l'obésité, ne buvant presque que de l'eau parce que le vin lui donnait des poussées de rouge au visage, elle avait cependant voulu que son mari trouvât chaque jour sur sa table un dîner meilleur que celui que pouvait lui offrir le cercle ou le restaurant; s'imaginant que ce qu'on a chez soi, on ne pense pas à l'aller chercher ailleurs.

Quand la cloche du dîner sonna, Regina mettait la dernière main à la toilette de sa maîtresse, habillée d'une robe décolletée, coiffée avec des fleurs naturelles, et lui déclarait en toute franchise qu'elle n'avait jamais été plus belle.

— Madame la princesse n'a pas vingt-cinq ans.

Et la princesse, qui ne se laissait pas griser par les compliments, se disait tout bas qu'elle en avait au moins trente; ne pouvant se décider à s'avouer ni à avouer à tous qu'elle en avait quarante-cinq, et aimant mieux paraître une vieille jeune femme que de se montrer une jeune vieille femme, belle encore d'une beauté grave et noble, ce qu'elle était réellement.

Lorsqu'ils furent assis en face l'un de l'autre, dans l'immense salle à manger dont les larges et hautes fenêtres à meneaux géminés ouvraient sur la vallée et au loin sur la mer qu'allumait le soleil couchant, il se passa ce qui arrivait tous les jours, c'est-à-dire que, mangeant à peine elle-même, elle s'occupa de lui comme une mère d'un petit enfant, insistant pour qu'il acceptât les plats qu'elle jugeait réussis, ne le quittant des yeux que pour adresser un signe à l'un ou à l'autre des deux valets qui les servaient. A sa grande joie, il voulut bien faire honneur au menu qu'elle avait travaillé le matin avec son chef et aussi aux vins qu'elle avait choisis.

Elle était si heureuse lorsqu'en quittant la table ils passèrent dans le salon rouge, qu'elle risqua une demande qu'elle ne se permettait plus que rarement: ne ferait-il pas un peu de musique?

Mais, à son grand regret, il ne put pas lui donner ce plaisir : il avait à sortir.

Elle retint les larmes qui lui montaient aux yeux.

— Vous avez raison, dit-elle, cela vous vaudra mieux que de rester enfermé; j'aurais dû vous le proposer.

Alors il expliqua qu'il avait, la veille, rencontré deux amis, — il les nomma, — qui lui avaient donné rendez-vous au Casino; peut-être rentrerait-il tard, s'ils le forçaient à jouer sans qu'il pût les refuser.

Elle avait eu le temps de se remettre; elle vint à lui, et, fouillant dans la poche intérieure de son veston, — car il gardait un veston tandis qu'elle était en toilette de soirée, — elle en tira un petit carnet et l'ouvrit. Dans le pli retenu par le cordon en caoutchouc se trouvait un billet de cinq cents francs plié en deux.

Vivement elle sortit sans rien dire et presque aussitôt elle revint, tenant dans sa main une liasse de billets de banque.

— Est-ce que le prince Sobolewski doit se mettre au jeu avec cinq cents francs? dit-elle.

Et, presque de force, elle lui fourra le paquet de billets dans sa poche :

— Bonne chance! dit-elle, amusez-vous bien

Ce fut seulement quand elle entendit rouler sur le gravier la voiture qui l'emmenait, qu'elle s'abandonna.

VI

Si encore elle l'avait interrogé avec aigreur, en montrant des soupçons, en lui faisant une scène de jalousie, il se serait défendu ; mais cette douceur et cette tendresse l'assassinaient. C'était la honte au front qu'il inventait ces prétextes à sortie, qui ne pouvaient la tromper ; comme c'était le cœur serré qu'il voyait les efforts qu'elle faisait pour sourire, quand les larmes gonflaient ses paupières. Pauvre femme, comme elle souffrait ! comme elle l'aimait !

Il avait fait la route d'Hopsore à Trouville, furieux contre lui-même autant que contre elle ; car s'il était désespéré d'avoir des torts envers elle, il se disait qu'elle en avait bien aussi envers lui. Pourquoi ne voulait-elle pas vieillir ! N'eût-elle pas été la meilleure des femmes si elle avait eu le courage de renoncer à ses espérances en même temps qu'à ses cosmétiques, à ses teintures, à ses peintures qui ne trompaient qu'elle ! Ce n'était pas sa faute à lui vraiment si elle ne voulait pas avoir son âge.

Il avait laissé sa voiture au *Bras d'Or*, et rapidement, en homme qui ne veut pas qu'on l'aborde, il s'était dirigé vers l'hôtel de Germaine. Avec la nuit s'était élevée une brise de mer assez froide qui avait chassé les flâneurs des rues; il arriva à la porte de l'appartement de Germaine sans avoir rencontré personne de connaissance

Il n'eut pas à frapper : au bruit de ses pas la porte s'ouvrit et Germaine, lui prenant les mains, l'attira brusquement; quand il fut entré, elle se jeta dans ses bras éperdue.

Il la regarda stupéfait, car Eugénie était dans la chambre, et bien qu'elle ne se cachât pas de cette vieille servante qui avait été sa nourrice, elle ne s'abandonnait pas habituellement à ces élans devant elle.

— Qu'y a-t-il? demanda-t-il d'une voix émue

— Nous sommes perdus!

Sans en dire davantage elle l'entraîna dans une seconde pièce, sa chambre, où près de son lit se trouvait un berceau aux rideaux fermés.

Elle en ouvrit un, et dans l'ombre, au milieu de la blancheur de l'oreiller, apparut la tête rose d'un petit enfant qui tetait sa langue en dormant.

— Tu l'aimes, s'écria-t-elle d'une voix étouffée, elle est ta fille, elle sera ta fille? Jure que tu seras toujours un père, pour elle !

Jamais il ne l'avait vue dans un pareil état d'exaltation et d'affolement, elle qui ordinairement était si concentrée dans la passion.

— Jure, dit-elle, jure!

— Mais certainement, je le jure.

Déjà la petite fille s'était agitée sur son oreiller, se

tournant, promenant ses poings fermés sur sa figure. Elle ouvrit les yeux, et, après un court moment d'étonnement, elle se mit à rire à la lumière.

— Embrasse-la, dit Germaine.

Ce baiser ne fut point agréable à l'enfant, qui commença à pleurer ; alors Germaine appela Eugénie et lui dit de promener la petite en tâchant de la rendormir.

Eugénie sortie, il put interroger Germaine.

— Mon mari exige que je rentre près de lui ; j'ai reçu sa lettre ce matin ; il veut que je prenne au Havre le départ du 21.

Depuis qu'ils s'aimaient, ils avaient vécu avec cette menace suspendue sur leur tête, se disant qu'elle pouvait les frapper aujourd'hui, demain, et cependant espérant toujours, sans se préciser ce qu'ils espéraient, une heureuse chance, un miracle. Elle était venue en France pour y passer quelques mois, elle y était restée plus d'un an ; pourquoi n'y resterait-elle pas encore ?

— Ne peux-tu pas répondre que ta santé ne te permet pas de retourner au Chili en ce moment ?

— C'est ce que j'écris depuis huit mois ; il ne veut plus rien entendre ; il faut que je parte.

Il lui prit les deux mains :

— Alors, c'est à nous de partir, dit-il.

Elle se jeta sur lui, et, l'étreignant dans ses deux bras, elle le serra passionnément.

— Tu devais le dire, s'écria-t-elle, mais moi, je ne dois pas l'accepter. Si cette lettre est un coup de foudre, elle n'est pas une surprise ; je l'attendais comme tu devais l'attendre toi-même. Hier encore, n'avions-nous pas le pressentiment qu'elle allait arriver? Depuis un an, il ne s'est point passé un jour sans que je me sois demandé ce que nous aurions à faire lorsqu'elle éclaterait. J'ai donc réfléchi en même temps que je t'ai étudié. Tu es la bonté même, la générosité. Depuis dix ans, tu as vécu pour tes frères et tes sœurs; c'est pour eux que tu t'es sacrifié. Aujourd'hui, ils vont toucher le prix de ce sacrifice : ta sœur Carola est fiancée à un homme qu'elle aime ; tes sœurs Wanda et Hedwige vont bientôt se marier ; tes frères peuvent travailler librement en attendant la gloire et la fortune. Que deviendraient-ils si nous partions, comme tu me le proposes ?

Elle avait parlé avec une extrême volubilité, en femme qui exprime des idées qu'elle a tournées et retournées cent fois, et pour lesquelles les mots se pressent sur les lèvres. Elle fit une pause et le regarda avec des yeux désespérés.

— Je veux que tu m'aimes, reprit-elle, je veux que tu m'aimes toujours, et je mets ton amour au-dessus de tout. Pourrais-tu m'aimer si je faisais ton malheur en faisant celui des tiens? Oui, en ce moment, quand tu sens que nous allons être séparés et que ton cœur se brise, tu es prêt à me les sacrifier, et c'est en toute sincérité que tu me dis : « Partons. » Mais, si nous partions, quelle serait notre vie dans quelque petite ville d'Autriche, d'Angleterre, des États-Unis, où nous devrions nous cacher? A la longue dans ton cœur ne s'élèverait-il pas un reproche contre celle à qui tu aurais sacrifié les tiens ? Il n'y a qu'une issue à notre situation : le départ ; je partirai ; le 21 je m'embarquerai au Havre.

— Et Micheline ? dit-il.

— Elle dort, dit-elle, parlons bas. Si j'ai le droit de décider ma vie qui m'appartient, je n'ai pas le droit de décider celle de Micheline, qui est à toi autant qu'à moi. C'est ensemble que nous devons prendre cette décision.

— Tu ne peux pas l'emmener.

— Assurément, et c'est ce qui cause mon angoisse ; pour toi la séparation est simple, je pars et tu restes ; pour moi elle est double, je t'abandonne et j'abandonne ma fille. Tu sais que je vais vivre de ton souvenir, de notre amour, et moi je ne saurai rien de cette pauvre enfant pendant des semaines et des mois, pas même si elle est encore vivante et si ce n'est pas une morte que je pleure.

Quand elle avait parlé de sa situation, ç'avait été avec désespoir, mais avec courage ; en parlant de sa fille, elle faiblit et un sanglot lui coupa la voix.

— Pardonne cette défaillance, dit-elle ; il y a deux mois je ne savais pas ce que c'est d'être mère, et combien l'enfant qu'on a porté laisse en nous de racines solides ; c'est par l'accoutumance sans doute qu'on devient père, et tu le deviendras, j'en suis certaine, pour Micheline, quand tu t'occuperas d'elle ; mais, pour la femme, c'est pendant les mois de grossesse que s'établit cette accoutumance, et si bien qu'elle est mère le jour où son enfant vient au monde. Tu connais à peine Micheline, je l'aime depuis onze mois, et quand je pense que je vais l'abandonner, elle, si faible, si petite, alors qu'elle a tant besoin de moi, je deviens folle.

— Ne suis-je pas là ?

— Si bon, si dévoué que tu puisses être, tu ne seras pas une mère.

— Enfin, si tu n'as rien décidé pour elle, tu as au moins une idée, un projet ? Tu n'as pas pu, depuis qu'on t'a remis cette lettre, ne pas chercher quelque combinaison.

— Celle qui m'a paru à peu près possible, c'est de mettre Micheline en nourrice aux environs de Trouville, où elle sera près de toi où tu trouveras le moyen d'aller la voir et de la surveiller. Eugénie ne revient pas avec moi au Chili, dont le climat la tuerait ; elle reste en France et se retire auprès de sa famille à Argentan ; d'Argentan à Trouville, les communications sont faciles par le chemin de fer, elle pourra visiter Micheline quand toi tu ne le pourras pas. Soit par toi, soit par elle, j'aurai donc des nouvelles fréquentes, jusqu'au moment où je reviendrai. Car tu penses bien, n'est-ce pas, que je ne retourne pas au Chili pour y mourir de vieillesse, loin de toi, loin d'elle. Mieux vaudrait mourir tout de suite. La séparation que mon mari me refuserait si je la lui demandais en restant en France, il l'acceptera un jour ou l'autre, lorsque je serai près de lui et que son amour-propre ne sera pas engagé dans la question de mon retour. Ce jour-là je reviendrai pour te retrouver et pour reprendre ma fille dont personne ne pourra plus me séparer.

Il devait se rassurer, cependant les froncements de son front ne s'effaçaient point.

— Tu trouves cet arrangement mauvais? demanda-t-elle avec inquiétude.

— Non.

— Tu ne voudrais pas qu'elle fût mise en nourrice?

— Tu veux que je la voie? dit-il.

— C'est ce que je te demande.

— Eh bien, comment veux-tu que j'aille voir une enfant chez une nourrice dans un pays où tout le monde me connaît? Sous quel prétexte?

— Tu en trouveras.

— En vois-tu?

— Je n'en ai pas cherché.

— Moi, j'en cherche depuis que tu m'expliques ton idée et je n'en trouve pas; un homme de mon âge et dans ma position ne va pas chez une nourrice visiter un enfant qu'il ne connaît pas et dont il ne connaît pas la mère; car je ne peux pas te connaître, n'est-ce pas?

Elle le regarda désespérée plus encore parce qu'il lui présentait une objection, que par la force même de cette objection.

— Alors tu ne veux pas la voir chez sa nourrice? demanda-t-elle anxieusement.

— Ce qu'il faudrait, ce serait que je pusse la voir en ayant des raisons avouables pour la voir.

— Lesquelles?

— C'est cela justement qui est à chercher.

Il se leva et se mit à marcher par la chambre,

réfléchissant, tandis que, de son côté, immobile sur sa chaise, elle réfléchissait aussi; mais elle était trop agitée, trop profondément bouleversée pour concentrer son esprit sur une idée et l'étreindre ; ce n'était pas seulement à la nourrice de sa fille qu'elle pensait, c'était aussi à son amant, à l'heure présente et au lendemain, au départ, à la séparation, et dans sa tête tout se mêlait, se heurtait confusément.

— J'ai bien une idée, dit-il enfin, mais elle a des côtés romanesques qui vont peut-être t'effrayer.

— Mon Dieu! murmura-t-elle.

Car, tandis qu'il se laissait volontiers enlever par la chimère et la fantaisie, elle était plus calme, plus accessible au calcul et à la réflexion, ayant dans le cœur l'exaltation que lui avait dans la tête ; et ce mot s'appliquant au sort de sa fille était bien fait pour l'effrayer.

— Si tu as peur d'avance... dit-il.

— C'est le mot qui m'effraye ; ce n'est pas l'idée, puisque je ne la connais pas.

— Si j'avais une raison pour m'intéresser franchement à Micheline, sans que personne pût s'étonner de ma sollicitude pour elle et même de la tendresse que je lui témoignerais, toutes les difficultés seraient tranchées, et nous pourrions la mettre en nourrice à Hopsore même, et, mieux encore, chez la femme de mon garde, accouchée depuis un mois d'un garçon qu'elle allaite, belle Normande, bien portante, solide, saine et expérimentée, puisqu'elle a déjà élevé deux enfants.

— Cela serait trop beau.

— Cependant cela est possible, si tu le veux.

— Si je le veux !

— Voici comment je comprends que les choses se passeraient : la maison de mon garde est à la porte du parc qui ouvre sur la forêt; une charmante et confortable maison dans une position saine et gaie, et telle que j'aurais été bien heureux autrefois de l'habiter; à une heure précise convenue entre nous, tu viendrais dans la forêt avec Micheline; tu la déposerais au pied d'un arbre convenu entre nous aussi. A ce moment même, je passerais là par hasard et je la trouverais.

Elle poussa un cri étouffé.

— Abandonner ma fille dans la forêt!

— Tu ne la quitterais pas des yeux, tu me verrais la prendre et l'emporter chez la femme du garde, à qui je la confierais. Que tu remettes notre fille à la nourrice ou que ce soit moi qui la remette, pour toi la douleur de la séparation est la même.

— Mais je ne l'abandonne pas si je la remets à la nourrice.

— Mais je la trouve si tu l'abandonnes, et ce fait seul crée un lien entre nous; elle est jusqu'à un certain point mon enfant, je peux la surveiller : c'est moi qui l'ai confiée à la nourrice, et c'est envers moi que celle-ci est responsable; elle demeure chez moi, dans mon parc; je la vois tous les jours, et les visites d'Eugénie sont inutiles, puisque je peux te parler d'elle dans toutes mes lettres.

Elle était haletante.

— Ma fille! Abandonner ma fille!

— La situation est assez affreuse pour que tu ne l'aggraves pas par des mots qui ne sont pas entièrement justes. Si tu parais abandonner ta fille, la vérité est que tu la remets aux mains de son père, et, pour que cela puisse se réaliser, je ne vois pas d'autre moyen que celui-là, — aventureux en apparence, mais en réalité sans aucun danger. Tu me demandais, tu me faisais jurer d'être son père, je le serais.

Cela était vrai ; malgré la révolte de ses entrailles de mère, il fallait bien qu'elle le reconnût. Si elle voulait (et elle le voulait ardemment) qu'il pût la voir chaque jour et s'occuper d'elle comme un père, il n'y avait que ce moyen, si horrible qu'il fût pour elle.

Cependant, une dernière protestation jaillit de son cœur.

— Ce serait seul que tu passerais au pied de cet arbre ? dit-elle.

— Si j'étais seul, il ne serait pas besoin de ces précautions, tu n'aurais qu'à me la remettre dans les bras.

Elle hésita un moment :

— Alors, ce serait la princesse qui t'accompagnerait ?

— Ne serait-elle pas le meilleur témoin ?

— Elle ne serait pas seulement témoin ; comme toi, elle trouverait l'enfant ; comme toi, elle aurait des droits sur elle.

— Micheline ne serait jamais qu'un enfant trouvé à ses yeux.

— Et si elle l'aimait ! Je ne veux pas qu'elle aime ma fille !

VII

A minuit, ils discutaient encore, revenant sur ce qu'ils avaient répété vingt fois déjà.

— Je ne prétends pas que mon moyen soit parfait, disait Casimir, mais je n'en vois pas d'autre.

Germaine non plus n'en trouvait pas d'autre, et c'était là ce qui l'anéantissait ; ils n'avaient plus que deux jours devant eux.

Enfin, il fut décidé que le lendemain matin elle irait explorer le chemin de la forêt aboutissant à la maison du garde ; après avoir vu de ses propres yeux que Micheline n'avait aucun danger à courir, après avoir examiné la maison dans laquelle sa fille serait élevée, elle se calmerait. Pour lui, dès la première heure, il visiterait ce chemin et marquerait d'un jalon l'arbre qu'il choisirait et qu'elle reconnaîtrait à ce signe, sans que l'erreur ou la confusion fût possible.

Il était deux heures du matin quand il rentra à Hopsore, et si en passant devant l'appartement de sa femme il avait écouté un moment à la porte, il aurait entendu que la princesse ne dormait pas ; mais il avait autre chose en tête que ce souci affectueux.

Le lendemain à sept heures il descendait dans le jardin et doucement, en se promenant, en flânant, comme s'il faisait tout simplement le tour du propriétaire, il monta jusqu'à la maison du garde.

Elle était charmante, comme il l'avait dit, cette maisonnette, le vrai type du cottage anglais, briques et pierre, toits rapides en ardoises roses et vertes, couronnée de hautes cheminées, festonnée de guirlandes de rosiers grimpants en ce moment fleuris, des *gloires de Dijon* mêlées à des *maréchal Niel* d'une ampleur de forme et d'une pureté de nuance qu'on ne rencontre qu'au bord de la mer, quand leurs racines plongent dans un sol riche et que leurs tiges baignent dans une atmosphère humide; devant, s'étalait une petite pelouse d'un vert intense bombée au milieu par un grand massif de *canna*.

Sur le seuil de la maison, une femme était assise, donnant le sein à un enfant qu'elle abritait du soleil avec sa main grande ouverte, — la femme du garde, la belle Normande dont il avait parlé. A ses pieds dormait un basset aux longues oreilles et aux courtes pattes torses. Par la porte ouverte on apercevait une cuisine dont les landiers et la dinanderie jetaient des reflets éblouissants qui mieux que tout disaient comment la propreté était comprise et pratiquée dans cet intérieur.

En apercevant son maître, la femme du garde avait voulu se lever, mais de la main il lui avait fait signe de rester assise.

— Ne vous dérangez pas, madame Philbert, vous réveilleriez votre enfant.

— Il n'y a pas de danger qu'il dorme, le goulu, il aime mieux s'emplir; heureusement il y a de quoi.

Et, de fait, il semblait qu'il y avait de quoi : sous le caraco d'indienne légèrement écarté apparaissait un sein de moyen développement, aux veines bleutées dans une chair blanche, ferme et rebondi, qui indiquait une riche laitière.

— On aurait pu en nourrir plus d'un, dit-elle avec l'ostentation d'une nourrice sûre d'elle, mais Philbert n'a pas voulu; le fait est que quand on a trois enfants à élever, c'est bien des arias.

Beaumoussel avait été dur et exigeant avec les gens à son service : le prince, au contraire, doux et facile, trouvait toujours qu'on en avait assez fait. Il ne voulut pas que la femme du garde quittât son seuil et, l'ayant saluée poliment comme il saluait les femmes, quelles qu'elles fussent, il ouvrit lui-même la grille et sortit dans la forêt.

A cette grille, que sa femme avait fait surmonter de ses armes depuis qu'elle était princesse, aboutissait le chemin dont il avait parlé à Germaine. Comme il ne conduisait nulle part, si ce n'est au château, il était habituellement désert et à peine frayé. A une centaine de mètres de la maison de garde il tournait brusquement, et on se trouvait alors en pleine solitude, dans une haute futaie, dont la cime épaisse ne laissait tomber sur la mousse qu'un jour mystérieux. C'était cet endroit que Casimir avait choisi; il n'y avait là aucun danger à craindre pour l'enfant, aucune surprise pour la mère, et dans une excavation récemment ouverte pour en tirer du caillou, Germaine pourrait se cacher sans qu'on l'aperçût et rester abritée en surveillant Micheline jusqu'au moment où il passerait « par hasard ».

Avant d'entrer dans la futaie où il n'y avait point de cépées, il avait coupé une branche de coudrier pour faire un jalon. Mais quand il l'eut planté avec son papier blanc devant l'arbre qu'il avait choisi, un gros hêtre dont le pied était feutré d'une mousse épaisse, il craignit que ce jalon qui crevait les yeux ne fût enlevé avant le jour où Micheline serait déposée là, et alors, comme il n'y avait personne dans ce triage de la forêt pour le surveiller ou le déranger, il creusa avec la pointe de son couteau, sur l'écorce du hêtre, un grand G, qui serait pour Germaine une marque sûre.

Puis, toutes ses précautions ainsi prises, il revint au château, où il passa la journée sans sortir, pensant à sa pauvre Germaine, à son angoisse, à son désespoir. Comme ils payaient cher leurs journées de bonheur ! Combien allaient être terribles pour elle ces éternelles heures de la traversée, dans la solitude effroyable de l'Océan, sans un visage ami autour d'elle, la vie suspendue, la pensée enfiévrée et délirante, se disant à chaque trépidation de l'hélice qu'elle s'enfonçait dans le gouffre d'où elle ne ressortirait peut-être jamais ! Lui, au contraire, restait dans son château, au milieu de son luxe, avec sa fille qu'il verrait tous les jours. Et alors il se demandait s'il avait vraiment fait son devoir en ne l'obligeant pas à partir avec lui et en acceptant son sacrifice. Comme il était sage au temps où il se disait qu'il vivrait sans amour ! Et c'était gaîment qu'ils s'étaient jetés dans cette aventure, sans rien prévoir, tout à l'ivresse de l'heure présente, sans s'inquiéter de ce que serait l'avenir. Un sourire avait pris son existence et l'avait faite... ce qu'elle était maintenant.

Il porta au dîner un visage troublé et, malgré l'intérêt qu'il avait à ne pas provoquer des soupçons qui pussent le gêner plus tard, il lui fut impossible de ne pas s'oublier plus d'une fois.

— Est-ce que vous avez perdu hier soir ? lui demanda sa femme qui cherchait sans la deviner la cause de ce trouble.

— J'ai gagné.

— Et c'est là ce qui vous donne ce visage préoccupé ?

— Justement, car ce gain m'oblige à donner une revanche à mes amis, et j'aurais voulu ne pas aller à Trouville ce soir.

Elle dissimula le mouvement de pénible surprise que cette nouvelle provoquait en elle :

— Que cette absence ne vous préoccupe pas, dit-elle, elle est trop légitime pour que je m'en plaigne et, d'ailleurs, vous savez que je ne me plains jamais.

En tout autre moment il eût eu une bonne parole pour cette abnégation, mais ce n'était vraiment pas sur sa femme qu'il pouvait à cette heure s'apitoyer.

Comme la veille, il arriva chez Germain à la tombée de la nuit, frémissant, se demandant comment il allait la trouver.

Il la trouva anéantie, mais plus calme, plus résolue; ce n'était plus l'agitation désordonnée et folle de la veille, c'était le morne désespoir d'une femme courageuse.

— Tu auras l'enfant, dit-elle; j'ai vu la maison, elle y sera bien; à travers la grille, j'ai vu aussi la femme du garde, c'est une belle nourrice.

— C'est mieux qu'une belle nourrice, c'est une brave femme, une bonne mère.

Il avait répondu cela pour dire quelque chose, navré de l'accent avec lequel elle lui parlait, des yeux où flottait la mort qu'elle attachait sur lui, et ne voulant pas s'abandonner à l'émotion qui lui étreignait le cœur.

— Pardonne-moi d'avoir discuté ta proposition hier, dit-elle. Je n'ai vu tout d'abord que l'abandon de notre fille. Maintenant je me rends compte qu'il est sans danger. J'avais la tête perdue, car ce qui aurait dû me toucher, c'était le sentiment de paternité que cette proposition affirmait. Je n'ai pas l'expérience des choses de la vie ni du cœur humain, mais il me semble que plus d'un père, à ta place, aurait laissé mettre en nourrice, loin de lui, cette enfant qui se jetait ainsi à travers sa vie. Toi, l'homme loyal, généreux et droit, tu n'as pas fait ce calcul. Je t'assure que, dans ma détresse, ce m'est un grand soulagement de me dire qu'elle t'aura près d'elle. Ce sera la pensée à laquelle je me raccrocherai là-bas dans mon abandon, mon soutien. « Il est là ; elle l'aime. » Par elle, je t'aurai toujours.

Ils se jetèrent dans les bras l'un de l'autre.

— Hélas ! quel trouble j'ai mis dans ta vie ! s'écria-t-elle.

— Quels chagrins, quelles tortures j'ai mis dans la tienne !

— Mais tu m'as aimée !

C'était à leur fille qu'ils devaient penser, non à eux-mêmes. Tout n'était pas dit parce que Germaine était décidée à l'abandon de Micheline dans la forêt ; il fallait arrêter maintenant comment cet abandon se ferait.

Il était certain que si Germaine partait de Trouville en voiture, sa fille dans ses bras, et faisait arrêter cette voiture à la croisée du chemin d'Aguesseau avec celui qui conduit à l'entrée du parc d'Hopsore, le cocher de cette voiture serait surpris quand il la verrait revenir sans enfant et chercherait à savoir ce qu'elle en avait fait.

— Je ne prendrai de voiture que pour monter la côte, dit Germaine ; je ferai le reste de la route à pied en portant Micheline ; je ne la serrerai jamais assez longtemps sur mon cœur.

Il y avait des précautions à prendre à l'hôtel, où elle n pouvait pas rentrer sans sa fille, et il y en avait pour les bagages à envoyer à l'avance ; il fut donc décidé qu'en revenant de la forêt elle se rendrait directement au bateau du Havre pour s'embarquer, tandis qu'Eugénie irait à Pont-l'Évêque prendre le chemin de fer.

Comme ils discutaient ainsi, tout à coup elle cessa de répondre.

— Qu'as-tu ? demanda-t-il.

— Il semble que ce soit un crime que nous complotions.

Et pendant quelques secondes ils restèrent sans parler, sans se regarder.

Mais il ne fallait rien laisser au hasard, ils reprirent leur discussion. Il y avait un point qui, pour être d'une importance moins grave que ceux déjà décidés, tenait cependant fortement au cœur de Germaine : la layette de Micheline, cette layette qu'elle avait eu tant de joie à composer et dont elle avait cousu elle-même un grand nombre de pièces pendant sa grossesse. Elle eût voulu que sa fille eût cette layette. Mais cela était impossible ; elle le comprit, et se résigna. Elle ferait seulement, avec quelques pièces préalablement démarquées, un petit paquet sur lequel elle coucherait Micheline au pied de l'arbre, et donnerait le reste à Eugénie pour ses petits-neveux et ses petites-nièces.

Après avoir ainsi arrangé tout ce qu'ils pouvaient prévoir pour l'enfant, il leur restait à parler d'eux.

— Et nous, dit-elle, ne nous reverrons-nous point ? dois-je partir sans ton adieu, sans rien savoir de notre fille ?

— Aussitôt que j'aurai installé Micheline chez sa nourrice, je partirai pour Honfleur, où je prendrai le bateau; j'arriverai au Havre à peu près en même temps que toi. Fais-toi conduire à *Frascati*. Prends un appartement en donnant le nom de madame Germain. Nous resterons ensemble jusqu'à ton embarquement sur le transatlantique.

VIII

C'était le départ du bateau de Trouville pour le Havre qui avait déterminé l'heure de l'abandon de Micheline ; comme il était fixé à cinq heures du soir, ils avaient décidé qu'à deux heures précises Germaine coucherait sa fille dans la futaie au pied de l'arbre marqué d'un G, et qu'à deux heures deux minutes Casimir paraîtrait.

Le matin, Germaine quittait l'hôtel avec Micheline que portait Eugénie, et à midi seulement elles prenaient sur le quai une voiture qui les conduisait dans la forêt, où elles la renvoyaient, comme si elles voulaient faire une promenade à pied sous bois et revenir ensuite à pied à Trouville.

Elles attendaient que le cocher eût disparu, puis, quand sa curiosité n'était plus à craindre, elles se dirigeaient droit sur Hopsore, Germaine portant sa fille, la serrant sur sa poitrine, et se baissant pour l'embrasser en écartant son voile : alors la petite, heureuse sans doute de respirer plus librement, riait à sa mère.

Il était une heure un quart quand elles arrivèrent

au débouché du chemin d'Hopsore sur la route d'Aguesseau; elles avaient plus de temps qu'il n'en fallait pour gagner la futaie. Alors Germaine voulut entrer sous bois, dans un fourré où ne la poursuivraient pas les regards des gens qui passaient sur la route; et là, dans une petite clairière, à l'ombre d'une cépée, elle déshabilla sa fille et la changea de linge.

Contente d'être libre, l'enfant gigotait gaîment, et, sous la lumière, tamisée par le feuillage, dans l'air tiède, elle allongeait et ramenait ses petites jambes coupées de gros plis et de fossettes roses.

De temps en temps sa mère lui prenait un pied, et l'embrassait; alors Micheline, chatouillée par ce baiser, riait avec des gazouillements.

— Ma pauvre petite fille! murmurait Germaine en soupirant.

— Il ne faut pas que madame se rende malade, disait Eugénie, il y a bien des enfants qu'on met en nourrice et qui ne s'en portent pas plus mal pour ça; quand je vous ai emmenée chez nous, votre pauvre mère soupirait aussi comme si je vous emportais au cimetière, ce qui n'a pas empêché que vous deveniez une belle enfant, et que vous ayez été bien soignée, je m'en vante. Il y a de bonnes gens sur la terre. Et puis le prince sera là.

Tout ce qu'Eugénie disait pouvait être vrai; mais ce n'était pas par la tête et l'esprit que Germaine vivait en ce moment, c'était par le cœur et les entrailles; et c'était son cœur, c'étaient ses entrailles qui se déchiraient à la pensée que dans quelques minutes elle allait être séparée de sa fille.

Elle voulut lui donner à teter, et Micheline prit le sein gloutonnement, comme si elle avait conscience que c'était pour la dernière fois ; au moins ce fut ce que s'imagina Germaine, qui ne put pas retenir ses larmes.

— Allons, madame, ne vous abandonnez pas, dit Eugénie. Que deviendrons-nous tout à l'heure, si vous n'avez pas toutes vos forces?

Germaine voulut porter sa fille jusqu'au bout. Elles ne tardèrent pas à arriver à la futaie. Quelques rayons de soleil, qui glissaient sous les cimes des arbres, l'éclairaient et lui enlevaient le sombre mystérieux qu'elle avait le matin ; elle parut moins sinistre et moins froide, moins sépulcrale, à Germaine, qu'à l'heure matinale où elle l'avait vue la veille.

— Voici l'arbre, dit Germaine en montrant le hêtre marqué d'un G, et voici le trou où nous devrons nous cacher.

Elle parlait bas; cependant, dans le silence que ne troublait aucun bruit, ni le cri d'un oiseau, ni le murmure de la brise, sous cette voûte de feuillage qui les enfermait, sa voix résonnait comme dans une cathédrale.

Germaine fut prise d'un tremblement qui la secoua de la tête aux pieds.

— Donnez-moi la petite, vous allez la réveiller, dit Eugénie.

Cette fois, Germaine obéit, sentant que si l'enfant s'éveillait et la regardait, elle ne pourra jamais s'arracher à elle. Quelle lâche nature elle était de ne pouvoir pas se contenir! Après avoir pris cette résolution, allait-elle donc avoir la faiblesse de ne pouvoir pas l'exécuter?

Eugénie avait posé à terre le petit paquet formé de quelques pièces de la layette, Germaine le prit et l'arrangea de façon à ce qu'il servît d'oreiller à l'enfant et lui tînt la tête un peu haute.

Comme elle restait agenouillée sur la mousse, pleurant sans pouvoir retenir ses larmes, Eugénie lui rappela qu'elle ne devait pas oublier l'heure.

Il était deux heures moins cinq minutes.

— Pose Micheline sur l'oreiller, dit Germaine d'une voix étranglée.

Eugénie s'agenouilla aussi, et avec précaution posa sur l'oreiller la petite, qui ne s'éveilla point. Au milieu de la mousse verte, elle apparaissait toute blanche dans sa longue pelisse de piqué, la figure recouverte de son voile de tulle.

Germaine, penchée sur elle, allait relever ce voile quand Eugénie lui arrêta la main :

— Si vous l'embrassez, sûrement vous allez la réveiller, dit Eugénie qui s'était redressée.

— Mon Dieu ! murmura Germaine.

Mais cette fois encore elle obéit, et, prenant la pelisse, elle l'embrassa à plusieurs reprises désespérément.

— Voilà l'heure, dit Eugénie, venez, nous serons surpris.

Comme Germaine ne bougeait pas, elle l'entraîna jusqu'au bord de la carrière, où elle la poussa devant elle.

— De là nous verrons sans être vues, dit Eugénie en la plaçant derrière un tas de pierres.

Mais Germaine ne voyait rien, les larmes emplissaient ses yeux, et c'était confusément qu'elle apercevait, à quelques pas devant elle, une forme blanche, — sa fille qu'elle ne pouvait plus serrer dans ses bras.

Du côté opposé à celui par lequel elles étaient venues, on entendait vaguement un bruit de pas sur les cailloux du chemin.

Alors Germaine eut un mouvement instinctif d'espérance folle : si c'était un étranger, elle se montrait et reprenait sa fille.

— Le prince ! dit Eugénie.

En effet, au tournant du chemin, on apercevait le prince qui s'avançait lentement, marchant à côté de sa femme. A une heure, il avait annoncé qu'il allait faire un tour dans la forêt pour marcher, et il avait demandé à la princesse si elle ne voulait pas venir avec lui jusqu'à la grille du parc. Comme elle n'était jamais plus heureuse que lorsqu'elle pouvait sortir avec son mari, elle avait accepté gaiement cette promenade, malgré le soleil et la chaleur qui étaient des ennemis terribles pour elle. Heureusement il ne l'avait pas fait marcher vite, s'arrêtant lui-même souvent, et l'écoutant lorsqu'elle avait des explications à lui donner sur des améliorations projetées, notamment sur la construction d'un kiosque qu'elle voulait faire élever à un endroit d'où la vue s'étendait librement sur la vallée et sur la mer. Allant ainsi, ils avaient mis près d'une heure à monter du château à la grille du parc, et là ils s'étaient arrêtés un moment pour dire quelques mots à la femme du garde. La princesse ne devait pas dépasser cette grille; mais comme il lui avait demandé si elle ne voulait pas l'accompagner encore un peu dans la forêt, elle avait accepté cette prolongation de promenade, comme elle accepterait toutes celles qu'il lui proposerait encore, dût-elle mourir à la peine. Ils s'étaient donc engagés dans le chemin de la futaie. Elle eût été heureuse qu'il lui offrît son bras, mais comme il ne le lui proposait pas, elle n'avait point osé le demander, et elle avait continué à marcher près de lui, et même un peu en arrière, car maintenant il pressait le pas. Comme ils arrivaient au tournant du chemin, il avait eu un mouvement de surprise.

— Quelle est donc là-bas, dit-il, cette forme blanche?

Sans attendre une réponse, il avait vivement marché vers cette forme blanche.

Lorsqu'il n'en avait plus été qu'à trois ou quatre pas, la princesse l'avait vu lever les deux bras avec un geste de surprise, et se tournant vers elle, il s'était écrié :

— Mais c'est un enfant !

Et se penchant, il avait pris cet enfant dans ses bras ; puis tout de suite il était revenu vers elle.

— Voyez donc ce pauvre enfant, dit-il, abandonné au pied d'un arbre, là en pleine forêt.

— Pourquoi voulez-vous qu'il soit abandonné? la nourrice est là sûrement à baguenauder dans le bois.

Tout de suite elle se mit à appeler :

— Nourrice ! nourrice !

A cet appel, il n'apparut aucune nourrice.

— Il n'y a pas de nourrice, dit-il, vous voyez bien que c'est un enfant perdu, qu'on a exposé là

Elle avait une telle confiance dans tout ce que son mari lui disait, qu'elle accepta ces paroles.

— Mais alors, ses parents sont donc des monstres ? dit-elle, il pouvait être dévoré par un chien, le pauvre petit être !

— Qu'est-ce que nous allons en faire ? demanda-t-il.

— Donnez-le-moi ; vous ne pouvez pas rester là avec cet enfant sur les bras.

C'était là une proposition qu'il ne pouvait pas accepter, car il ne fallait pas que Germaine vît sa fille aux bras de celle dont elle craignait si fort la tendresse.

— Eh bien, quand je vous le donnerais ? dit-il, mais sans le donner.

— Je le porterais chez Philbert ; nous ne pouvons pas le laisser là dans le bois ; il crie comme un chat écorché ; il est peut-être mort de faim.

— Alors je vais le porter moi-même.

Il se mit en marche auprès de sa femme, sans oser jeter un regard autour de lui et chercher Germaine.

— Voilà une bizarre aventure ! dit la princesse.

— Ce n'est pas d'aujourd'hui qu'on trouve un enfant abandonné.

— Je croyais qu'on les trouvait surtout dans les journaux. Celui-là est habillé avec élégance. Ce n'est donc pas la misère qui a obligé ses parents à l'abandonner ! Comment peut-on abandonner un enfant ?

Elle jeta ce cri avec l'indignation d'une femme qui, certes, n'eût pas abandonné son enfant si elle avait eu le bonheur d'en avoir un.

— Et qu'est-ce qu'on en fait, d'un enfant abandonné ? demanda-t-elle en continuant.

Évidemment il n'avait qu'un mot à dire pour qu'elle acceptât ce qu'il proposerait, mais ce mot pouvait être dangereux et plus tard provoquer des soupçons ; il valait donc mieux qu'il l'amenât à ce qu'il voulait.

— On les met aux Enfants trouvés, répondit-il.

— Quand c'est un pauvre diable qui le trouve, je comprends cela ; mais quand ce sont des gens de notre condition, est-ce possible ? Vous n'y pensez pas, mon ami. La Providence aurait voulu qu'un pauvre petit être abandonné fût trouvé par le prince Sobolewski, pour que celui-ci l'abandonnât à son tour, et le mît aux Enfants trouvés ?

— Que voulez-vous que nous en fassions ?

— Que nous nous chargions de lui jusqu'au moment où ses parents le réclameront, ce qui ne peut pas manquer d'arriver, me semble-t-il.

— Vous avez une nourrice ?

— Pourquoi ne pas demander à la femme de Philbert de le nourrir ?

— Elle me disait il y a quelque temps que son mari n'avait pas voulu qu'elle prît un nourrisson.

— Quand on veut quelque chose de Philbert, il n'y a qu'à y mettre le prix ; nous le mettrons ; sa femme a déjà nourri deux enfants à la fois, et de beaux enfants.

Ils arrivaient à la grille du parc.

IX

Quand madame Philbert vit entrer le prince avec un enfant sur ses bras, elle poussa les hauts cris.

— Qué que c'est que ça, mon Dieu!

— Un enfant que nous venons de trouver dans la futaie.

La princesse coupa court aux exclamations en lui expliquant la situation et ce qu'elle voulait.

— Un nourrisson! Dame! ça se peut; il y a de quoi. Seulement, il faut que Philbert veuille.

— Cela, je m'en charge, dit la princesse; seulement, comme nous ne pouvons pas attendre que Philbert rentre pour discuter cela, commencez par donner à teter à ce petit être qui, je le crains, meurt de faim; vous voyez comme il crie.

Sans plus balancer, madame Philbert, s'asseyant sur une chaise basse, allongea Micheline sur ses genoux et lui présenta le sein.

Un moment l'enfant hésita, tâtant avec ses petites mains et cherchant avec ses lèvres, puis, se décidant elle prit le sein et se mit à teter, mais sans gloutonnerie.

— Il n'est pas mort de faim, dit madame Philbert avec son expérience de nourrice; possible qu'il soit bien aise de boire un coup, parce qu'il y a des enfants goulus, vous savez, mais celui-là n'a pas pâti.

Elle avait ôté à Micheline sa pelisse et son voile, et tout en lui donnant à teter, elle continuait à la déshabiller, enlevant les épingles anglaises, détachant la couche de flanelle et celle de toile roulées autour des jambes. Alors l'enfant, qui se laissait faire, heureuse de ces soins, apparut à moitié nue, ne gardant plus que sa brassière et sa chemise.

— Pour une belle fille, c'est une belle fille, dit madame Philbert.

— Quel âge croyez-vous qu'elle a? demanda la princesse.

— Elle doit bien avoir deux mois, peut-être un peu plus, peut-être un peu moins. Je vous disais qu'elle n'avait point pâti, voyez ce linge propre; il n'y a pas longtemps qu'elle a été changée, pour sûr; elle n'est donc pas restée longtemps au pied de son arbre.

— Nous n'avons vu personne, dit le prince.

— Ceux qui ont fait le coup ont filé quand ils vous ont vu ramasser la petite; ce n'est pas malin à deviner; mais qui que ça peut bien être?

— Voyez donc si le linge est marqué, dit la princesse.

— Marqué, il l'était, mais maintenant il est démarqué; on voit encore des fils du coton.

— Alors voilà une pauvre petite fille perdue pour

toujours, dit la princesse; n'est-ce pas pitoyable?

— Cette petite-là a tout de même de la chance que madame la princesse soit passée par là ! dit la nourrice.

— Quand votre mari rentrera, vous nous l'enverrez, dit le prince.

Il redescendit au château avec la princesse, d'un pas plus rapide qu'ils n'avaient monté.

Il avait hâte, en effet, de partir pour Pont-l'Évêque et d'y prendre le train qui le conduirait à Honfleur, où il s'embarquerait pour le Havre.

— Je crois qu'il y a des formalités à remplir lorsqu'on trouve un enfant, dit-il en descendant.

— Lesquelles?

— Je ne sais pas; mais je vais aller à Pont-l'Évêque le demander à votre avoué; je crois prudent de nous mettre en règle, tout cela est assez mystérieux pour que nous prenions nos précautions, et d'ailleurs il faut faire ce que la loi exige dans l'intérêt de l'enfant.

Elle croyait qu'il allait lui proposer de l'accompagner, mais il dit un mot qui lui fit comprendre que telle n'était pas son intention :

— Pendant ce temps, vous vous entendrez avec Philbert.

Dix minutes après, il partait pour Pont-l'Évêque, et ne tardait pas à arriver chez son avoué, à qui il racontait la trouvaille que la princesse et lui venaient de faire, en lui demandant conseil.

— La loi a prévu ce cas, répondit l'avoué, mais comme il n'est pas d'une application journalière, je vous demande la permission de chercher ce qu'elle prescrit.

Prenant un Code aux tranches de diverses couleurs, il le feuilleta.

— Voici l'espèce, dit-il : « Toute personne qui aura trouvé un enfant nouveau-né sera tenue de le remettre à l'officier de l'état civil, ainsi que les vêtements et autres effets trouvés avec l'enfant. »

— Comment, le remettre à l'officier de l'état civil? s'écria-t-il.

— Il y a une disposition du Code pénal qui corrige celle de l'article 58, et voici comment : « La présente disposition n'est pas applicable à celui qui aurait consenti à se charger de l'enfant et qui aurait fait sa déclaration à cet égard devant la municipalité du lieu où l'enfant a été trouvé. » Ainsi vous n'avez qu'une déclaration à faire devant votre maire ; ce qui, vous voyez, est bien simple.

Ainsi renseigné, il écrivit quelques lignes à sa femme pour lui dire ce qu'il venait d'apprendre et pour la prévenir qu'il allait avec ses amis à Honfleur, d'où il ne rentrerait à Hopsore que le lendemain.

Tout cela n'avait exigé que peu de temps. A quatre heures, il partit pour Honfleur, et il arriva juste pour prendre le bateau du Havre, qui tintait ; il était cinq heures. A ce moment même, Germaine devait s'embarquer à Trouville.

Il eût voulu arriver au Havre avant elle, pour qu'elle l'aperçût en descendant sur le quai, sans avoir l'angoisse de se demander s'il viendrait ou ne viendrait pas ; mais il lui semblait que le bateau n'avançait pas et ne pouvait pas se détacher de la côte de Grâce. Et cependant les tourbillons de fumée noire que vomissait sa cheminée disaient qu'il chauffait. Mais c'était une forte marée et il avait à refouler le courant qui remontait l'embouchure de la Seine, avec des remous jaunes et des petites lignes d'écume qui frangeaient les bancs de sable. A chaque instant il croisait des flottilles de navires : des remorqueurs, des chalands, des péniches, toute la batellerie de la basse Seine ras sur l'eau, et aussi quelques long-courriers aux voiles blanches et de grands vapeurs arrivant de la haute mer.

Quand ils furent par le travers de Vasouy, un petit vapeur apparut au loin à leur avant, le cap sur le Havre, c'était le bateau de Trouville.

Alors Casimir monta sur la passerelle et interrogea le capitaine pour savoir qui des deux arriverait le premier.

— Il a le vent et la marée pour lui ; nous, nous marchons contre le flot qui est fort, il sera à quai dix minutes avant nous.

En effet, quand ils accostèrent, le bateau de Trouville avait débarqué tous ses voyageurs, et il en embarquait déjà d'autres pour le retour.

Une voiture stationnait sur le quai, le prince la prit et se fit rapidement conduire à Frascati. On lui indiqua la chambre qu'on venait de donner à madame Germain. En une minute, il fut près d'elle.

Elle se jeta dans ses bras, et pendant plusieurs

minutes elle resta sans pouvoir articuler une parole, suffoquée.

— Micheline? dit-elle enfin.

Il lui raconta ce qui s'était passé depuis le moment où il avait soulevé Micheline dans ses bras, jusqu'à celui où il l'avait quittée, installée sur les genoux de madame Philbert, ayant très bien pris le sein de sa nourrice.

— Et toi? parle-moi de toi, dit-il lorsqu'il fut arrivé au bout de son récit.

Que pouvait-elle dire? Analyser ses sensations lorsqu'elle avait entendu sa fille crier sans pouvoir courir près d'elle, lorsqu'elle avait entendu ses cris s'éloigner, diminuer, s'éteindre sans pouvoir la suivre. Expliquer ce qu'elle avait souffert lorsqu'elle était revenue à Trouville toute seule, marchant sur cette route, aveuglée par les larmes, accablée par la prostration et le désespoir. Raconter comment elle avait fait la traversée, les yeux attachés sur la masse noire de la forêt de Touques qui gardait sa fille. Elle ne savait pas au juste.

Alors il s'appliqua à la consoler, ou plutôt à la rassurer. Dans leur détresse, les choses avaient encore mieux tourné, au moins pour Micheline, qu'ils ne devaient l'espérer. En réalité, elle ne serait pas en nourrice, elle serait élevée chez son père par une excellente nourrice, en pleine forêt, au grand air, dans les meilleures conditions qu'on pût souhaiter. Il la verrait tous les jours et souvent même plusieurs fois par jour. Pendant l'hiver, il s'arrangerait pour venir à Hopsore toutes les semaines

— C'est vrai, disait Germaine, pardonne à mon égoïsme maternel, c'est lui qui se révolte et proteste.

— De même que mon amour se révolte et proteste contre notre séparation.

— Comme nous sommes punis! Si encore c'était le dernier coup!

— Et que veux-tu qui nous frappe plus cruellement?

— Je ne sais pas; j'ai peur.

Un frisson la secoua de la tête aux pieds.

— Il semble que la main de la mort soit sur nous, dit-elle les dents serrées.

— Chasse donc de pareilles pensées : ta santé est raffermie, jamais je n'ai été malade; tu as vingt-quatre ans, j'en ai trente; Micheline est une enfant superbe qui a fait pousser un cri d'admiration à sa nourrice; pourquoi veux-tu que nous soyons frappés encore?

— Parce que nous l'avons mérité.

Ils ne savaient ni l'un ni l'autre quand le vapeur des Antilles partait le lendemain, si c'était à la marée du matin ou à celle du soir. Il sortit pour s'en informer et retenir la cabine de Germaine : c'était à celle du matin, à huit heures et demie.

Ils n'avaient donc plus que quelques heures à passer ensemble; elles furent lugubres, car, malgré les efforts qu'elle faisait pour chasser son angoisse, pour écouter, pour croire les paroles de confiance qu'il lui disait, son cœur ne se desserrait point.

— Quels souvenirs je vais te laisser! disait-elle.

— Quand on s'aime, ce ne sont pas les mauvaises

journées qui restent dans le cœur; ce sont les bonnes; combien en avons-nous de radieuses à nous rappeler?

Le lendemain matin, à huit heures, il la conduisait à bord de la *Guadeloupe*, et, comme ils ne voulaient pas donner leur émotion en spectacle aux curieux, ils restèrent dans la cabine que Germaine devait occuper pendant la traversée, jusqu'au moment où les bruits du pont annoncèrent que le navire allait quitter le quai.

Il fallait se séparer; une dernière fois elle se jeta dans ses bras, une dernière fois il la serra sur son cœur et il se sauva en courant.

Comme il était déjà à moitié du salon qu'il devait traverser, il entendit un dernier cri, une dernière prière :

— Micheline!

Il était temps qu'il arrivât sur le pont, les grosses amarres étaient déjà larguées, il ne restait plus qu'une étroite planche qui établit une communication du navire au quai. Cependant il ne put pas sortir aussi vite qu'il aurait voulu, car, au bout de la planche, une bonne femme lui barrait le passage, adressant ses dernières recommandations à une jeune fille restée sur le quai :

— Surtout veillez bien sur ma chatte, qu'elle ait son foie tous les jours.

— Oui, mademoiselle.

— Ne la laissez pas sortir le soir.

— Non, mademoiselle.

C'était une femme de service du bord qui, au moment de partir pour un voyage de plus de deux mois, adressait ses dernières recommandations à celle à qui elle confiait tout ce qu'elle aimait au au monde.

— Hale la planche ! commanda un matelot.

Il fallut bien que la vieille fille abrégeât ce qu'elle avait encore à dire, et le prince put passer.

Il avait commandé une barque à deux rameurs qui devait l'attendre dans l'avant-port, à l'écluse du bassin de l'Eure, de manière à arriver vite à la jetée sans avoir à faire un long détour par le bassin de la Barre et le grand quai. Elle était à la place qu'il avait indiquée; en quelques vigoureux coups d'aviron elle traversa l'avant-port et accosta la cale du Musée.

Alors, montant sur le quai, il vit venir la *Guadeloupe* qui évoluait lentement pour enfiler le chenal.

Haut sur l'eau, le grand vapeur dominait les barques de pêche et semblait les écraser de sa masse imposante; tout le mouvement du port, l'entrée et la sortie des navires, avait été arrêté par le pavillon de défense hissé au mât du sémaphore, et tout seul il s'avançait majestueux, entouré de petites embarcations accrochées à ses flancs.

A mesure qu'il approchait, le prince avançait sur la jetée.

Bientôt le vapeur, qui avait gagné le milieu du chenal et évité les dangers d'abordage, fit machine en avant et son étrave se frangea d'écume.

Maintenant, il avançait vite, et ses pavillons déployés flottaient au vent. A l'arrière, un mouchoir blanc s'agitait; c'était elle qui, s'appuyant d'une main sur le bastingage, lui adressait de l'autre son dernier adieu; il retira son chapeau et, les yeux noyés de larmes, il regarda le vapeur passer devant lui. Il crut voir qu'elle lui parlait, qu'elle lui jetait un dernier appel; mais ce qu'elle avait pu dire il ne l'entendit pas; sa parole s'était perdue dans le fracas de la vague, comme elle-même allait se perdre bientôt dans les profondeurs de l'horizon

X

Un bateau partait pour Trouville à neuf heures et demie. Il arriva à temps pour le prendre ; à onze heures, il était à Hopsore.

— Ah! mon ami, dit la princesse en le voyant entrer, vous arrivez à temps.

Il n'était pas en disposition de recevoir des observations, ni de supporter les allusions ou les critiques.

— Je n'ai pas pu revenir plus tôt, répliqua-t-il d'un ton raide.

Elle ne se fâcha pas, ayant pu depuis la veille se préparer à la douceur et composer son attitude :

— Je veux dire, continua-t-elle, que vous arrivez bien pour répondre aux questions que provoque la trouvaille de cette petite fille.

— Quelles questions?

— Celles du commissaire de police, qui est venu ce matin et que je n'ai pas reçu, vous le pensez bien. Je lui ai fait dire que vous rentreriez dans la journée. Le curé s'est présenté aussi.

— Et que veut-il, le curé ?

— Il veut qu'on baptise la petite.

— Comment ! la baptiser !

Mais tout de suite il se reprit :

— Si elle a deux mois, il me semble qu'elle doit être au moins ondoyée.

— Elle peut ne pas l'être.

— C'est vrai.

En faisant cette concession, une idée s'était présentée à son esprit qu'il n'avait pas eue tout d'abord quand il n'imaginait pas qu'on pût baptiser Micheline : c'était de mettre ce baptême à profit pour que sa fille fût appelée de son nom de Micheline.

— Et qu'avez-vous répondu au curé ? demanda-t-il.

— Je lui ai fait dire que nous irions le voir quand vous seriez de retour.

— Nous irons tout à l'heure.

— Après votre départ, j'ai eu la visite de Philbert, qui, bien entendu, s'est fait prier pour que sa femme, fût nourrice de la petite : « Sa pauvre femme, il ne voulait pas la voir se fatiguer ; il avait besoin d'elle et ses pauvres enfants aussi ; il n'allait pas la tuer pour gagner de l'argent, et puis une enfant qui avait des parents qu'on ne sait pas. » A cinquante francs, il avait peur de tuer sa pauvre femme. A soixante francs il s'est rassuré. Avec le sucre et le savon, il n'a plus eu peur du tout. « Si madame la princesse veut lui servir de mère, ce n'est plus une enfant qui a des parents qu'on ne sait pas. » L'affaire est arrangée.

Ce fut seulement pendant le déjeuner qu'il revint au baptême, et d'une façon incidente, comme s'il n'attachait à cela que fort peu d'importance et pour parler.

— Est-ce que vous avez décidé quelque chose pour le baptême de cette petite ? demanda-t-il d'un air indifférent.

— Mais non.

— Je veux dire pour le parrain, la marraine, le nom à lui donner ; le curé va nous demander tout cela.

Il avait parlé d'un ton léger. Ce fut sérieusement, avec une gravité émue, qu'elle lui répondit :

— Dans votre petit voyage, avez-vous pensé à cette pauvre enfant, mon ami ? Savez-vous que son sort est bien triste et fait pour provoquer la pitié ? Ainsi voilà une enfant qui, à en juger par ses langes et son linge ainsi que par les soins de propreté dont elle a toujours été l'objet, est née dans une certaine condition, et peut-être même dans une haute condition. Je ne sais pas si vous avez fait attention à ses vêtements ?

— Non.

— Eh bien, les dentelles et les comètes de son bonnet, les broderies de sa pelisse, la batiste de sa chemise, disent que c'est l'enfant d'une mère riche. Pour des raisons que nous ne connaissons pas et que nous ne connaîtrons sans doute jamais, cette pauvre petite a été enlevée à sa mère, — car jamais je n'admettrai qu'une mère l'ait volontairement abandonnée — et aujourd'hui c'est une enfant trouvée. Que sera-t-elle dans la vie si ses parents ne parviennent pas à la découvrir, et cela est possible, n'est-ce pas ?...

— Assurément, car c'est peut-être une petite Anglaise, une petite Italienne qu'on est venu abandonner ici pour dépister les recherches.

— ... Alors, si ces recherches n'aboutissent pas, elle ne sera donc qu'une enfant trouvée ; ce qui est lamentable dans la vie et dans le monde. Aussi moi, qui ai eu le temps de penser à elle depuis hier, je me suis dit que ce serait quelque chose de considérable pour elle, qui la soutiendrait, la relèverait, si elle pouvait avoir pour parrain... le prince Sobolewski.

— Quel noble cœur vous êtes ! s'écria-t-il d'une voix qui trahissait une émotion profonde.

— Alors vous voulez bien ? dit-elle tout heureuse de ce mot si doux pour elle et qui la soulevait de joie.

— Mais avec bonheur !

Il n'eut pas plus tôt laissé échapper cette parole qu'il la regretta. Il ne pouvait être le parrain de Micheline qu'avec sa femme pour marraine, et à tous les points de vue cela était odieux, aussi bien pour sa femme que pour Germaine, pour sa fille que pour lui. Il n'eut pas le temps de réfléchir et de chercher un moyen pour se dégager, elle continuait :

— Je pense que vous voulez bien de moi pour commère ? comme je serai heureuse !

Il ne pouvait pas revenir en arrière ; maintenant il fallait aller jusqu'au bout, et, puisque les choses prenaient cette tournure, le mieux était de saisir ce hasard pour donner à l'enfant le nom de Micheline. Comment eût-il manœuvré pour imposer ce nom? Le baptême le tirait d'embarras et supprimait les difficultés. C'est le devoir d'un parrain de donner un nom à sa filleule, et dès lors il est tout naturel qu'il choisisse le sien.

— Vous allez au-devant de mon désir, dit-il, nous serons donc le parrain et la marraine de cette enfant. Savez-vous que je n'ai jamais été parrain?

— Quel bonheur!

— Et pourtant j'ai plus d'une fois désiré l'être.

— Vraiment?

— Et vous ne devineriez jamais pourquoi, tant la raison est puérile. Simplement pour donner à un enfant un nom qui me plaît.

— Quel nom?

— Micheline.

— Mais c'est un des vôtres : Michel, Micheline

— Je ne crois pas ; il y a une sainte Micheline qui n'a aucun rapport avec saint Michel. D'ailleurs, Michel est un nom banal et Micheline est un nom charmant.

— S'il vous plaît tant, ne vaudrait-il pas mieux le réserver?

— Pour qui?

Elle n'osa pas répondre pour qui, et dire franchement que c'était pour leur fille, car, malgré tout, elle ne pouvait pas renoncer à l'espoir d'avoir un enfant, se disant que Dieu, qu'elle priait tous les jours à cette intention, lui ferait la grâce de lui rendre son mari.

— Mais pour l'enfant de Carola, dit-elle. Vous serez assurément son parrain.

— Alors on lui donnera un nom porté dans la famille. Ne réservons donc pas le nom de Micheline, et laissez-moi le plaisir de le donner à cette petite, si vous n'y voyez pas d'inconvénient.

C'eût été la première fois qu'elle se fût permis de trouver un inconvénient à une chose désirée par son mari. D'ailleurs, la joie d'être marraine avec le prince ne lui laissait pas la liberté de penser à autre chose qu'à ce baptême : on sonnait les cloches ; elle jetait des bonbons et des pièces de monnaie aux enfants ; elle se voyait dans la toilette qu'elle ferait pour cette cérémonie et qu'elle composait déjà à l'avance.

Et elle lui expliquait cette toilette ; mais il n'écoutait pas : le coude sur la table, le menton dans la main, il restait les yeux attachés sur des nuages noirs, cuivrés à leurs contours, qui montaient derrière le mont Canisy, et c'était dans les profondeurs vaporeuses de la mer, du côté de l'ouest, que se perdait sa pensée, courant après la *Guadeloupe*, déjà en plein, sans doute, dans l'orage qui allait leur arriver.

Malgré cette menace d'orage, la princesse voulut après le déjeuner descendre chez le curé ; justement parce qu'elle n'avait pas pu le recevoir le matin, elle tenait à lui rendre sa visite. Elle n'avait pas toujours été pieuse, et même, au temps de Beaumoussel qui était voltairien, elle partageait jusqu'à un certain point les idées de son mari ; au moins riait-elle de ses plaisanteries de médecin philosophe ; mais, en devenant princesse, elle avait cru devoir prendre les principes que pratiquaient les personnes de son rang, et donner aux membres du clergé les marques publiques de déférence auxquelles ils ont droit de la part d'une femme bien née.

— Faisons ces visites ce matin, dit-elle ; si vous avez à sortir tantôt, au moins vous serez libre.

— Mais j'espère bien n'avoir à sortir ni tantôt, ni demain, et rester ici tranquillement.

C'était là une trop bonne parole pour qu'elle ne fût pas transportée de joie. Elle avait donc réussi. Eût-elle obtenu le même résultat par l'aigreur ou la violence ?

Chez le curé la visite fut courte ; on décida que le baptême aurait lieu le lendemain même, « parce que avec les enfants on ne sait jamais ce qui peut arriver ».

A la mairie, la séance fut plus longue ; le maire et l'instituteur qui faisait fonctions de greffier de l'état civil n'avaient jamais eu à dresser d'acte de naissance d'un enfant-trouvé, et ils étaient aussi embarrassés l'un que l'autre pour rédiger le procès-verbal détaillé prescrit par la loi.

— Détaillé, disait le maire en consultant le Code.

— Avec les circonstances de temps et de lieu, disait le greffier lisant après son maire.

Heureusement une des prescriptions de la loi leur vint en aide.

— Il faut que l'enfant soit remis à l'officier de

l'état civil, dit le maire, ainsi que les vêtements et autres effets trouvés avec lui ; ou, en tout cas, puisque vous vous chargez de lui, il faut qu'il nous soit présenté avec ses vêtements pour que ceux-ci soient décrits dans le procès-verbal détaillé.

Il fut convenu que cette présentation aurait lieu le lendemain avant le baptême, et cet arrangement fut accepté avec d'autant plus d'empressement par le maire que ce retard lui permettait d'aller à Pont-l'Évêque « consulter M. le sous-préfet ».

Les nuages couraient plus noirs, le vent s'était élevé, ils n'eurent que le temps de rentrer avant que l'orage, qui menaçait depuis plus d'une heure, s'abattît sur la vallée.

— Si l'orage n'est pas trop violent, dit la princesse, je vais faire atteler pour aller à Trouville commander une layette à Micheline ; voudrez-vous m'accompagner ?

— Volontiers.

Mais ils ne purent pas partir aussitôt, car en arrivant au château ils trouvèrent le commissaire de police qui les attendait pour les interroger.

Le prince fit le récit que le commissaire demandait, et la princesse le confirma en quelques mots.

— Vous n'avez aperçu personne dans la futaie ?

— Personne.

— Peut-être n'avez-vous pas regardé avec attention.

La princesse expliqua qu'elle avait fait mieux que de regarder avec attention, qu'elle avait cherché, s'imaginant que l'enfant avait été déposée au pied de l'arbre par une nourrice qui se promenait dans le bois.

— Est-ce que vous sortez souvent l'un ou l'autre par la grille qui ouvre sur la forêt? demanda le commissaire.

— Assez rarement.

— De sorte que ceux qui ont exposé l'enfant dans ce chemin ne pouvaient pas avoir la certitude que vous le trouveriez.

— Nous aurions pu rester huit jours, quinze jours sans passer par là.

A son tour la princesse interrogea le commissaire pour savoir s'il espérait découvrir ceux qui avaient abandonné la petite fille.

— Nous sommes sur la piste.

— Ah! quel bonheur pour la pauvre enfant! s'écria la princesse.

Casimir ne dit rien, mais si le commissaire l'avait en ce moment observé, il n'aurait pas pu ne pas être frappé du trouble produit en lui par ces paroles. Ils n'avaient pensé, ni Germaine ni lui, que la police s'occuperait de rechercher qui avait abandonné l'enfant, et ç'avait été seulement en vue de sa femme que le prince avait pris des précautions.

— Nous avons la déposition du cocher qui a amené dans la forêt les deux femmes qui ont abandonné l'enfant, très probablement une dame et une nourrice, et avec leur signalement nous découvrirons, je l'espère, où elles ont pris le train après l'abandon de l'enfant.

— Je crois que nous avons bien fait de fixer le

baptême à demain, dit la princesse quand le commissaire fut parti, car, en attendant, nous aurions couru risque d'être privés du plaisir d'être compère et commère.

Ce fut vraiment un plaisir pour elle le lendemain, dont tout le village réuni sur le parvis de l'église fut témoin : à voir comment elle jetait les dragées et les pièces de dix sous aux enfants pendant que les cloches carillonnaient, il était évident qu'elle était la femme la plus heureuse du monde.

Les gens du château qui n'étaient pas retenus par quelque travail urgent étaient descendus au village pour assister à la cérémonie ; et Regina se tenait sous le porche avec Saint-Denis, le valet de chambre, sans se commettre au milieu de la cohue.

— Voyez donc la pauvre princesse, dit-elle tout bas à son camarade, est-elle heureuse ! Elle ne se doute seulement pas que cette petite est probablement la fille du prince.

— Est-ce possible, mademoiselle Regina ?

— N'en doutez pas, monsieur Saint-Denis.

Mais ils furent interrompus, la princesse venait de remonter en calèche ; — car, bien qu'il n'y ait qu'une distance de huit à dix minutes du château à l'église, elle avait voulu venir à cette fête en voiture de gala, cocher et laquais en grande livrée, chevaux pomponnés, — et elle faisait placer sur la banquette de devant madame Philbert, portant l'enfant, tandis que le prince s'asseyait près d'elle. Les chevaux partirent et la princesse jeta une dernière poignée de pièces blanches.

XI

Casimir était fort tourmenté des recherches de la police. Bien qu'il lui parût difficile que dans madame Harouis, qui s'était embarquée seule sur la *Guadeloupe*, on retrouvât madame Germain qui avait passé une nuit à *Frascati*, et plus difficile encore qu'on retrouvât dans madame Germain, madame Rosier qui avait passé trois jours à Trouville à l'*Hôtel d'Albion* avec son bébé et sa nourrice il n'en était pas moins inquiet.

Alors que les choses paraissaient si bien s'arranger pour Micheline, la police allait-elle par ses recherches tout compromettre?

Heureusement ces recherches s'égarèrent sur une fausse piste, — celle de deux femmes répondant au signalement donné par le cocher de Trouville, qui avaient pris le train à Pont-l'Évêque avec des billets pour Paris. Où les chercher à Paris? Cet abandon paraissait volontaire; il n'y avait pas de plainte déposée; l'affaire n'avait pas eu d'autres suites.

Quand la princesse avait appris ce résultat, elle s'en était réjouie :

— Il a été un moment où je désirais que Micheline retrouvât ses parents, maintenant je serais fâchée qu'elle ne nous restât pas. Comment serait-elle traitée auprès de ses parents ? Mal, probablement, à en juger par cet abandon. Tandis que, près de nous, elle le sera bien. Et puis, j'avoue qu'elle me manquerait. Je suis déjà habituée à elle. C'est une gentille enfant qui sera une belle fille. N'est-ce pas votre avis ?

Assurément c'était l'avis de Casimir, mais il ne pouvait pas l'avouer franchement.

— Vous n'êtes pas un bon parrain, disait la princesse.

— Que voulez-vous que je fasse ?

— Quand ce ne serait que pour ce joli nom de Micheline que vous lui avez donné, vous devriez l'aimer.

Quand il avait eu cette idée de mettre Micheline en nourrice chez la femme de son garde, il n'avait aperçu que les avantages qui résultaient de cette combinaison pour l'enfant, pour Germaine et pour lui ; et ils étaient tels qu'il n'avait pas vu leur contre-partie. Maintenant que la réflexion était venue, maintenant que l'intervention de la police là où il n'imaginait même pas qu'elle eût affaire, lui avait donné un avertissement, il se disait que cette combinaison avait aussi des désavantages, même des dangers, et qu'il avait été imprudent en l'imposant à Germaine, tant il est vrai qu'on ne sort bien souvent d'une situation fausse qu'en se jetant dans une plus fausse encore.

Après avoir mis Micheline chez la femme du garde il faudrait la reprendre quand Germaine reviendrait en France, et cela ne pourrait pas se faire franchement : Germaine n'aurait pas qu'à se présenter et à demander sa fille ; quels droits aurait-elle à faire valoir ? — Je suis la mère. — Mais on lui répondait que, femme mariée, elle ne peut pas être la mère d'un enfant dont son mari n'est pas le père. Et, d'autre part, on l'accusait d'avoir abandonné l'enfant qu'elle réclamait maintenant.

Il faudrait donc qu'on procédât par des moyens détournés, et que par une ruse on enlevât Micheline de chez sa nourrice, comme par ruse on l'y avait placée. Alors, comme la police était intervenue pour l'abandon, elle interviendrait pour l'enlèvement et à coup sûr avec plus d'ardeur, car il ne s'agirait plus d'une recherche en quelque chose platonique mais d'un fait qui aurait toutes les apparences d'un crime : le rapt d'un enfant.

Avec de la prudence et de l'adresse, il lui semblait qu'il serait possible de dépister ses recherches ; mais il fallait de l'adresse et de la prudence aussi pour qu'à ce moment sa femme n'eût pas à souffrir de l'enlèvement de l'enfant, et pour cela le mieux était qu'elle ne s'attachât pas trop à elle.

Entre ce trop et le pas assez il y avait une mesure délicate à trouver, et d'autant plus difficile à tenir que la princesse justement ne mettait aucune mesure dans ses sentiments et allait presque toujours à l'extrême, — à l'adoration ou à la haine.

C'était cela qui le rendait si circonspect dans ses

réponses lorsqu'elle lui parlait de Micheline, et, même ce qui bien souvent l'empêchait tout à fait de répondre.

— Décidément, disait-elle souvent, vous n'avez pas la bosse de l'amour des enfants.

Et c'était avec chagrin qu'elle constatait cette absence de l'organe de la philogéniture, mais d'autre part c'était avec un sentiment de consolation : puisqu'il n'aimait pas les enfants, il était tout naturel qu'il ne désirât point en avoir, et cela expliquait bien des choses. Peut-être cette petite le mettrait-elle en goût.

Il avait cru que l'arrivée de ses frères et de ses sœurs au château ainsi que les préparatifs du mariage de Carola distrairaient sa femme et l'empêcheraient de penser à Micheline; mais il n'en fut rien.

Fière de sa « trouvaille », comme elle disait, elle voulait la montrer à tout le monde et la faire admirer.

— Venez donc voir ma trouvaille, disait-elle à chaque arrivant.

Et elle qui naguère se faisait prier pour aller jusqu'à la grille de la forêt, y montait maintenant presque tous les jours.

Comme si ce n'était pas assez, ses sœurs se prirent d'un caprice pour Micheline, et Hedwige, qui était de plusieurs années plus jeune que son âge, jouait à la maman avec elle comme avec une poupée; l'habillant, la déshabillant, la frisant, passant des heures entières à la maison du garde.

Quand elle rentrait, elle grondait son frère pour son indifférence :

— Comment n'aimes-tu pas cette petite? elle; elle est si gentille!

— Vous voyez, mon ami? disait la princesse.

— Mais voulez-vous que j'aille faire sécher ses couches?

— Pourquoi pas? disait Wanda, c'est aussi ta trouvaille.

Il pouvait donc entrer chez la femme du garde aussi souvent qu'il le voulait, sans que personne le trouvât mauvais; au contraire on lui savait gré de ses visites.

— Casimir a été voir sa trouvaille aujourd'hui, disait Hedwige.

Quand il était seul, il pouvait l'admirer aussi « sa trouvaille », chercher en elle quelque trait qui lui rappelât Germaine, et dire, comme tout le monde le disait, qu'elle était une gentille enfant, mais combien plus gentille encore pour lui que pour tout le monde! Justement parce qu'il était obligé d'affecter à son égard une sorte d'indifférence, il ne l'en aimait que plus tendrement au fond du cœur. Oui, elle serait une belle fille, et comme il n'était plus obligé d'accuser les parents d'être des coquins, il pouvait se dire en regardant son sourire qu'elle serait une bonne et brave fille, tendre comme sa mère, pleine de cœur comme elle.

Quand, à la fin d'octobre, il fut question de rentrer à Paris, il se prépara des prétextes pour pouvoir revenir souvent à Hopsore pendant l'hiver. Depuis que la princesse montait à chaque instant à la grille de la forêt, elle s'était de plus en plus persuadée qu'un kiosque était indispensable à un certain endroit qu'elle avait choisi. Toujours il avait combattu cette idée; mais, deux ou trois jours avant le départ, il déclara qu'il avait eu tort, et que, tout bien examiné, le kiosque était réellement indispensable. Il fallait donc le faire construire pendant l'hiver, de façon à le trouver prêt au mois de juillet : en même temps on profiterait de quelques vallonnements qu'il faudrait exécuter aux alentours pour drainer des pelouses humides et conduire leurs eaux dans l'étang, et pour que tout cela fût bien fait, il viendrait lui-même de temps en temps surveiller les travaux.

Il vint régulièrement toutes les semaines, arrivant par le train du matin, partant par le train du soir. Lorsque les années précédentes il avait fait quelquefois ce petit voyage, il avait toujours dîné à Trouville, mais cette année-là il avait demandé à madame Philbert de lui préparer à dîner; et quand les ouvriers étaient partis il s'installait dans la cuisine de la maison du garde devant un bon feu qui brûlait sur les landiers brillants. Là il dînait longuement d'un morceau de bouilli ou d'une grillade, tandis que madame Philbert ayant Micheline dans un bras allait et venait autour de lui pour le servir; et tout en mangeant lentement, il parlait de l'enfant : « Comment avait-elle été depuis la dernière fois? Combien pesait-elle? Elle avait gagné une livre en quinze jours, c'était bien. » Et en partant il payait généreusement cette livre gagnée. Si la princesse l'avait vu et entendu, elle ne l'aurait plus accusé de n'avoir pas la bosse de la philogéniture.

À la vérité, cette sollicitude laissait Micheline complètement indifférente; mais combien douce était-elle pour Germaine exilée dans son désert des Andes, où elle avait trouvé une situation telle qu'elle ne pouvait en ce moment parler de retour. Son mari était gravement malade et c'était elle qui, sous peine d'une ruine complète, devait s'occuper des lourdes affaires qu'il s'était mises sur les bras. Les lettres qui lui apportaient ces témoignages de tendresse paternelle et d'amour étaient toute sa vie et ses réponses débordaient d'une si vive reconnaissance, d'une joie si passionnée, que, pour lui donner cette joie, il serait venu à Hopsore, alors même que l'enfant ne l'y aurait pas attiré.

Il avait cru qu'en revenant au mois de juillet, le caprice de sa femme serait passé et qu'elle ne penserait plus à sa trouvaille; mais en cela il s'était trompé. En juillet, la trouvaille marchait seule, il venait de lui pousser une première dent; et le caprice avait repris de plus belle.

En même temps avaient repris aussi les observations à propos de l'enfant : — L'époque du sevrage approchait; que ferait-on d'elle quand elle serait sevrée? On ne pouvait pas la laisser chez Philbert quand elle n'aurait plus besoin de nourrice; ne la prendrait-on pas au château? Il serait intéressant de la voir se développer et grandir; n'avaient-ils pas des devoirs envers elle?

Si Germaine lui avait fixé son retour en France, Casimir aurait rejeté loin cette proposition; mais, dans l'incertitude où il était, il ne pouvait ni la rejeter ni l'accueillir, et il répondait vaguement sans prendre d'engagement dans un sens ou dans l'autre : « On verrait; plus tard, on se déciderait; on avait le temps. »

L'été avait passé ainsi et l'on était arrivé à l'automne sans avoir pris de décision : la trouvaille était maintenant une très belle petite fille, très gaie, très remuante, tapageuse, audacieuse, pleine de vie, que la princesse aimait à la folie, et que le prince adorait tout bas en se cachant, mais en laissant cependant paraître une certaine tendresse pour elle.

— Il arrive à aimer les enfants, se disait la princesse, j'étais sûre que cette petite nous porterait bonheur.

Alors ses espérances ne s'arrêtaient plus; s'il aimait une enfant qui n'était qu'une étrangère, ne voudrait-il pas en aimer un dont il serait le père!

XII

Ce qui rendait les espérances de la princesse explicables jusqu'à un certain point, c'était la manière d'être de son mari avec elle : jamais il n'avait été si bon, si affectueux, si prévenant; un jeune marié n'eût pas eu plus de tendresse, plus de soins pour une femme qu'il aurait épousée depuis huit jours.

A la vérité, elle avait quarante-cinq ans, mais qui le savait? Ce n'était pas lui. Et ce n'était pas elle non plus, à coup sûr.

Maintenant elle ne s'inquiétait plus de ses absences, et quand il sortait elle ne guettait plus ni son départ, ni son retour. Pourquoi se fût-elle tourmentée? On lisait dans son existence comme dans un livre ouvert. Rien n'était plus clair que l'emploi de son temps. Et, à un quart d'heure près, elle se rendait compte de ce qu'il faisait, sans l'interroger, par cela seul que, n'ayant rien à cacher, il vivait au grand jour.

Et cependant, il sortait seul presque tous les jours, le matin à cheval, dans l'après-midi à pied, s'en allant droit devant lui, en pleine forêt, quelquefois au galop, comme s'il était pressé, quelquefois au petit pas, comme s'il rêvait, les yeux perdus sans voir ceux qu'il rencontrait; mais elle ne prenait aucun souci de ces sorties ; ne fallait-il pas qu'il fît de l'exercice?

Dans ces promenades, soit à l'aller, soit au retour, et quelquefois même à l'aller et au retour, il passait par la grille de la forêt; et toujours il faisait à la maison du garde une station qui lui permettait d'embrasser Micheline, car maintenant l'enfant venait à lui aussitôt qu'elle l'apercevait, et d'elle-même, sans attendre que sa nourrice la poussât, lui demandait son baiser.

Alors s'engageait entre eux une conversation à la portée de l'âge de l'enfant.

Quand il l'appelait par son nom, ce dont elle paraissait heureuse et le remerciait par un sourire, elle répondait toujours :

— Païn, ou paa.

Et, se pendant aux basques de son veston s'il était à pied, elle voulait qu'il la laissât fouiller dans ses poches, où elle était certaine de trouver un jouet ou une friandise. S'il était à cheval, elle criait : « Dada! » jusqu'à ce qu'il eût dit à madame Philbert de la lui donner sur la selle, et alors elle se livrait à son exploration avec la même tranquillité que si elle avait été les pieds à terre, poussant des cris de joie quand elle trouvait un cadeau qui lui faisait plaisir et dégringolant aussitôt pour le montrer à ses frères de lait superbement, ou pour le partager avec eux.

Un matin d'octobre, il arriva à cheval devant la maison du garde, et Micheline, qui jouait près de la porte, se mit à crier : « Dada, dada ! » aussitôt qu'elle l'aperçut.

Comme ce langage était bien connu de sa nourrice, celle-ci la prit dans ses bras pour la présenter à son « pain »; mais, contrairement à ce qui se passait d'ordinaire, le cheval, en sentant les pieds de l'enfant lui effleurer l'épaule, fit un brusque écart, et comme Casimir voulait le ramener, il se cabra.

— Micheline, pas de dada aujourd'hui, dit le prince.

Mais mademoiselle Micheline était une personne qui avait de la volonté; elle se mit à trépigner :

— Dada, dada !

Alors le prince fit signe à Philbert de prendre son cheval par la bride; mais en voyant venir le garde et en devinant son intention, le cheval se cabra de nouveau. Cependant Philbert finit par le saisir et le retenir.

— Il ne serait peut-être pas prudent de prendre l'enfant en selle aujourd'hui, dit-il, la bête est difficultueuse.

Alors le prince mit pied à terre, et, venant à Micheline, il l'enleva dans ses bras, l'embrassa, la caressa, et, se baissant, la laissa fouiller dans ses poches, où elle trouva une bonbonnière pleine de bonbons de chocolat.

Il resta quelques minutes à la regarder ouvrir la bonbonnière et manger un bonbon, puis, l'ayant de nouveau embrassée, il remonta à cheval et partit.

— Au revoir, Micheline !

— C'est égal, dit Philbert, en le regardant s'éloigner dans le chemin de la forêt, c'est tout de même une drôle d'idée de monter sur ces bêtes-là, quand on peut aller sur ses jambes.

Et il se remit à fendre la provision de bois qu'il fallait à sa femme pour la journée.

Il y avait un quart d'heure à peu près que le prince était parti, quand Micheline, qui jouait devant la grille, se mit à crier :

— Dada, dada !

Croyant que c'était le prince qui rentrait déjà, madame Philbert accourut pour ouvrir la grille ; mais elle vit venir le cheval sans cavalier, le poitrail boueux, l'air penaud.

Effrayée, elle appela son mari :

— Il y a bien sûr un malheur d'arrivé au prince. Va dans la forêt.

Aussitôt Philbert partit en courant ; mais il n'alla pas loin. A peu de distance du hêtre où Micheline avait été trouvée, il aperçut le prince étendu à travers le chemin, le visage dans la boue.

Se jetant sur lui, il le retourna et le redressa, mais le prince était sans connaissance ; ses membres restaient ballants, ses paupières étaient fermées ; cependant il n'était pas mort, car il avait fait entendre une sorte de gémissement.

Philbert l'examina un instant, se demandant ce qu'il devait faire : son chapeau de feutre aplati, aussi bien que les empreintes restées sur le chemin, disait comment l'accident avait eu lieu : le cheval s'était abattu, et son cavalier, projeté en avant, était tombé sur la tête.

Le garde était un homme vigoureux et courageux, il prit son maître dans ses bras et le porta chez lui.

— Est-il mort? s'écria madame Philbert effrayée, en le voyant arriver avec ce grand corps aux membres ballants.

— Je ne sais pas; aide-moi à le mettre sur le lit; frotte-le avec de l'eau-de-vie, fais-lui boire une bonne goutte; je vas prévenir la princesse.

Et il dévala au galop le sentier rapide qui, par le plus court, conduisait au château.

Elle était à sa toilette, la princesse, et il fallut que Philbert forçât les portes pour arriver jusqu'à elle.

— Qu'est-ce donc, Philbert?

— C'est... un accident qui est arrivé, madame la princesse.

— Micheline ! s'écria-t-elle.

— Ce n'est pas l'enfant, c'est le prince; il est tombé de cheval.

Elle poussa un cri.

— La vérité?

— Bien sûr qu'il n'est pas mort, seulement il n'est pas bien; je l'ai couché à la maison.

— Partons ! s'écria-t-elle.

Et, sans penser qu'elle avait une joue rose et l'autre blanche, elle s'élança hors de son cabinet de toilette suivie du garde qui recommandait à Regina d'envoyer le médecin.

Jamais la princesse n'était montée à la grille de la forêt par le sentier du raccourci : il était bien trop raide pour elle, mais elle le prit et le gravit sans s'arrêter.

Le prince était étendu sur le lit où Philbert l'avait placé, et il n'avait pas repris connaissance ; elle se jeta sur lui, et pendant assez longtemps elle resta là, suffoquée, gémissant, criant.

— Il n'est pas mort, disait la femme du garde ; ne vous désespérez pas, il va revenir.

Mais elle n'entendait rien ; ce fut seulement quand il poussa une faible plainte qu'elle se calma un peu.

Le médecin arriva enfin et constata une commotion et une contusion cérébrales ; l'état était grave, il n'était pas désespéré ; on ne devait pas transporter le malade au château, il fallait le soigner dans cette chambre, au moins jusqu'à ce que le mieux se produisît.

Il ne se produisit pas ; pendant trois jours le prince ne recouvra pas la connaissance ; il n'ouvrait pas les yeux, et quand on soulevait les paupières on apercevait les pupilles larges et immobiles ; pour le faire boire, il fallait introduire un biberon dans le fond de la bouche, et alors seulement le liquide pénétrait dans le gosier.

La princesse avait appelé les maîtres de la médecine et de la chirurgie, qui n'en avaient pas dit beaucoup plus que le médecin de Trouville : état grave ; à craindre un encéphalite.

Le troisième jour une certaine amélioration avait paru se prononcer ; jusque-là il n'avait pas entendu lorsqu'on parlait autour de lui, restant immobile et inerte ; mais le matin de ce jour, comme la princesse donnait des ordres à Philbert, on avait pu croire qu'il comprenait ce qui se disait dans sa chambre.

Depuis l'accident, la princesse était obsédée par une idée qui pesait jour et nuit sur son esprit et sur son cœur comme un cauchemar; que devait-elle faire du cheval qui avait causé l'accident ? Le premier jour elle l'avait condamné à mort. Mais, craignant de céder à la vengeance, elle avait pendant tout un jour pesé le pour et le contre de son jugement. Le pour l'avait emporté, et elle avait donné l'ordre à Philbert de le faire tuer devant lui et devant Saint-Denis, par un homme habitué à abattre les chevaux sans les faire souffrir.

Cet ordre avait paru si absurde au garde, qui connaissait la valeur de l'argent, qu'il avait essayé une protestation :

— Une si belle bête qu'on vendrait pour sûr trois ou quatre mille francs !

— Il ne doit pas être vendu, car il pourrait causer ailleurs un malheur pareil à celui qu'il a causé ici, et j'en serais responsable. Si le prince guérit, comme je l'espère, il voudrait remonter ce cheval. S'il ne guérit point, le cheval a mérité cent fois la mort.

C'était à la fin de cet entretien que le prince avait donné quelques signes de connaissance, mais si faibles que le médecin ne pouvait pas suivre la princesse dans son élan d'espérance.

— Il fallait voir; on pouvait encore craindre l'encéphalite.

Le lendemain, Casimir ouvrait les yeux et reconnaissait ceux qui l'entouraient ; il adressait un regard affectueux à sa femme, qui pleurait de joie après avoir versé tant de larmes désespérées. Comme elle s'était jetée sur sa main qu'elle embrassait, il lui effleura le visage du bout des doigts par un geste qui était une caresse amicale.

Mais, comme il avait remué les lèvres et prononcé quelques sons intelligibles, elle s'était relevée pour écouter et pour tâcher de comprendre en le regardant.

— Vous m'entendez, n'est-ce pas ? demanda-t-elle.

Il abaissa les paupières pour répondre oui.

— Que voulez-vous ? Si vous ne pouvez pas le dire, tâchez de faire un signe que je puisse comprendre.

Il parut faire un effort et, cette fois, ce fut un mot à peu près formé, un nom que ses lèvres articulèrent :

— Micheline.

— Vous voulez Micheline ?

Ses yeux firent un signe affirmatif.

Elle appela l'enfant, qui jouait devant la maison, sans bruit, sans parler et sans crier.

Elle accourut, car depuis trois jours elle demandait à chaque instant à voir son « pain ».

Il lui mit la main sur la tête et lui caressa les cheveux ; puis, tournant les yeux vers sa femme, il lui adressa une demande qu'elle comprit.

— Vous voulez l'embrasser ?

— Oui.

Elle prit la petite dans ses bras et la lui approcha; mais ce fut l'enfant qui l'embrassa, ce ne fut pas lui qui embrassa l'enfant.

Cependant, ce n'était pas là tout ce qu'il voulait; car lorsque sa femme eut posé la petite à terre, il prononça encore son nom :

— Micheline.

Et fit un signe, mais si compliqué et en même temps si vague qu'elle ne le comprit pas.

— Veiller... dit-il.

— Vous voulez que je veille sur elle ?

— Oui.

— Mais ne vous inquiétez pas ainsi; vous êtes mieux; vous allez guérir vite; vous veillerez vous-même sur elle.

Il ferma les paupières comme pour dire qu'il ne fallait pas espérer; puis il répéta encore à plusieurs reprises :

— Veiller, veiller.

Il prononça aussi d'autres paroles, il fit aussi d'autres signes, mais les paroles étaient si mal articulées, si incomplètes, les signes étaient si indécis qu'elle ne comprit pas ce qu'il voulait dire.

Elle voulut l'interroger, mais de la main il fit signe qu'il était fatigué et n'en pouvait plus.

Le soir, un accès de délire aigu éclatait brusquement, l'encéphalite se déclarait; puis le délire, se calmant, était remplacé par la stupeur, des paralysies survenaient; quatre jours après il mourait.

FIN DE LA PREMIÈRE PARTIE

DEUXIÈME PARTIE

I

Le tableau de Trouville l'été n'est plus à faire ; tout le monde connaît le chemin de planches posé sur le sable mouvant qui remplace (?) la digue d'Ostende et le *pier* de Brighton ; — la tente de la plage où pendant six semaines il y a chaque jour exhibition de toilettes brillantes, excentriques, élégantes, tapageuses, ridicules qu'on ne voit que là ; — le tohu-bohu de ses tables d'hôte ; — l'odeur gargotière de ses étroites rues où se croisent les équipages qu'on attelle à quatre pour faire cinq ou six kilomètres dans la journée ; — la cohue, l'entassement d'une foire où la plus grande joie des Parisiens qui ont quitté Paris depuis quatre heures est de retrouver Paris à « la fête d'un village voisin ».

Une après-midi d'août, c'était à grand'peine si l'on pouvait circuler sur le chemin de planches encombré par les traînes des robes et par les ombrelles, et à plus grand'peine encore qu'on trouvait une chaise inoccupée sous la tente ou dans son ombre.

Cependant deux femmes, l'une en deuil, au type distingué, et l'autre, un paysanne normande, cherchaient à pénétrer sous cette tente, jetant autour d'elles des regards où on lisait la curiosité, et même, chez la dame en deuil, une vive émotion.

Ne pouvant pas percer le rang des chaises enchevêtrées et la barricade des traînes de robes, elles reculèrent de quelques pas sur le sable et firent le tour de la tente dans un rayon où la circulation était plus facile.

— Tu ne vois la pas? demanda la dame en deuil.

— Non.

— Tu ne la reconnais peut-être pas?

— Ne dites pas ça, madame; on ne l'oublie pas; quand on l'a vue une fois ; d'ailleurs, rien qu'à sa ressemblance avec le prince, vous allez la reconnaître vous-même tout de suite. Puisque la calèche de la princesse attend dans la rue, c'est que mademoiselle Micheline est venue jouer sur la plage comme elle y vient presque tous les jours. Vous êtes bien sûre d'avoir reconnu les armoiries, n'est-ce pas?

— Très sûre.

— Elle est peut-être sur la plage; cherchons.

A une certaine distance de la tente, sur le sable que la marée basse avait découvert, quatre jeunes filles de dix ou douze ans, jouant au croquet, détachaient leurs silhouettes sur la ligne bleue de la mer qui se retirait ; dans le calme de l'atmosphère, on entendait le bruit sec des maillets sur les boules ; auprès d'elles un groupe de femmes en toilettes élégantes, assises sur des chaises, les regardaient jouer, abritées sous de grands parasols ; plus loin, un peu à l'écart, une espèce de gouvernante, à la tenue prétentieuse, lisait un journal.

— Il me semble que c'est elle qui joue là-bas, dit la paysanne normande.

— Tu la vois ?

— Tâchez de vous calmer, madame, ou bien tout le monde va remarquer votre émotion ; vous tremblez !

— Je ne me trahirai pas.

— Au moins baissez votre voile, vous êtes blanche comme linge.

— Il m'empêcherait de la voir.

Elles avaient continué d'avancer et maintenant les maillets sonnaient plus fort ; on commençait à distinguer les traits des jeunes filles.

— C'est elle, dit la paysanne, la plus jeune, là, au bout du jeu.

Celle qui se trouvait en ce moment au bout du jeu était une fille de dix ans, d'aspect vigoureux, plein de santé et de vie, grande, forte pour son âge, d'une tournure dégagée, jolie avec des cheveux blonds, bouclés, flottant sur les épaules ; elle était habillée avec recherche et élégance : robe de popeline blanche, large ceinture en moire feu, chapeau mousquetaire avec plume de même couleur, bras nus, jambes nues, les mains gantées de gants de Suède, les pieds chaussés de souliers découverts à forte semelle pour marcher sur le sable humide, sans se mouiller les pieds ; tandis que les chairs des bras et des jambes étaient d'un rose vif, le visage était tout pâle ou plutôt tout blanc, et cette contradiction ne s'expliquait pas au premier coup d'œil, car on ne comprenait pas la pâleur de ce visage aux joues rebondies alors que dans les chairs des bras et des jambes, éclatait la santé.

— Oh ! madame Germaine, je vous en prie, murmura la paysanne, arrêtons-nous, n'avançons que doucement ; prenez le temps de vous remettre ; vous tremblez ; vous pleurez : on va remarquer votre émotion. Voilà la femme de chambre de la princesse qui quitte son journal pour vous examiner.

En effet, la gouvernante, assise à l'écart, avait déposé son journal sur la chaise placée devant elle, et, retirant son lorgnon de dessus son nez, elle promenait les yeux autour d'elle.

— Si vous voulez, dit la paysanne, je vais aller chercher les chaises qui sont là-bas ; vous pourrez vous asseoir, sans cela vous ne vous remettrez pas.

Elles s'assirent en faisant face au jeu, et alors la femme de chambre de la princesse reprit la lecture de son journal.

Des quatre joueuses, Micheline était évidemment la plus vive, la plus bruyante, et c'était elle, quoique la plus jeune, qui animait le jeu et qui le menait : sa voix claire, ses exclamations de triomphe quand elle avait bien joué, de colère quand elle avait manqué son coup, ses cris, ses rires, dominaient les autres ; à la façon dont elle maniait son maillet, ou courait après la boule, on devinait une fille solide, au caractère déluré, pleine d'entrain, débordante de vie et de bonne humeur.

— Qu'elle est belle ! murmura Germaine.

— Vous voyez que je ne vous trompais pas dans mes lettres ; malheureusement, quand on n'a pas eu d'éducation, on ne peut pas expliquer ce qu'on voudrait ; mais quand je vous disais qu'elle ressemblait au prince, ça devait bien vous donner une idée d'elle.

— Je ne croyais pas cette ressemblance si grande : les mêmes cheveux, les mêmes yeux, le même air de franchise et de bonté.

— Pour sûr que c'est une belle fille ; seulement, pourquoi qu'elle est blanche comme ça ? elle ne l'était pas l'année dernière ; nous approcherons tout à l'heure quand vous serez un peu remise, vous la verrez mieux.

Tout à coup, une boule lancée avec force par une jeune fille vint de leur côté, et Micheline, à qui la boule appartenait, s'écriait :

— Ah ! ça, c'est croquer trop fort ; me voilà partie au diable.

Où elle était partie, c'était sous la chaise de Germaine.

— N'arrêtez pas la boule ! criait la petite fille qui l'avait croquée.

Il était trop tard ; la boule venait de se prendre dans les plis de la robe de Germaine et de s'arrêter.

Micheline accourait, le maillet haut, et sans regarder Germaine, ne voyant que sa boule ; elle criait :

— Ne vous dérangez pas, madame!

Déjà Germaine s'était levée, et doucement elle avait dégagé la boule.

— Faites, mon enfant! dit-elle.

Ces deux mots : « mon enfant! » furent prononcés d'un ton si ému, si pénétrant, que Micheline, surprise, regarda celle qui lui parlait avec cette douceur; mais le souci du jeu l'emporta bien vite sur la surprise.

— Merci, madame! dit-elle.

Et, prenant son maillet à deux mains, elle appliqua à sa boule un coup assez fort pour la renvoyer dans les arches.

— Est-ce envoyé, ça? cria-t-elle.

Puis, tout de suite, sans même tourner la tête vers Germaine, elle courut après sa boule à grandes enjambées, en brandissant son maillet d'un air de triomphe.

— Quelle vie! quelle belle santé! dit Germaine lorsque l'enfant se fut éloignée. Elle m'a parlé, Eugénie, elle m'a parlé.

— Vous avez vu sa figure pâle?

— Ce n'est rien; ou plutôt c'est plus grave que je ne l'imaginais, car cette blancheur est due à la poudre de riz. Comment l'élève-t-on!

Mais elles furent interrompues; un groupe de promeneurs venait de s'arrêter près d'elles pour regarder les joueuses.

— Cette petite endiablée est la princesse Sobolewska, dit un des jeunes gens de ce groupe.

— Dites que c'est la pupille de la princesse Sobolewska, répliqua un autre. En réalité, c'est un enfant trouvé que la princesse veut adopter; et cela met la famille de la princesse, ainsi que celle du prince, dans un état violent : on parle d'interdire la princesse.

A ce moment, un grand cri s'éleva du jeu.

— Je suis revers, criait Micheline.

— Est-elle tapageuse, cette petite! disait une des femmes du groupe.

— Et élevée! répliqua une autre en haussant les épaules avec pitié; on raconte d'elle des choses incroyables ; ainsi…

Mais elles reprirent leur promenade, et Germaine n'en entendit pas davantage.

La partie s'acheva par la victoire du camp dont Micheline était.

— Une autre ! cria Micheline en jetant les étiquettes bleues, roses, jaunes, vertes, dans son chapeau qu'elle avait enlevé pour faire tirer au sort.

A ce moment, la femme de chambre de la princesse avait quitté sa chaise, et, faisant quelques pas en avant, elle avait appelé Micheline.

— C'est bon, j'y vas ! avait interrompu celle-ci sans interrompre son opération.

— Mademoiselle Micheline ! mademoiselle Micheline !...

— Croyez-vous qu'elle est soûlante, cette Regina ? dit Micheline.

— Allez-y !

— Au fait, c'est le plus simple.

Elle se dirigea vers Regina, d'un air froid et hautain.

— Qu'est-ce que vous voulez ? dit-elle, lorsqu'elle ne fut plus qu'à quelques pas.

— Il est l'heure de rentrer !

— Nous avons encore une partie à jouer.

— C'est impossible !

Micheline frappa le sable du pied.

— Nous ne serons pas longtemps, dit-elle.

— Cela fâcherait la princesse.

— C'est mon affaire !

— C'est la mienne aussi; partons !

— Vous savez que vous m'embêtez ! s'écria Micheline en trépignant.

— Cela m'est égal; partons !

Micheline, bien que furieuse, ne répliqua rien, mais, tournant le dos à sa gouvernante, elle revint à ses camarades.

— Je ne peux pas jouer, dit-elle, cette peste de Regina veut rentrer.

Il y eut des exclamations de dépit.

— Si vous voulez venir demain à la même heure, dit Micheline en s'adressant à ses adversaires, je vous donnerai votre revanche.

Les jeunes filles se consultèrent un moment, puis la proposition de Micheline fut adoptée.

Alors on se serra les mains cérémonieusement.

— A demain, baronne !

— A demain, princesse !

Puis Micheline s'adressant à la petite fille qui avait été sa partenaire :

— Si vous voulez, Jeanne, que je vous jette chez vous en passant? j'ai ma voiture, nous prendrons votre mère sous la tente.

Et elle offrit à mademoiselle Jeanne son bras, que celle-ci accepta.

II

— Suivons-la, dit Germaine lorsqu'elle vit Micheline se diriger vers la tente.

De loin, elles la suivirent, s'arrêtant quand les petites filles ralentissaient le pas, reprenant quand elles continuaient leur chemin.

Arrivées à la tente, les deux petites prirent avec elles la maman de mademoiselle Jeanne et, rue de la Mer, elles montèrent dans la voiture de Micheline qui attendait là, — une calèche de grand style, caisse bleue rechampie d'or, attelée de deux beaux chevaux que conduisait un cocher, décoratif, flanqué d'un valet de pied non moins imposant ; c'était vraiment un spectacle original de voir cette gamine de dix ans faire les honneurs de sa voiture à la mère de son amie et à celle-ci :

— Montez-donc, madame ; montez, Jeanne, et, je vous prie, asseyez-vous à côté de madame votre mère.

Ce fut seulement quand elle les eut installées qu'elle monta elle-même et s'assit sur le siège de devant, où elle ne laissa qu'une petite place à sa gouvernante.

— Villa des Pommiers, dit-elle au valet de pied qui tenait la portière.

Les chevaux partirent lentement, noblement, dans l'allure de bêtes qui savent qu'elles sont sorties pour se promener et non pour courir.

La calèche avait disparu au tournant de la rue que Germaine était encore immobile sur le trottoir, regrettant, bien qu'il n'y eût plus rien à voir.

— Maintenant, que décidez-vous, madame? demanda Eugénie.

— Je ne sais pas. Les quelques mots que nous avons entendus sur la plage changent mes idées. J'ai besoin de réfléchir, de me renseigner, de demander conseil. Tout cela va prendre du temps. Tu peux retourner à Argentan quand tu voudras.

— Alors, je vas partir tout de suite. Ma petite nièce n'est pas bien, vous le savez; il vaut mieux que je sois près d'elle. Quand vous aurez besoin de moi, vous n'aurez qu'un mot à m'écrire.

Pendant qu'Eugénie s'en allait au chemin de fer, Germaine prenait la route d'Hopsore : il y avait encore trois heures de jour, c'était plus de temps qu'il ne lui en fallait.

Marchant sur la route poudreuse, la tête baissée, elle réfléchissait non seulement à ce qu'elle devait faire, mais encore à ce qu'elle venait de voir et d'entendre.

Elle n'avait pas imaginé qu'elle retrouverait une plus belle fille que celle qui s'était montrée à elle pendant cette demi-heure passée sur la plage, plus vigoureuse, plus jolie, plus gracieuse, plus gaie ; mais, d'autre part, elle n'avait pas imaginé non plus, malgré ses craintes, qu'elle la trouverait élevée de cette façon, — poudrée comme une femme de théâtre, insolente comme une enfant des rues, ridicule de prétentions et de manières.

Combien anxieusement, pendant les dix années qui s'étaient écoulées depuis le jour où elle avait fait cette même route d'Hopsore avec sa fille, sa toute petite fille dans ses bras, avait-elle pensé à ce que serait cette éducation auprès d'une femme qu'elle jugeait aussi sotte que nulle ; combien souvent s'était-elle fixé une date pour partir, pour revenir la prendre et la sauver !

Mais, il avait toujours fallu reculer cette date, attendre encore et toujours attendre, dévorée d'inquiétudes autant que de remords.

La maladie, les procès, la ruine, tout s'était succédé, enchaîné pour la retenir ; quand elle espérait sortir enfin d'une difficulté, elle tombait dans une autre. Pouvait-elle abandonner son mari malade et mourant ? Alors qu'elle était si coupable envers lui, pouvait-elle ajouter ce crime à sa faute ? Lorsqu'il avait été à peu près rétabli, il était ruiné et si complètement que, pour vivre pendant qu'il soutenait des procès qui pouvaient leur rendre quelques bribes de leur fortune, elle n'avait eu que les leçons de français et de musique qu'elle trouvait à donner de-ci de-là. Les procès gagnés, elle reviendrait enfin près de sa fille. Mais jamais ils n'avaient été gagnés, un nouveau succédant à un ancien, un incident se greffant sur un incident. Il y avait eu des moments où elle n'aurait pas pu revenir alors même qu'elle se serait décidée à abandonner le malheureux qui se débattait contre la maladie et la ruine, car elle n'avait pas l'argent nécessaire pour payer son passage, même sur un navire à voiles. Les mois avaient succédé aux mois, les années aux années, et son départ avait toujours été ajourné, retardé. « L'enfant est bien soignée, disaient les lettres d'Eugénie ; elle grandit ; elle devient belle et forte ; la princesse la traite comme sa fille ; le 4 mars, jour de la Saint-Casimir, j'ai porté le bouquet que vous m'aviez commandé au tombeau du prince. » Que de choses contradictoires pour elle dans ces lettres ; que de sujets de consolation et de désespoir ! Les soins que recevait l'enfant ; la tendresse dont elle était entourée. « Comme sa fille ! » Cette femme avait reçu le dernier soupir de Casimir, et maintenant elle avait le sourire de Micheline. Après dix années de ce supplice, la mort de son mari lui avait enfin rendu la liberté. Pour quelques milliers de francs, la centième partie de ce qui lui était légalement dû, elle avait transigé sur les procès engagés, et elle s'était enfin embarquée.

Mais, pour être revenue en France, tout n'était pas fini.

Elle avait vu sa fille, elle ne l'avait pas.

Tant que le prince avait vécu, elle n'avait pas eu la plus légère inquiétude : il lui prenait sa fille, il la lui rendait, c'était affaire à lui ; rien n'était plus simple, semblait-il.

Quand il était mort, la situation avait changé, mais cependant sans présenter des difficultés insurmontables : de même qu'on avait employé la ruse pour placer Micheline au château, de même on emploierait la ruse pour l'enlever ; avec de l'adresse et de la décision, on réussirait.

Mais quelques années après, elle s'était compliquée encore : ayant atteint cinquante ans, et ne mettant plus de coquetterie à cacher son âge, la princesse s'était attaché Micheline par le lien légal de la tutelle officieuse, de façon à avoir des droits sur l'enfant.

Puis, le temps s'écoulant, elle s'était aggravée encore par la seule force des choses : Micheline n'était plus un petit être inconscient, dont on pouvait faire ce qu'on voulait ; elle avait maintenant du raisonnement, de la volonté. Comment l'enlever à la princesse sans lui expliquer en vertu de quel droit on l'enlevait, et comment lui faire comprendre ce droit ? — Je suis ta mère ! — Pourquoi ne l'es-tu qu'aujourd'hui seulement ? — Que lui dire ?... La vérité ?... Mais alors quel sentiment aurait l'enfant pour cette mère qui se serait déshonorée elle-même ?

Ne trouvant pas de solution à ces questions, et ne pouvant consulter personne au Chili, elle s'était dit qu'aussitôt son arrivée en France elle soumettrait son cas à un avocat, en lui demandant quels droits elle avait sur son enfant, et quels moyens lui offrait la loi pour les faire valoir. Si elle n'avait pas commencé par prendre cette consultation, c'était que son ardeur à voir sa fille ne lui avait pas permis d'aller d'abord à Paris. Débarquée la veille à Saint-Nazaire, elle était venue coucher au Mans, d'où elle était partie directement pour Trouville en passant par Argentan pour prendre Eugénie; et c'était en descendant du chemin de fer qu'elle avait couru sur la plage. Avant tout, elle voulait la voir, se donner la joie de la regarder, de l'embrasser des yeux; après, elle déciderait ce qu'elle devait tenter.

Une autre raison encore l'obligeait à venir à Trouville : le pèlerinage qu'elle voulait faire à la tombe de celui qu'elle avait tant aimé et si désespérément pleuré.

Bien que la route par la forêt fût un peu plus longue, elle avait voulu la prendre pour passer par la futaie où Micheline avait été abandonnée et où le prince s'était tué; mais en arrivant où cette futaie s'élevait dix ans auparavant, elle ne la trouva plus; les grands arbres avaient été abattus, même celui marqué d'un G, et, à leur place, il n'y avait plus que de jeunes taillis avec, çà et là, des baliveaux à la tige courbée.

Elle suivit un sentier qui longe le mur du parc et descendit au village, sachant par Eugénie que le cimetière entoure l'église.

Bien que Beaumoussel aimât beaucoup son pays natal, il n'avait pas voulu être enterré dans le cimetière d'Hopsore : c'était trop modeste pour un homme comme lui. Quelle figure ferait-il dans un cimetière de village ? Il lui fallait le Père-Lachaise, et non un emplacement banal ou caché, mais une place en belle vue, un bon coin d'angle, où, après sa mort, son monument fit violence à l'attention publique comme son nom durant sa vie : « Beaumoussel, Beaumoussel, vérifiez le cachet ! » Et ce beau coin, il l'avait acheté d'une famille pauvre qui le lui avait vendu trente fois plus cher que ses auteurs ne l'avaient acheté à la ville quarante ans plus tôt, la hausse sur les terrains ayant suivi au Père-Lachaise la même marche que sur les boulevards et aux Champs-Elysées. Si la princesse n'avait eu aucun scrupule à installer son second mari dans le château que lui avait donné le premier, au moins n'avait-elle pas voulu qu'ils fussent réunis dans la même tombe, — quoiqu'il y eût de la place. Beaumoussel était donc resté seul dans son luxueux tombeau du Père-Lachaise ; et pour son prince ainsi que pour elle, elle avait fait construire dans le petit cimetière d'Hopsore, sous les pommiers, au milieu de la verdure, dans le plein air de la campagne, un monument qui, pour être moins riche, moins doré que celui dont Beaumoussel avait arrêté le plan et le devis de son vivant, était une belle œuvre d'art : — une chapelle dont un côté, complètement à jour, était fermé par une grille en fer forgé, et, au milieu de cette chapelle, un haut sarcophage en marbre noir avec une figure de grandeur nature, en marbre blanc, assise à chaque angle : la *Jeunesse*, la *Noblesse*, la *Bonté*, l'*Art* ; pas de nom, mais, sur la face regardant la grille, les armes des Sobolewski.

Lorsque Germaine arriva à l'entrée du cimetière, le soleil se couchait et ses derniers reflets allumaient le dôme de la chapelle ; sur la place, quelques gens du village étaient assis devant leurs portes, d'autres buvaient aux tables qui se trouvaient devant l'auberge de l'*Image Saint-Pierre*. Sans réflexion, Germaine avait cru qu'elle serait seule dans le cimetière; la présence de ces gens qui, par-dessus le petit mur à hauteur d'appui, pouvaient la voir, et qui même n'allaient pas manquer de la regarder, la gêna cruellement. Fallait-il donc qu'elle se contînt quand son cœur se fondait, quand elle eût voulu se jeter à genoux et s'entretenir librement avec lui !

Elle avait marché droit à la chapelle, mais en même temps que les yeux de ces paysans la retenaient, la grille qui en fermait l'entrée l'avait arrêtée : elle ne put seulement pas s'agenouiller, et il fallut que, devant ce sarcophage où était ce corps qu'elle avait passionnément aimé, elle gardât l'attitude d'une promeneuse, d'une curieuse, venue là pour admirer ces statues. Entre lui mort et elle, cette grille, comme entre lui vivant et elle, cette femme.

Cependant, malgré sa volonté de s'observer et de ne pas provoquer les remarques des oisifs, elle avait posé son front entre deux barreaux de la grille, et elle restait là abîmée. C'était tout son passé qui défilait devant ses yeux sans regard : l'aurore de leur amour à Cauterets, leur bonheur à Neuilly, leurs courtes journées d'oubli et d'ivresse dans ce pays même

Mais elle se fâchait contre elle-même de se perdre ainsi dans ces souvenirs. Ce n'était ni à lui ni à elle qu'elle devait penser, mais à leur fille; ce n'était pas pour lui demander : « T'en souviens-tu ? » qu'elle devait l'interroger ; c'était pour lui dire : « Guide-moi ; que veux-tu pour elle ; que dois-je faire ? »

Et les mains jointes, de toute son âme, tout bas, avec la vague conscience du danger qui l'enveloppait, elle murmurait :

— Parle, parle !

Ses yeux troublés, noyés, allaient de l'une à l'autre de ces formes blanches, qui restaient mystérieuses dans l'ombre.

— Tu m'as pris ma fille, rends-la-moi ; inspire-moi !

La nuit tomba, s'épaissit, l'inspiration ne vint pas.

III

Lorsque Germaine sortit du cimetière, il était trop tard pour retourner à Trouville : le temps avait passé sans qu'elle en eût conscience.

Surprise, elle regarda autour d'elle, sans trop savoir ce qu'elle cherchait. En face, les fenêtres de l'auberge de l'*Image Saint-Pierre* venaient de s'éclairer, et sur les vitres elle lut : « *On donne à boire et à manger. Cidre de la vallée d'Auge.* » Alors l'idée lui vint d'entrer là et de demander à dîner. Rien ne l'appelait à Trouville ; au contraire, plusieurs raisons la retenaient dans ce village. Peut-être pourrait-elle faire parler la servante qui s'occuperait d'elle. L'auberge touchait le château ; elle devait être fréquentée par les domestiques de la princesse ; on devait savoir là ce qui se passait ici. En s'y prenant adroitement, ne pourrait-elle pas apprendre s'il y avait quelque chose de fondé dans les propos sur l'interdiction de la princesse qui l'avait frappée lorsqu'elle l'avait entendu, car, la princesse interdite, c'était Micheline libre?

Elle entra dans la cuisine et demanda si on pouvait lui donner à coucher et à souper.

— Mais bien sûr; et qu'est-ce que madame veut pour son souper? répondit la maîtresse d'auberge; nous avons de la soupe, des tripes, des œufs, de la salade, tout ce que madame voudra; si madame veut passer dans la petite salle, on va lui mettre son couvert, elle sera là plus tranquille.

Cette petite salle était une sorte de trou à côté de la cuisine, noir et enfumé, où l'odeur du tabac, mêlée à celle du café et de l'eau-de-vie de cidre, produisait une atmosphère écœurante. Heureusement il y avait une fenêtre que Germaine put ouvrir; elle donnait sur l'esplanade, garnie de tables, qui se trouvait devant l'auberge, et au-delà sur le cimetière, juste en face le tombeau du prince, que la lune, qui se levait derrière l'église, commençait à éclairer de sa lumière blanche.

Bientôt une jeune fille entra dans la salle

— Maman m'a dit que madame voulait souper, je vais lui mettre son couvert.

Cette jeune fille avait l'air intelligent et déluré, Germaine espéra qu'elle allait pouvoir la faire causer utilement, et tout de suite elle voulut entrer en matière.

— Je me suis attardée dans ma promenade, dit-elle, et j'ai été vraiment heureuse, quand je me demandais comment retourner à Trouville, d'apercevoir votre maison.

— J'ai bien remarqué madame quand elle examinait le tombeau du prince. Peut-être que madame aurait voulu entrer dans la chapelle; mais la princesse ne veut donner à personne la clef de la grille. C'est bien malheureux, car si on pouvait visiter la chapelle, il viendrait encore plus de monde qu'il n'en vient. Ça fait du bien au pays, ce monument : ça amène des promeneurs. Madame l'a trouvé beau?

— Très beau.

— J'ai vu que madame s'y connaissait, à la façon dont elle tenait sa tête collée contre les barreaux de la grille; ce n'est pas tout le monde qui regarde comme ça. Madame connaît peut-être M. Casparis?

— Non.

— C'est un homme bien bon et pas fier du tout, quoique tout le monde dise que c'est un grand artiste. Sa dame aussi est bien aimable; c'est une négresse, mais très jolie. Ils ont habité ici quand M. Casparis est venu faire mettre ses statues en place. La princesse lui avait offert un appartement au château, mais il a mieux aimé loger ici : ils sont restés huit jours; j'étais alors une petite fille, pourtant ils ne voulaient que moi pour les servir.

Ce n'était ni du sculpteur Casparis, ni de « sa dame » la négresse que Germaine avait souci, c'était de la princesse, c'était de Micheline. Elle essaya donc de ramener l'entretien de ce côté.

— Pourquoi donc la princesse ne veut-elle donner à personne la clef de la chapelle? demanda-t-elle.

— Par jalousie, pardi! Elle est jalouse du prince mort comme elle en était jalouse quand il était vivant. Il n'y a qu'elle et mademoiselle Micheline qui entrent dans la chapelle. Tous les lundis — c'est le lundi que le prince s'est tué — on les voit arriver le matin, elles passent de grands tabliers et, de leurs propres mains, elles font le ménage de la chapelle, elles balayent, elles époussètent. C'est drôle, n'est-ce pas? pour des personnes qui ont tant de domestiques. Enfin, c'est comme ça. Elles changent les fleurs que les jardiniers du château leur passent, et personne ne les aide. L'hiver, quand elles sont à Paris, on ferme la chapelle avec des volets, et c'est fini jusqu'au 4 mars, le jour de la fête du prince; ce jour-là, elles arrivent, ou plutôt elles viennent la veille, et c'est une fête, le saint-sacrement, quoi! Il y a une serre au château qu'on cultive rien que pour ce jour-là.

Chaque parole était une douleur pour Germaine, était-elle heureuse, cette femme, de pouvoir honorer avec cette piété la mémoire de celui dont elle portait le nom.

— Cela vous étonne, dit la jeune fille se méprenant sur la cause du trouble qu'elle voyait en elle, c'est parce que vous n'êtes pas du pays et ne savez pas combien la princesse aimait le prince. Moi, bien entendu, je n'ai pas connu ces choses-là, j'étais trop jeune à ce moment, mais j'en ai entendu parler. Quoique la princesse fût beaucoup plus âgée que son mari, ils s'aimaient comme des mariés de vingt ans.

— Et mademoiselle Micheline? interrompit Germaine ne pouvant plus se contenir.

— Ce n'est pas leur fille, c'est une enfant que le prince et la princesse ont trouvée, il y a dix ans, dans la forêt et qu'ils ont adoptée. Le prince a été son parrain et la princesse sa marraine. Je me rappelle bien le baptême, la princesse jetait de l'argent avec des bonbons; les bonbons, ça m'était égal, mais j'ai eu trente sous en trois pièces de dix sous, et je les ai encore.

Le couvert était mis sur une nappe en toile jaune qui recouvrait la table, et la jeune fille n'avait plus rien à faire dans la salle ; quand elle reviendrait, l'entretien reprendrait où il avait été interrompu. Mais, après avoir servi la soupe, elle ne revint pas ; ce fut la mère qui apporta le dîner, prestement, en femme qui n'a pas de temps à perdre et qui n'est pas disposée à bavarder.

Peut-être serait-elle plus heureuse après le dîner ? Mais, quand elle quitta sa petite salle, elle trouva des gens attablés dans la cuisine. Et devant eux elle n'osa pas risquer un interrogatoire sur les points qui l'intéressaient.

Alors elle sortit, et comme elle ne pouvait pas retourner au tombeau de Casimir, malgré l'envie qu'elle en avait, elle se promena dans les rues qui entourent le cimetière, tantôt perdue dans l'ombre que projetaient l'église et les pommiers, tantôt en pleine lumière. Quatre fois elle fit ainsi le tour de son mur; puis, n'osant pas continuer cette promenade qui aurait provoqué la curiosité, elle se dirigea vers le château. Dans l'ombre de la nuit, elle vit les fenêtres rouges de sa large façade et ce fut tout. Après une longue station devant la grille d'entrée et un dernier baiser d'adieu donné à Micheline, elle se décida à rentrer à l'auberge : sans doute l'aubergiste serait seule.

Mais elle ne l'était point, car en ce moment même entrait dans la cuisine un homme qui demanda si M. Saint-Denis n'était pas encore venu.

— Non, pas encore; il aura été retenu par son service au château, où il y a du monde.

— Je vais l'attendre.

Décidément il fallait que Germaine renonçât pour ce soir à son projet; elle se fit conduire à sa chambre qui donnait sur la place et par conséquent sur le cimetière. Au lieu de fermer sa fenêtre, Germaine l'ouvrit toute grande et, ayant éteint sa bougie, elle s'assit pour respirer la fraîcheur du soir, et plus encore pour ne pas quitter des yeux le tombeau que la lumière de la pleine lune frappait obliquement; pénétrant sous la voûte de la chapelle, elle faisait en quelque sorte jaillir de l'ombre les quatre grandes figures blanches.

Comme elle restait perdue dans ses pensées, elle entendit qu'on marchait devant l'auberge, puis qu'on s'asseyait à la table placée sous sa fenêtre.

— Excuse-moi de ne pas être venu plus tôt, disait une voix; j'ai été retenu; il y a du monde au château.

C'était Saint-Denis, le valet de chambre du prince, dont elle avait autrefois entendu le nom.

— Voilà le service que j'ai à te demander, répliquait une autre voix, celle de l'homme qu'elle avait vu dans la cuisine. La princesse, à ce qu'on m'a dit, est dans l'intention de prendre une institutrice pour sa pupille, eh bien, j'ai quelqu'un que je te prie d'appuyer : une jeune personne très bien, qui est en ce moment en Angleterre dans une maison où elle ne peut pas rester.

— Tout ce que je pourrai faire, je le ferai; entre vieux amis comme nous, c'est bien naturel. Seulement il faut que tu saches que ce n'est pas ce que je dirai qui décidera la princesse; si ta jeune personne n'a pas quelqu'un dans une haute position qui l'appuie, madame ne la prendra pas. C'est que ce n'est pas une mince affaire d'être l'institutrice de la petite...

— Un enfant trouvé !

— Ce n'est pas une princesse, c'est une archiprincesse; en un mot, c'est la vraie maîtresse de la maison, et une maîtresse pas commode, je t'assure. Ce n'est pas qu'elle soit méchante, mais l'habitude de faire tout ce qu'elle veut lui a tourné la tête. Aussi je te promets que si ta jeune personne entre chez nous, elle n'aura pas d'agrément; compte là-dessus et réfléchis à ce que je te dis.

— C'est une femme de volonté, elle la matera.

— Ce n'est pas sûr. Regina aussi est une femme de volonté, et c'est la petite qui l'a matée. Si madame tient à quelqu'un, c'est à Regina, eh bien, que la petite dise un mot, et Regina partira demain. Regina le sait bien, et si elle rage, elle coule doux. Il est vrai que le temps n'est plus où Regina était indispensable pour peindre, teindre et habiller madame. Du jour de la mort du prince, madame ne s'est plus peinte ni teinte. Plus de toilettes; un bonnet de veuve sur ses cheveux blancs, des bas noirs; il n'y a que la poudre qu'elle a conservée. Si je te disais qu'elle est mieux comme ça que quand elle jouait la femme de trente ans.

— Ça m'est égal.

— Je te prie de croire que ça m'est égal aussi, mais c'est pour dire, et pour que tu comprennes qu'elle ne vit plus que pour cette fille. Positivement, elle en est folle ; et si ton institutrice ne convenait pas à son élève, elle n'aurait qu'à faire ses malles et tout de suite. Et je te l'ai dit, pas commode, l'élève. Avec elle on ne sait jamais sur quoi compter, des lubies, des caprices à vous faire tourner en bourrique, et avec ça insolente à la gifler.

— Et la princesse ne dit rien !

— La princesse, elle, admire. Tu n'imaginerais jamais ce que la petite lui fait faire. Il y a deux ans elle lui a fait acheter un chameau à des saltimbanques, et Monsieur promène sa bosse dans le parc, en liberté. Le château est plein d'oiseaux en liberté aussi, que la petite apprivoise : des mésanges, des moineaux, des serins, une jolie saleté, va, et ils ne se gênent pas. La joie de la petite, c'est de les faire se percher sur les personnes qui viennent au château ; si l'oiseau s'oublie mademoiselle, qui n'attend que ça, se tord ; si j'arrive trop vite au secours du malheureux, je suis secoué.

— Elle est aimable, la petite !

— Tu vois. Il est vrai de dire que la princesse n'était que trop bien disposée à adopter toutes ces folies pour les bêtes. Figure-toi que nous avons dans nos prairies des vieux chevaux qu'elle veut laisser mourir de vieillesse, et que, quand on lui en amène, elle les achète pour qu'on ne les tue pas. Quand elle voit un cocher ou un charretier battre ses chevaux, elle lui dit des sottises ; elle fait de son argent empierrer les mauvais chemins aux endroits où les voitures s'embourbent. Enfin, cela va si loin que son neveu M. Ernest Patouillet, voudrait, paraît-il, la faire interdire.

— Parce qu'elle dit des sottises aux cochers?

— Tu comprends que c'est le prétexte. En réalité, le neveu voudrait faire interdire sa tante pour que la fortune de la princesse n'aille pas à la petite Micheline.

— Je vais écrire à ma jeune personne.

IV

Saint-Denis était parti depuis longtemps déjà et Germaine restait à sa fenêtre. Il y avait trop de choses dans ce que l'entretien de ces deux hommes venait de lui apprendre, trop de douleurs, trop d'espérances pour qu'elle pût se coucher et dormir.

Immobile sur sa chaise, les yeux perdus dans les profondeurs bleues de la nuit, elle réfléchissait; mais son cœur était trop profondément bouleversé, sa tête était trop troublée pour qu'elle pût s'arrêter à une idée et la suivre; elle allait de l'une à l'autre, revenant à celle qu'elle avait déjà repoussée, l'abandonnant de nouveau, la reprenant encore, incapable de se décider et même incapable de raisonner.

Évidemment elle ne sortirait jamais toute seule des contradictions qui l'enveloppaient et l'écrasaient; avant de prendre un parti il fallait qu'elle fût éclairée sur le bon et le mauvais côté de ceux qui se présentaient à son esprit.

Elle devait donc aller à Paris comme elle en avait eu l'intention, et quand elle connaîtrait les droits que le Code lui donnait sur sa fille, ainsi que les moyens qu'il lui mettrait aux mains pour la reprendre, elle déciderait ce qu'elle aurait à faire.

Depuis longtemps elle avait agité la question de savoir à qui elle demanderait ce conseil, et pendant les heures de la traversée, dans le calme et la solitude, elle avait arrêté son choix et l'avait pesé. D'hommes d'affaires elle n'en connaissait qu'un, le notaire qui avait fait son contrat de mariage, et elle avait pleine confiance en lui, en sa science comme en sa sagesse. Mais il avait été l'ami de sa famille, il l'avait vue petite fille, comment s'ouvrir à lui et se confesser ? Il était austère, M° Le Genest de la Crochardière, mais ce n'était pas tant son austérité qu'elle craignait que ses questions ; il ne lui permettrait pas de s'arrêter dans sa confession et ce ne serait pas seulement son secret qu'elle devrait lui livrer, ce serait aussi celui du prince. En avait-elle le droit ? Qu'on la condamnât, c'était bien ; toutes les sévérités dont on la frapperait elle les avait méritées, elle ne se plaindrait pas ; mais elle ne voulait pas que lui fût condamné : il devait rester au-dessus du jugement des hommes, respecté et adoré par elle. Il est des cas pour lesquels on s'adresse plus volontiers à un médecin étranger qu'à son médecin ordinaire. Elle ferait ainsi, et au lieu de prendre pour conseiller un ami qui deviendrait forcément un confesseur, elle prendrait un inconnu à qui elle pourrait ne dire que ce qu'elle voudrait bien dire. A chaque instant, pendant ces dernières années, elle avait entendu son mari, désespérant de ses procès, s'écrier : « Ah ! si j'avais Gontaud ! » Elle l'avait entendu aussi faire l'éloge du célèbre avocat, de sa droiture, de sa dignité, qui égalaient son talent ; ce serait donc à Gontaud qu'elle demanderait conseil, et ce fut à sa porte qu'elle sonna en arrivant à Paris.

Elle attendit trois heures dans le salon de l'avocat ; enfin à six heures du soir elle fut reçue.

Elle avait eu le temps de préparer le récit de son affaire ; cependant, lorsqu'elle fut assise à l'angle d'une immense table couverte de dossiers, et que Gontaud fixa sur elle un regard qui l'enveloppait de la tête aux pieds, en lui disant qu'il l'écoutait, elle resta un moment sans pouvoir commencer, la gorge serrée, les lèvres tremblantes.

Sans doute, l'avocat était habitué à rencontrer quelquefois chez celles qui venaient le consulter ce trouble et cette émotion, car il ne manifesta aucune surprise.

Enfin, d'un ton bas à peine perceptible, elle commença :

— Il y a dix ans, une jeune femme mariée a commis une faute ; l'homme qu'elle aimait était marié aussi. De leur amour est née une fille, dont la naissance a été cachée et qui a été déclarée à l'état civil comme n'ayant ni père ni mère. Trois mois après la naissance de cette enfant, la mère a été rappelée auprès de son mari, à l'étranger ; et l'enfant a été placée dans des conditions telles que l'amant put la trouver, la recueillir et l'introduire dans sa famille. Un an après, il est mort dans un accident, et sa femme a continué d'élever l'enfant, à laquelle elle s'est si bien attachée qu'elle s'est fait attribuer sa tutelle officieuse, de façon à pouvoir l'adopter. Après dix années passées à l'étranger, la mère, devenue veuve, est rentrée en France, et elle veut reprendre sa fille. Je viens vous demander quels moyens la loi lui donne pour se la faire rendre, si on la lui refuse.

Gontaud avait deux qualités plus rares que le vulgaire ne le pense : il étudiait ses dossiers et il écoutait ses clients. Ce n'était point sur un résumé dressé tant bien que mal par un de ses secrétaires qu'il prenait connaissance de son affaire dans sa voiture, en allant au Palais pour la plaider. Et ce n'était point en pensant à autre chose, à l'heure de son dîner qui était passée, à sa chasse du lendemain, à la première représentation du soir, aux bons mots de sa journée, qu'il écoutait ceux qui lui racontaient leurs affaires, leurs griefs ou leurs espérances. Il n'avait pas perdu une parole de ce que lui avait dit Germaine, et malgré les confusions qui auraient pu résulter d'un récit embrouillé et obscur, il avait suivi cette histoire aussi clairement que si ses personnages avaient eu des noms connus : les deux maris, les deux femmes, l'enfant.

— Si je vous ai bien comprise, dit-il, c'est une consultation en quelque sorte théorique que vous me demandez : avant d'engager une action, la mère de l'enfant veut savoir quel est son droit au point de vue légal.

— Précisément.

— Eh bien, madame, j'ai le regret de vous répondre qu'à ce point de vue elle n'en a aucun.

— Je n'ai aucun droit sur ma fille ! s'écria Germaine incapable de retenir ce cri de mère.

— Vous m'avez dit, continua Goutaud sans paraître avoir entendu cet aveu, vous m'avez dit que la femme qui a eu cette petite fille était mariée, eh bien, notre loi n'admet pas qu'une femme mariée ait des enfants dont son mari ne soit pas le père ; si cela arrive, la loi ne connaît pas ces enfants, qui n'existent pas pour elle ; ces enfants ne peuvent pas rechercher leur mère ; cette mère ne peut pas reconnaître ces enfants ; elle s'est placée en dehors de la loi pour satisfaire sa passion, de quel droit vient-elle demander l'appui de cette loi ?

Il eût pu parler longtemps ainsi, elle restait écrasée. Allongeant la main sur la table, il prit un code et, l'ayant ouvert, il le mit sous les yeux de Germaine :

— Je sais par expérience, dit-il, que toutes les explications du monde sont moins fortes qu'un texte de loi pour porter la conviction dans un esprit, lisez donc cet article.

Elle prit le code et lut l'article sur lequel il posait le doigt :

« Cette reconnaissance ne pourra avoir lieu au profit des enfants nés d'un commerce incestueux ou adultérin. »

Puis, lui reprenant le code et le fermant, il poursuivit :

— Pour que la mère dont vous me parlez pût réclamer légalement sa fille, il faudrait que la loi lui reconnût des droits sur elle, et vous voyez que précisément il ne lui en reconnaît pas. La loi n'est-elle pas trop dure ? C'est possible, car elle est faite pour régir les hommes non tels qu'ils devraient être mais tels qu'ils sont, et puisqu'il y a de par le monde des enfants adultérins, il serait peut-être plus moral de s'occuper d'eux, que de dire, comme la loi, qu'on ne veut pas les voir. Mais enfin, telle est la législation : cette petite fille ne sera jamais l'enfant de sa mère, cette femme ne sera jamais la mère de cette enfant.

— Comment une étrangère peut-elle avoir des droits que la loi refuse à la mère ? s'écria Germaine.

— Parce que la mère a laissé cette étrangère prendre sa place, et que celle-ci, par dix années de soins, s'est créé des droits que la loi reconnaît. Et cela nous montre combien légèrement on a agi dans cet abandon de l'enfant.

— Le père, qui avait trente ans, qui était plein de force et de santé, pouvait-il admettre que la mort le frapperait et l'empêcherait de remettre cet enfant à sa mère ?

— Vous voyez qu'il devait l'admettre et quelle a été son imprudence. Que cette enfant eût été placée chez une nourrice, la mère aujourd'hui la reprendrait, et si elle ne pouvait pas la reconnaître pour sa fille, au moins peut-être pourrait-elle plus tard l'adopter : ce que cette étrangère va faire précisément.

— Elle l'aimerait, elle l'élèverait ; par sa tendresse, son dévouement, son amour, elle rachèterait sa faute.

— Pour cette femme, il ne s'agit pas de ce qu'elle

ferait, mais de ce qu'elle peut, et elle ne peut rien, j'ai le regret de vous le déclarer.

De nouveau, elle resta anéantie, car si elle avait prévu des difficultés, elle n'avait jamais admis une impossibilité absolue. Et c'était précisément pour qu'on l'aidât à triompher de ces difficultés qu'elle avait demandé conseil à cet avocat, s'imaginant que parce qu'il était habile il combinerait des moyens d'actions qu'une femme comme elle était incapable de trouver. Mais voilà qu'au lieu de lui montrer ce qu'elle pouvait faire, il lui prouvait qu'elle ne pouvait rien faire.

Cependant, après un moment d'accablement, elle se redressa :

— Je n'ai pas tout dit. Cette étrangère, qui veut garder cette petite fille et l'adopter, est une femme sans caractère, sans volonté, de peu d'intelligence, qui élève l'enfant aussi mal que possible...

— Et qui peut défendre l'enfant, puisqu'il n'a ni père ni mère, et puisque personne n'a le droit de s'occuper de lui ?

— Ce n'est pas là-dessus que je veux appeler votre attention, mais sur ceci : cette personne est si peu intelligente que sa famille a l'intention de la faire interdire.

— Eh bien ?

— Interdite, elle ne peut pas adopter l'enfant ; alors celle-ci devient libre, il me semble, et la mère peut la reprendre.

Ce n'était pas la première fois que Goutaud entendait un argument sinon de ce genre, au moins de cette force ; aussi ne manifesta-t-il ni surprise ni impatience.

— L'incapacité de la tutrice donnerait-elle la capacité à la mère ? dit-il. Non, n'est-ce pas ? Cette enfant n'a pas de mère aux yeux de la loi, et rien ne pourra faire qu'elle en ait une, il faudrait pour cela qu'une décision judiciaire eût reconnu la maternité par suite de viol, rapt, adultère constaté, etc., et ce n'est pas le cas.

C'était un arrêt ; Germaine n'avait qu'à se retirer.

Quand elle se trouva dans la rue, elle ne sut de quel côté tourner ses pas. Elle se mit en marche au hasard, ne voyant rien, n'entendant rien, car les dernières paroles de Goutaud emplissaient son cœur et ses oreilles.

Fallait-il donc qu'elle se résignât à subir cet arrêt, et à ne voir sa fille que comme Eugénie l'avait vue jusqu'à ce jour, par son ordre, de loin, furtivement, au hasard d'une rencontre heureuse ?

Eh bien, non, elle ne se résignerait pas à ce suicide, et ce que la loi ne pouvait pas faire, la maternité le ferait, Micheline aurait une mère, sa mère.

On voulait lui donner une institutrice ; elle serait cette institutrice.

C'était le cœur de son enfant qu'elle voulait, c'était sa tendresse ; c'était vivre près d'elle, toujours avec elle, c'était se dévouer à elle, l'élever, former son âme et son esprit, c'était effacer la sotte éducation qu'elle avait reçue, et ce cœur elle pouvait le gagner, ce dévouement elle pouvait le lui offrir, cette éducation elle pouvait la lui donner.

Dans sa détresse, tout n'était pas perdu si Micheline n'avait pas pour elle les sentiments d'une fille, au moins elle aurait, elle, pour sa fille, les sentiments et les soins d'une mère.

Et c'était là l'essentiel : ce serait la mère qui souffrirait, ce ne serait pas l'enfant.

Ces deux mots si doux qu'elle lui avait dits sur la plage : « Mon enfant », elle pourrait les lui dire encore.

V

Les paroles de Saint-Denis indiquaient à Germaine la marche qu'elle devait suivre : avant tout, il fallait qu'elle obtînt auprès de la princesse l'appui de quelqu'un occupant une haute position.

Où trouver ce quelqu'un ? Depuis quinze ans qu'elle s'était mariée et qu'elle avait quitté la France, elle avait interrompu toutes relations avec les amis de sa famille ; ceux-ci étaient morts ; ceux-là avaient disparu sans qu'elle sût où ils étaient ; dans son pays natal elle n'était plus qu'une étrangère.

Cependant, parmi ses vieux amis, il y en avait un dont les journaux lui avaient assez souvent apporté le nom : c'était un général, le comte d'Ayrvault, qui s'était illustré pendant la dernière guerre, et que les électeurs avaient envoyé à l'Assemblée de Versailles, où il occupait une place en vue dans le parti royaliste ; il avait été le camarade de son père, son meilleur ami, et quand ils s'étaient trouvés séparés par les hasards du service, ils avaient toujours conservé des relations assez intimes pour que, lorsqu'elle s'était mariée, le comte d'Ayrvault fût son témoin. Lui seul, semblait-il, occupait cette haute position qu'exigeait la princesse, et lui seul conséquemment, parmi les rares personnes qu'elle connaissait encore, pouvait l'appuyer utilement.

Elle fit pour lui ce qu'elle avait fait pour Gontaud, et entrant dans un cabinet de lecture elle consulta un Bottin : Ayrvault (général comte d'), hôtel des Réservoirs, Versailles.

Elle partit aussitôt pour Versailles et se rendit à l'*Hôtel des Réservoirs*, où on lui dit que le général était en train de dîner dans la grande salle du restaurant. En toute autre circonstance, elle n'eût point osé entrer dans cette salle, mais il s'agissait de sa fille, et ce n'était point le moment d'écouter la timidité et la honte.

L'heure était avancée, et il n'y avait plus que quelques personnes dans la salle, quelques députés qui, ne sachant que faire de leur soirée, dînaient longuement pour tuer le temps. Seul à une petite table, le général faisait face à la porte ; elle n'eut pas à le chercher : avec sa tête énergique aux cheveux blancs coupés en brosse, sa longue moustache grise, son teint couleur brique, ses joues caves, son air franc et ouvert, bourru mais bon enfant, elle le reconnut tout de suite.

Mais lui ne la reconnut point. En voyant entrer cette femme en noir qui marchait sur lui dans l'intention évidente de l'aborder, il eut un mouvement d'inquiétude bien naturel chez un député menacé d'être assailli dans une mauvaise position par une sollicituese intrépide.

— Vous ne me reconnaissez pas, général ? Germaine d'Ambarrès !

Il fit un bond sur sa chaise :

— Comment, ma petite Germaine, c'est toi ?

Et se levant, il l'embrassa sur les deux joues.

Puis la regardant :

— En deuil ?

— Mon mari.

— Pardonne-moi, j'ignorais ; il y a si longtemps que je n'ai eu de tes nouvelles.

Puis, voulant détourner la conversation de ce sujet :

— Tu n'as pas dîné, j'espère ? Tu vas dîner avec moi.

Et il appela le garçon pour faire mettre un couvert.

Elle n'attendit pas la fin du dîner pour dire ce qui l'amenait à Versailles et ce qu'elle attendait du général ; cet accueil affectueux lui avait donné bon espoir.

— Comment, institutrice ! interrompit le général, tu veux être institutrice, toi ? Avec cette jolie figure, cette tournure élégante, tu trouveras un mari quand tu voudras, et il sera bien heureux, le gaillard, d'épouser une femme comme toi..

— Ce n'est pas sur un mari que je compte pour vivre, c'est sur mon travail, vous pouvez me l'assurer.

— Ce que tu me dis là me coupe l'appétit. Pourquoi ne veux-tu pas que je te marie ? Tu n'as plus de parents, n'est-ce pas ? J'étais le meilleur ami de ton père ; c'est un devoir pour moi de te protéger ; il me semble que ton pauvre père me le demande.

— Vous me protégerez en m'aidant à obtenir la place que je désire, et c'est le service que je suis venue vous demander.

Elle expliqua quelle place elle désirait.

— La princesse Sobolewska ; je ne la connais pas. Qu'est-ce que c'est ?

Elle dut dire ce qu'était la princesse.

— La veuve Beaumoussel : une femme qui a acheté son mari, dit-il avec dédain ; un homme qui s'est vendu ; un enfant trouvé ; qu'est-ce que tu vas faire chez ces gens ? Ta place n'est pas dans ce monde-là.

Elle n'avait pas prévu ces objections ; elle fut décontenancée.

— Décidément, continua le général, il faut que je te marie, et je te marierai, et très bien encore. Je comprends que tu aies peur de la misère, ou même simplement de la pauvreté, ça n'est pas drôle pour une femme comme toi ; mais, que diable ! il y a conscience à moi à te laisser t'embarquer sur cette galère.

Elle reprit ses explications : les médecins lui ordonnaient le séjour au bord de la mer pendant trois ou quatre mois d'été, et elle trouvait la réalisation de cette condition dans le château d'Hopsore, situé auprès de Trouville ; la princesse était une bonne femme ; enfin l'enfant était charmante.

Le général n'était pas un sot, il flaira un secret sous cette obstination.

— Je t'ai fait des objections que je croyais justes, dit-il, tu me parais vouloir, malgré tout et quand même, entrer dans cette maison, je n'ai pas le droit de t'en empêcher; tu réclames mon concours, je te le dois; seulement, tu comprends que je ne peux pas écrire à la princesse Sobolewska, que je ne connais pas.

— Vous pouvez, si vous le voulez bien, attester ce qu'était ma famille et l'intérêt que vous me portez.

— Cela, de tout cœur, mais ce n'est pas assez; demain, au commencement de la séance, je verrai si, parmi mes collègues du Calvados, il ne s'en trouve pas qui connaissent la princesse et qui aient de l'influence sur elle; si j'ai la chance d'en rencontrer un, je lui demanderai une lettre pour toi.

Le lendemain, à trois heures, il lui remettait l'attestation qu'elle lui avait demandée, accompagnée d'une lettre d'un député du Calvados qui connaissait la princesse, sinon intimement, au moins de façon à pouvoir lui écrire.

Et comme, après l'avoir remercié, elle voulait le quitter, il la retint.

— J'ai fait ce que tu as voulu, mais non ce que je devais; je reste donc à ta disposition; si les choses ne tournent pas comme tu veux dans cette maison, écris-moi ou viens me voir; seulement dépêche-toi, car je me fais vieux et je ne voudrais pas aller retrouver ton père sans pouvoir lui dire que j'ai été utile à sa fille. Embrasse-moi, et bonne chance, mon enfant !

Ce souhait et surtout cet accueil affectueux lui mirent l'espérance au cœur, et ce fut avec confiance qu'elle fit la route de Paris à Trouville, où elle arriva le soir même.

Le lendemain matin, à dix heures et demie, elle sonnait à la grille du château d'Hopsore. Elle avait perdu sa confiance de la veille, et c'était le cœur serré par l'émotion qu'elle suivait la large allée sablée qui de la grille d'entrée conduit au château, à travers des pelouses où çà et là, encadrées d'un gazon velouté, se présentent des corbeilles garnies de fleurs qu'on renouvelle à chaque saison comme dans les jardinières d'un appartement. Cependant, malgré son trouble, tout en marchant, elle jetait des regards autour d'elle, cherchant si elle n'apercevrait pas Micheline, dont la présence, lui semblait-il, l'eût réconfortée. Mais le parc était désert; on n'entendait que le chant confus des oiseaux, ou le bruit mécanique d'une tondeuse conduite par un cheval chaussé de souliers de caoutchouc qui coupait ras l'herbe fine; aussi loin que la vue courût entre les massifs et sur les pentes vertes des vallonnements, on ne voyait personne. C'était à croire qu'il n'y avait que les bêtes qui fussent déjà éveillées : sur l'étang, les cygnes voguaient, les ailes gonflées, au milieu des feuilles lustrées des plantes aquatiques; et sur le fond sombre d'un groupe de grands arbres dont les branches retombaient jusqu'à terre se dessinait la silhouette pâle d'un animal aux formes étranges : un corps monté sur des échasses que terminait une petite tête au bout d'un long cou, — le chameau dont avait parlé Saint-Denis. Elle chercha si à l'une des fenêtres du château le gracieux visage de Micheline ne se montrerait pas ; mais elle ne vit que les fenêtres succédant aux fenêtres, les unes immenses divisées par des meneaux, les autres toutes petites ornées de panaches et de feuillages frisés, et sur la façade, entre les tourelles à encorbellement, tout un fouillis de rinceaux et d'arabesques.

Arrivée au pied d'un large perron d'où partait un escalier à rampes opposées en fer garni de rosiers fleuris palissés sur ses lambrequins, elle s'arrêta un moment, et ne voyant personne venir au-devant d'elle, elle monta. Sur le palier donnant accès dans le hall, un domestique, averti par la cloche du concierge, l'attendait. Quand, à sa demande, il répondit qu'il allait voir « si madame la princesse » pouvait recevoir en ce moment, elle reconnut au timbre de la voix Saint-Denis, dont elle avait entendu les confidences à l'auberge de l'*Image Saint-Pierre*.

Il l'avait fait entrer dans le hall, et elle regardait vaguement autour d'elle la disposition de cette pièce immense et son ameublement formé de divans recouverts de tapis d'Orient, lorsque son attention fut tout à coup frappée par un buste en marbre dont la blancheur se détachait sur un fond en velours cramoisi. C'était celui du prince qui, du haut de son piédestal, entouré de fleurs, semblait être le dieu de cette maison.

Comme elle restait absorbée dans une contemplation qui avait fait monter les larmes à ses yeux, elle entendit son nom prononcé derrière elle, et vivement elle se retourna, effrayée autant que confuse d'être ainsi surprise.

C'était Regina, qui la regardait des pieds à la tête, l'enveloppant d'un regard policier et dédaigneux.

— Madame la princesse est en ce moment fort occupée; ce n'est pas l'heure à laquelle elle reçoit. Mais si voulez bien me dire de quoi il s'agit, je le lui transmettrai et vous aurez tout de suite sa réponse.

Elle prit dans la poche de sa robe la lettre du député du Calvados, et la tendit à Regina.

Mais cela ne faisait pas l'affaire de Regina, qui tenait à savoir ce qu'était et ce que voulait cette femme en deuil, qu'elle reconnaissait pour l'avoir vue sur la plage.

— C'est que madame la princesse est fort occupée, dit-elle, et si vous pouviez m'expliquer ce que vous désirez, cela vous ferait gagner du temps.

— Je ne suis pas pressée, j'attendrai que madame la princesse puisse lire cette lettre.

VI

Germaine n'eut pas longtemps à attendre : presque aussitôt Regina revint et la conduisit dans un parloir.

Ce n'était pas d'un cœur calme qu'elle pouvait se préparer à cet entretien. Cependant, il fallait qu'elle restât maîtresse d'elle-même, et ne vît dans celle qui lui avait pris sa fille qu'une étrangère ; comme il fallait qu'elle oubliât ses griefs et sa jalousie, — cette jalousie furieuse qui, à chaque instant depuis son retour, s'emparait d'elle en voyant les marques d'amour et de pieux respect que cette femme donnait à la mémoire de celui qu'elles pleuraient toutes deux, — la princesse ostensiblement, orgueilleusement ; elle, en se cachant, honteusement.

Malgré ce que Saint-Denis avait dit des changements qui s'étaient faits dans la princesse depuis son veuvage, Germaine s'attendait à la retrouver à peu près telle qu'elle l'avait vue autrefois maniérée et minaudière, ridicule comme elle se la représentait toujours lorsqu'elle pensait à elle.

Quand la porte du parloir s'ouvrit, elle fut surprise de voir s'avancer une femme à l'attitude simple, au visage affable, habillée d'une robe noire, coiffée d'un bonnet à barbes qui faisait ressortir la blancheur de ses cheveux, d'autant plus blancs qu'ils avaient été autrefois décolorés et desséchés par la teinture. Rien de maniéré, rien de minaudier, rien de ridicule; au contraire, de la dignité et une certaine noblesse, comme si, à force de s'entendre appeler princesse, elle l'était devenue.

Germaine s'était levée, la princesse la fit se rasseoir et s'asseyant elle-même elle l'interrogea d'un ton bienveillant :

— M. de Guilbermesnil me dit que vous désirez devenir l'institutrice de ma pupille; mais, tout en vous recommandant chaleureusement, il ne me donne sur vous que des renseignements un peu vagues. Vous êtes veuve?

— Oui, madame.

— Depuis combien de temps?

— Depuis six mois.

— Je vous plains de toute mon âme; je sais, pour mon malheur, combien est affreuse la perte d'un mari.

La princesse fit une pause émue par l'évocation de ce douloureux souvenir, puis elle continua :

— Je vous demande pardon d'avoir renouvelé votre chagrin, mais je suis bien obligée de vous demander ce que M. de Guilbermesnil ne me dit pas.

— Je n'ai pas l'honneur d'être connue de M. de Guilbermesnil, qui m'a écrit cette lettre qu'à la sollicitation d'un ami de ma famille, le général d'Ayrvault, son collègue à l'Assemblée.

Le nom du général avait fait trop de bruit en ces dernières années, aussi bien dans la guerre que dans la politique, pour n'être pas arrivé jusqu'à la princesse.

— Ah ! vous connaissez le comte d'Ayrvault ? dit-elle, évidemment sensible à une pareille protection.

— Mon père et le général ont été longtemps camarades, et lorsqu'ils ont été séparés leurs relations ne se sont pas rompues : le général a bien voulu être un des témoins à mon mariage.

— Monsieur votre père était soldat ?

— Je l'ai perdu au moment où il allait être nommé général. Voici une lettre du comte d'Ayrvault qui dit ce qu'était ma famille.

Elle lui tendit la lettre du général, que la princesse lut attentivement, en pesant les mots.

— Alors, vous n'avez jamais été institutrice ? demanda la princesse.

— Jamais je n'ai été institutrice dans une famille, mais j'ai donné des leçons. Mariée à un ingénieur, j'ai quitté la France pour le Chili, où mon mari dirigeait l'exploitation de mines importantes. Ses affaires n'ont point réussi, des procès l'ont écrasé, ruiné, et il est venu un moment où, toutes ses ressources étant absorbées par ces procès, nous n'avons eu pour vivre que le produit des leçons de français, d'anglais et de musique que j'ai trouvé à donner. Heureusement, mon père avait tenu à me faire passer mes examens ; j'avais mes diplômes, ils nous ont sauvés de la misère.

— De sorte que si vous avez déjà donné des leçons, vous n'avez jamais cependant fait une éducation ?

— Je me suis mariée à dix-huit ans.

— Et vous êtes restée au Chili pendant longtemps ?

— Je ne suis de retour en France que depuis quelques jours.

La princesse eut un mouvement facile à traduire : une femme qui n'avait jamais fait d'éducation et qui avait vécu au Chili, cela n'était guère rassurant pour elle au point de vue mondain où elle se plaçait.

— Quel âge avez-vous ? demanda-t-elle.

— Trente-quatre ans.

La princesse la regarda longtemps ; puis d'un ton de commisération :

— Pauvre dame, vous avez beaucoup souffert ?

Depuis dix ans, Germaine avait renoncé à toute coquetterie et à toute prétention. Que son visage gardât ou ne gardât point les traces des chagrins et des angoisses qui avaient dévoré sa vie, peut lui importait ; elle ne s'occupait point de son visage. Qu'elle eût perdu sa beauté, qu'elle eût vieilli, elle ne pensait ni à la beauté ni à la jeunesse dont elle n'avait que faire désormais ; une mère est toujours assez jeune et assez belle pour son enfant, et elle n'était plus qu'une mère ; la femme en elle était morte le jour où un journal lui avait appris la mort du seul homme pour qui elle voulait être belle. On lui eût dit qu'elle était laide, qu'elle paraissait avoir soixante ans, cela l'eût laissée parfaitement indifférente. Mais il y avait une femme de qui elle ne pouvait pas entendre cela, une seule, — la princesse, — et justement, c'était celle-là qui le lui disait. Sous le coup immédiat de cette blessure un cri de révolte lui était monté aux lèvres : « C'est à pleurer votre mari que j'ai souffert »; mais une mère ne se révolte pas, elle s'était tue en faisant effort pour ne pas laisser deviner le mouvement de colère qui l'avait soulevée.

La princesse avait remarqué son trouble, croyant l'avoir peinée par son observation, elle voulut s'excuser :

— Ces marques de vos souffrances valent mieux pour moi que toutes les attestations du monde, dit-elle avec un regard plein de sympathie; elles prouvent que vous êtes une femme de cœur.

Puis tout de suite elle reprit son interrogatoire :

— Vous n'avez pas d'enfants?

Germaine frémit.

— Vous les avez perdus? s'écria la princesse.

— Oui.

— Mon Dieu, que je suis désolée de renouveler ainsi vos douleurs à chaque mot que je prononce; mais aussi c'est la faute de ces lettres qui ne disent rien de précis. Il faut bien cependant que je sache ce que vous êtes. De là mes questions.

— Elles sont toutes naturelles, et je dois y répondre; c'est la fatalité de ma situation que je ne puisse les entendre sans en être troublée.

— Mais j'y pense, puisque vous ne connaissez pas

M. de Guilbermesnil, comment avez-vous su que j'avais besoin d'une institutrice ?

La question était embarrassante et pouvait devenir dangereuse ; cependant il fallait répondre.

— Comme ma santé a été éprouvée par mon long séjour au Chili, on m'a ordonné de passer quelques mois au bord de la mer. J'étais donc venue à Trouville pour obéir à cette prescription, lorsque par hasard j'ai entendu dire que vous étiez dans l'intention de donner une institutrice à... votre pupille, mademoiselle Micheline, que j'avais vue sur la plage. L'idée m'est venue alors de me présenter.

— Ah ! vraiment !

— L'enfant m'avait beaucoup plu par sa gaieté, son entrain, son air de santé, le charme qui se dégage de toute sa personne...

— N'est-ce pas ? interrompit la princesse, heureuse et fière de cet éloge.

Il eût sans doute été habile de faire suivre l'éloge de la pupille de celui de la tutrice, mais Germaine recula devant cette hypocrisie.

— Je ne pouvais pas me présenter sans me faire appuyer, et je suis retournée à Paris demander une lettre de recommandation au comte d'Ayrvault, qui s'est adressé à son ami M. de Guilbermesnil.

— De sorte que Micheline vous plaît ?

— Je la trouve charmante.

— Cela, c'est beaucoup, car je suis convaincue qu'il est d'une importance capitale pour une bonne éducation que l'élève inspire de la sympathie à son maître ; mais ce n'est pas tout. C'est une chose grave que le choix d'une institutrice qui, pendant cinq ou six ans, va former non seulement l'esprit, mais le cœur d'un enfant; vous trouverez donc bien naturel, je l'espère, que je veuille réfléchir. Si vous aviez déjà fait une éducation particulière, je n'aurais qu'à me renseigner dans la famille où vous auriez fait cette éducation. Si M. de Guilhermesnil vous connaissait personnellement, je n'aurais qu'à le consulter.

— Le général d'Ayrvault me connaît personnellement, dit Germaine, épouvantée de cette réserve qui se manifestait au moment où elle se voyait déjà installée auprès de sa fille.

— Sans doute, et croyez bien que j'estime à sa haute valeur la recommandation d'un homme dans la position du comte d'Ayrvault; mais il ne peut me dire qu'une chose, en dehors de ce qui touche votre famille, c'est que vous avez donné des leçons à de jeunes Chiliennes. Et c'est là ce qui me fait un devoir de réfléchir avant de vous donner ma réponse. Vous savez que Micheline n'est pas ma fille?

— Votre pupille.

— Ma filleule et ma pupille; mais pour le cœur ma vraie fille. De même que je vous demande des renseignements sur vous, je dois vous en donner sur votre future élève. En réalité, c'est une enfant trouvée; je ne vous l'apprendrais pas que tout le pays vous le dirait; son histoire, par malheur pour elle, n'est que trop connue. Il y a dix ans, à peu près à cette époque, le 20 juillet, j'étais sortie avec le prince pour faire une promenade en tête à tête dans la forêt, comme nous en faisions souvent. Vous avez connu ces douces promenades, vous savez quel est leur charme ?

Germaine détourna la tête, et la princesse, prenant ce geste pour une marque de douleur, n'insista pas sur « ces douces promenades ».

— Quoi qu'il en soit, nous nous promenions dans une futaie, maintenant détruite, quand nous trouvâmes au pied d'un arbre la plus belle petite fille du monde, grasse, blanche, potelée, élégamment habillée. Vous vous demandez comment une mère a pu commettre un pareil crime. Je me le suis demandé aussi, sans jamais trouver une réponse satisfaisante à cette question. Qu'une femme se laisse entraîner par la passion, cela se comprend, mais qu'elle tombe assez bas pour abandonner son enfant, cela dépasse tout.

Germaine avait courbé la tête, écrasée, ne pouvant rien dire, n'osant même pas regarder la princesse.

— Que faire de ce pauvre petit être? La mettre aux Enfants trouvés, il me sembla que ce serait jusqu'à un certain point suivre l'exemple de sa misérable mère. Il fut décidé que nous la mettrions en nourrice chez la femme de notre garde, et que nous la ferions baptiser; le prince fut le parrain, je fus la marraine. Tout d'abord le prince s'intéressa peu à cette enfant, mais insensiblement il s'attacha à elle, et quand il mourut dans un terrible accident, un an après, sa dernière parole fut pour me recommander de veiller sur elle. Je la pris avec moi, et je puis dire que ce fut elle qui, par sa gentillesse, sa gaieté, me rattacha à la vie. Aujourd'hui je l'aime comme si elle était ma fille, et je sens qu'elle m'aime comme si j'étais sa mère ; ne la suis-je pas, d'ailleurs, et par les soins, l'affection, la tendresse bien plus que la misérable qui l'a abandonnée ? Et cela est si vrai que si par miracle cette misérable se présentait aujourd'hui pour réclamer sa fille, je ne craindrais pas de dire à Micheline de choisir entre cette mère et moi, assurée à l'avance du choix que ferait son cœur.

Germaine n'avait pas imaginé qu'une aussi terrible expiation la frapperait, et par la main de cette femme encore ! Elle ne savait quelle contenance tenir.

— Au reste, ce n'est pas seulement par les liens du cœur que je veux me l'attacher, continuait la princesse, c'est aussi par ceux que la loi, dans son équité, met à ma disposition. Je l'adopterai, soit dans les formes voulues si je vis jusqu'à l'époque où cet acte nous sera permis, soit par testament si je meurs avant. Elle sera mon héritière, et je lui ferai faire un grand mariage, un beau mariage. Par la fortune, cela, grâce à Dieu, me sera possible. Mais, d'autre part, il faut que, par l'éducation, elle soit digne elle-même de ce mariage. Voilà pourquoi vous me voyez si pleine d'exigences pour lui choisir une institutrice : ce n'est pas seulement une fille instruite que je veux qu'on me donne, c'est encore une fille irréprochablement élevée. Je réfléchirai donc, et je vous ferai connaître ma réponse. Pour aujourd'hui, j'ai une prière à vous demander, c'est de vouloir bien accepter à déjeuner au château ; vous avez vu Micheline, elle ne vous a pas vue. Je vous disais tout à l'heure qu'il était important à mes yeux que le maître eût de la sympathie pour son élève, il ne l'est pas moins que l'élève en éprouve de son côté pour son maître. Cela est instinctif, n'est-ce pas, la sympathie? Micheline va vous voir sans se douter que vous pouvez devenir son institutrice. Je ne vous cache pas que, si vous lui plaisez comme elle vous a plu, cela pèsera d'un grand poids sur ma détermination.

VII

Était-il situation plus cruelle ?

La fille acceptant ou repoussant sa mère au hasard de l'instinct, sans savoir ce qu'elle faisait !

La princesse eût voulu se venger qu'elle n'eût assurément pas inventé une torture plus atroce.

Sur quoi, d'après quoi Micheline allait-elle se décider ?

C'était leur vie à toutes deux, l'avenir de la fille, le bonheur de la mère, livrés au caprice, à la bonne ou à la mauvaise humeur d'une enfant de dix ans !

La voix du sang ! Mais elle ne croyait pas à la voix du sang ; au moins elle n'y croyait pas quand elle devait parler dans de pareilles conditions.

Du parloir où elle l'avait reçue, la princesse l'avait fait passer dans un salon où elle l'avait laissée seule, et elle attendait là que l'heure du déjeuner sonnât. Jamais les minutes ne lui avaient paru aussi longues.

En venant à Hepsone, elle avait cru que ce serait avec un transport de joie qu'elle verrait sa fille, et maintenant c'était avec une angoisse poignante qu'elle tenait ses yeux attachés sur la porte.

Enfin une cloche sonna, et presque aussitôt la porte s'ouvrit ; mais ce ne fut point Micheline qui entra, ce fut la princesse, accompagnée d'un jeune homme de vingt-cinq à vingt-six ans, mince, élancé, à la tenue dédaigneuse et nonchalante, marchant comme s'il avait peine à se traîner, le regard éteint et indifférent.

— Madame Harouis, dont je vous ai parlé, dit la princesse.

Puis, s'adressant à Germaine

— Le prince Witold Sobolewski, mon beau-frère.

Germaine avait souvent entendu Casimir parler de Witold, et, bien qu'elle ne l'eût jamais vu, elle s'était prise pour lui d'affection. N'était-il pas son frère, et, par cela seul que Casimir l'aimait, ne devait-elle pas l'aimer aussi ? Cependant, malgré ces dispositions favorables, ce ne fut pas de la sympathie qu'elle éprouva pour lui ; cette nonchalance, ce dédain, ces yeux sans regards avaient quelque chose de troublant et d'inquiétant. Elle avait toujours vu en lui un autre Casimir, et c'était précisément le contraire de Casimir qu'elle trouvait, n'ayant rien de celui-ci, ni la franchise de l'abord, ni la douceur, ni l'affabilité, ni le sourire qui avaient fait un charmeur de l'aîné des Sobolewski.

La mort de Casimir n'avait pas rompu les relations de la princesse avec la famille de son mari ; elle avait marié et doté Wanda et Hedwige, comme elle avait déjà marié et doté Carola. De même elle avait continué à aider Adam et Ladislas, comme elle le faisait du vivant de son mari. Quant à Witold, qui à la mort de son frère n'avait que seize ans, elle avait continué son éducation, en attendant qu'il se décidât à prendre une des trois carrières entre lesquelles il balançait : les armes, le clergé, l'art ; puis, comme il n'avait pas pu se décider, les armes ne conduisant plus à rien, le clergé ne lui plaisant décidément pas, les arts ne lui paraissant que méprisables, elle lui avait servi une pension, de laquelle il vivait en y ajoutant ce qu'il gagnait au jeu, aux courses, et à écrire quelques articles sur la haute vie dans les journaux mondains.

— Comment ! Micheline n'est pas rentrée ? dit la princesse en regardant autour d'elle.

Ce ne pouvait être qu'à Witold que ces paroles s'adressaient ; il ne parut pas les entendre ou, en tout cas, il ne jugea pas à propos de répondre.

La princesse sonna, Regina parut.

— Où est Micheline ?

— Elle est sortie il y a une heure avec le neveu de madame la princesse.

— Allez la chercher et dites-lui de venir déjeuner tout de suite ; qu'elle ne nous fasse pas attendre.

Regina n'eut pas loin à aller : au moment où elle sortait, on entendait des rires et des éclats de voix sous les fenêtres.

— Voilà Micheline, dit la princesse, et elle courut à la fenêtre.

Il eût été convenable que Germaine ne quittât pas

sa place, mais elle n'eut pas la force de rester sur sa chaise et elle courut aussi à la fenêtre.

Au milieu de l'allée, entre l'étang et le château, Micheline arrivait, montée sur le chameau, qu'un jeune homme en costume d'aspirant de marine conduisait au moyen d'une corde.

— Houp, houp! criait Micheline balancée par le trot du chameau.

— Jacques, prends garde, cria la princesse en levant au ciel ses mains tremblantes.

— Ne craignez rien, ma tante, répondit le jeune officier.

Et il continua de courir à côté du chameau, en recommandant à Micheline de ne pas lâcher les poils crépus de la bosse des épaules qu'elle avait empoignés à deux mains.

Arrivé au perron, il s'arrêta, et frappant doucement le chameau sur les jambes avec une petite baguette qu'il portait à la main, il le fit s'agenouiller sur ses genoux calleux, puis, prenant Micheline dans ses bras, il la mit doucement à terre.

Presque aussitôt elle entra dans le salon en poussant la porte comme un coup de vent, et courant à la princesse :

— Ah! marraine, que je suis contente! s'écria-t-elle, Jacques a bien voulu me mettre sur le chameau ; il y avait assez longtemps que j'en avais envie.

Et se tournant vers Witold :

— Je te l'ai assez demandé ; tu vois que je ne me

suis pas cassée, comme tu m'en menaçais. C'est égal, ça vous balance joliment.

Mais la princesse lui coupa la parole, et, la prenant par la main, elle l'amena devant Germaine, qui se tenait tremblante dans l'embrasure de la fenêtre, attendant son arrêt.

— Viens que je te présente à une dame qui nous fait le plaisir de déjeuner avec nous : madame Harouis.

— Bonjour, madame ! dit Micheline.

Et elle tendit la main à Germaine par un mouvement d'habitude où il n'y avait aucune sympathie, simplement parce qu'on lui avait appris à tendre la main aux amies de sa marraine, comme un petit chien qui donne la patte.

Mais dans ce geste machinal, elle leva les yeux sur Germaine et la reconnut.

— Tiens, c'est vous ? dit-elle.

— Tu connais madame ? demanda la princesse surprise.

— Je crois bien ; hier, non avant-hier, Jeanne a croqué ma boule dans les jambes de madame, et raide à lui casser les pattes; madame ne s'est pas fâchée, elle m'a laissée reprendre ma boule sans faire sa tête; n'est-ce pas que je l'ai bien renvoyée dans les arches?

— Très bien ! dit Germaine stupéfaite de ces façons de s'exprimer.

L'entrée du jeune marin mit fin à ce colloque, et de nouveau la cérémonie de la présentation recommença.

— M. Jacques Hébertot, mon petit-neveu, dit la princesse.

Celui-là, Germaine ne le connaissait pas, car il n'appartenait pas à la famille des Sobolewski ; sans doute il était parent de la princesse ou de son premier mari.

C'était, en effet, un Beaumoussel ; fils de la fille d'une sœur du médecin et d'un capitaine de Honfleur, il était resté orphelin peu de temps après la mort du prince, et la princesse, d'autant plus sensible au malheur de cet enfant qu'elle était elle-même en ce moment sous le coup du désespoir, s'était chargée de son éducation. Il voulait être marin. Elle l'avait fait élever au collège de Honfleur, puis elle avait payé sa pension à l'École navale. Ne portant pas le nom de Beaumoussel, il ne la gênait pas ; et comme il était gai, bon enfant, intelligent, toujours dispos et de belle humeur ; comme, au lieu de montrer de la jalousie et de l'hostilité contre Micheline, ainsi que le faisaient les Patouillet et la plupart des Sobolewski, il la traitait en petite camarade sans penser qu'elle lui volait une part d'héritage, elle l'avait pris en affection.

Cependant elle le gronda doucement pour cette cavalcade :

— Tu pouvais me tuer Micheline, dit-elle.

— Il n'y avait pas de danger, ma tante, je lui avais appris à bien se tenir ; et puis elle avait si grande envie de monter sur son chameau, que je n'ai vraiment pas pu refuser plus longtemps.

— C'est vrai, marraine, c'est moi qui l'ai tourmenté ; il ne voulait pas.

— Il y a toujours du danger quand on est sur une bête, dit la princesse avec un soupir qui était un triste souvenir.

On passa dans la salle à manger et Germaine se trouva placée à la droite de Micheline, qui à sa gauche avait Jacques Hébertot pour voisin.

A peine Germaine était-elle assise, qu'elle entendit Micheline dire à mi-voix au jeune marin :

— Attention, vous allez voir !

Et tout de suite, se tournant vers elle, Micheline prit une carafe d'eau sur la table et lui offrit à boire.

Surprise de cette prévenance, Germaine lui tendit son verre, et quand il fut à moitié rempli, comme elle n'avait pas encore mangé et qu'elle ne voulait pas boire, elle le reposa devant elle. A peine avait-elle retiré sa main, qu'il passa un bruit d'ailes au-dessus de sa tête, quelque chose comme le vol d'un oiseau ; avant qu'elle se fût rendu compte de ce que cela pouvait être, une petite boule tomba devant ses yeux et elle entendit un « flouc » dans son verre, d'où jaillit un flot de gouttelettes d'eau qui inondèrent la nappe.

— Oh ! Micheline, tu es insupportable ! s'écria la princesse.

— C'est *Flouc* qui prend son bain, expliqua Micheline en riant aux éclats.

— Tu as versé de l'eau à madame Harouis exprès pour cela.

— Dame !

Flouc était une mésange que Micheline avait apprivoisée et qui vivait en liberté dans la salle à manger avec un moineau appelé *Pillard*, apprivoisé aussi. Mais, tandis que *Pillard* se contentait de se précipiter effrontément sur les miettes de pain et plus effrontément encore sur la pâtisserie, mademoiselle *Flous*, qui était une personne coquette, aimant passionnément les bains, se jetait dans les verres qu'on emplissait d'eau, si tout de suite on ne versait du vin par-dessus ; et là elle barbotait comme un canard, ouvrant les ailes, les secouant, faisant des plongeons

Cela pouvait être assez drôle, et même c'était chose fort gracieuse de voir cette jolie petite bête faire ainsi sa toilette dans un verre ; cependant, à table, c'était fort surprenant et aussi assez gênant pour celle qu'elle éclaboussait. Mais c'était précisément cette surprise et cet embarras qui faisaient la joie de Micheline ; aussi manquait-elle rarement de s'offrir cette récréation lorsqu'une personne étrangère s'asseyait pour la première fois à la table de la princesse, et c'était toujours avec un nouveau plaisir.

— Micheline, je me fâcherai, disait chaque fois la marraine.

Mais comme la marraine ne s'était encore jamais fâchée, la filleule recommençait, sûre de l'impunité.

Ainsi, ce que Germaine avait pris pour une prévenance était au contraire une plaisanterie. Elle eût été heureuse d'une prévenance qui jusqu'à un certain point eût été d'un heureux augure. Mais elle ne se fâcha pas de la plaisanterie. Pouvait-elle se fâcher contre sa fille ? Et alors même qu'elle l'eût pu, eût-elle eu le courage de s'exposer à peiner Micheline dans les conditions, tragiques pour elle, où la princesse l'avait placée ?

— Voilà une curieuse petite bête, dit-elle en essuyant les gouttes d'eau qui avaient sauté sur sa robe.

— Tu vois, marraine, dit Micheline d'un air de triomphe, que madame Harouis ne se fâche pas. Au contraire, elle trouve *Flouc* curieuse, et jolie aussi, n'est-ce pas, madame ?

— Mais certainement, très jolie !

Alors Micheline, comprenant qu'elle n'avait plus rien à craindre de sa voisine, se tourna vers elle et à mi-voix :

— Ce n'est pas la première fois que je fais la farce de *Flouc* à des personnes qui ne connaissent pas ma mésange, que je n'ai que de cette année. Celles qui se fâchent c'est des bêtes et des mauvais caractères; elles font des têtes à mourir de rire ; celles qui ne se fâchent pas, c'est des bons caractères. Jacques ne s'est pas fâché.

Elle baissa la voix :

— Witold s'est fâché comme un âne. Son gilet était mouillé.

Elle fut interrompue par Saint-Denis qui lui mettait un œuf dans son coquetier.

VIII

Il ne se produisit pas de nouvel incident pendant le déjeuner et Micheline continua de s'entretenir de temps en temps avec Germaine amicalement, comme si elle la connaissait depuis longtemps.

Si Germaine ne pouvait pas se dire qu'elle exerçait une attraction irrésistible sur sa fille, au moins l'enfant n'éprouvait-elle pas de répulsion et c'était déjà un grand point.

Elle pouvait donc espérer, semble-t-il, et bien que depuis longtemps elle eût perdu l'habitude de rien attendre d'heureux du hasard, elle se prit à penser que peut-être c'en était fini des mauvais jours, et elle se vit installée dans ce château auprès de sa fille.

Combien avait-elle besoin, la pauvre enfant, qu'une mère veillât sur elle ! A chaque instant, c'étaient de nouvelles découvertes plus déplorables les unes que les autres dans son éducation, sa manière d'être, ses façons de s'exprimer. En réalité, une vraie sauvage, se tenant à table plus mal que la fille du dernier des paysans, disant tout ce qui lui passait par la tête, coupant la parole à sa marraine et à tout le monde, renvoyant les plats qu'on lui servait, en commandant d'autres, et avec cela cependant charmante, si bien qu'en la regardant, on comprenait que la princesse n'eût pas la force de la gronder ou de la corriger.

— Micheline, tu es insupportable !

— Oui, marraine.

Et c'était tout ; cet effort de sévérité avait épuisé l'énergie de la princesse, qui se mettait à sourire en la regardant tendrement. Elle avait encore une manière de dire : « Oh ! Micheline ! Micheline ! » qui était un rappel à l'ordre, mais dont Micheline ne tenait aucun compte, sentant bien, avec cette intuition enfantine qui ne se trompe pas, qu'elle était la vraie et la seule maîtresse dans cette maison.

Après le déjeuner, on passa dans un grand salon où se trouvait un piano à queue, et la princesse s'approchant de Germaine lui demanda, à voix basse, si elle ne consentirait pas à faire un peu de musique.

Cette demande n'avait pas besoin d'être expliquée, c'était un examen qu'on voulait lui imposer pour savoir si elle était vraiment capable de diriger l'éducation musicale de Micheline. Elle n'avait donc qu'à se mettre au piano, et à jouer de manière à plaire sinon à Micheline, au moins à la princesse ; ce qu'elle fit.

Sur une étagère chinoise se trouvaient les principales partitions des opéras contemporains ; elle prit *Le Prophète* et, s'asseyant au piano, elle joua la valse.

Micheline était venue s'accouder sur le piano, et là elle écoutait sans la quitter des yeux, mais avec un regard un peu perdu.

— Vous jouez bien, dit-elle.

Jamais compliment n'avait été plus doux au cœur de Germaine.

— Vous aimez la musique? demanda-t-elle.

A ce moment la princesse, qui avait entendu les quelques paroles qui s'étaient échangées entre elles, intervint:

— Vous demandez à Micheline si elle aime la musique; c'est « passionnément » qu'elle pourrait répondre; je crois qu'elle est douée d'aptitudes exceptionnelles pour la musique, car elle retient tout ce qu'elle entend et le chante avec une justesse extraordinaire: demandez-lui de vous chanter la valse que vous venez de jouer, qu'elle ne connaissait pas, et vous allez voir que ce que je vous dis n'a rien d'exagéré. Veux-tu, ma mignonne?

— J'aime mieux écouter madame, répliqua Micheline.

— Je vous en prie, mon enfant, dit Germaine.

— Si vous voulez.

Et elle se mit à chanter les premières mesures de la valse qu'elle venait d'entendre, sans se tromper, d'une voix franche et claire, avec la justesse dont la princesse avait parlé.

— Vous voyez! dit celle-ci.

Puis comme, son air fini, Micheline avait tourné sur ses talons pour aller auprès de Jacques

— Il est certain, ajouta la princesse, que son père ou sa mère étaient musiciens.

Germaine n'osa pas répondre : « C'est probable », car elle avait le cœur trop ému pour ne pas tout prendre au sérieux. D'ailleurs, à ce moment même, elle avait un autre souci : la princesse était-elle satisfaite de la façon dont elle avait joué sa valse ? Ce n'était plus seulement à Micheline qu'elle devait plaire, c'était maintenant à la princesse.

Avec sa nature réservée, prompte à s'inquiéter de tout, elle sentait qu'il n'y avait pas de plus mauvaise disposition pour plaire que de vouloir plaire précisément.

Germaine avait remarqué que sur un petit chevalet recouvert de velours et qui était en belle place au milieu du salon, était exposé un volume richement relié avec les armes des Sobolewski frappées en or sur le plat.

La princesse alla le chercher et l'apporta précieusement sur le pupitre du piano.

— C'est un opéra du prince, dit-elle ; si vous voulez bien en jouer l'ouverture, je vous en tournerai les pages.

Ce fut un coup pour Germaine : jouer cette musique qu'elle savait par cœur avec la princesse pour lui tourner les pages ! Et cependant telle était la situation qu'elle ne pouvait pas refuser ; pas plus qu'elle ne pouvait avouer qu'elle connaissait mieux que personne la partition, qu'elle devait avoir l'air de déchiffrer.

Heureusement la princesse, en recommandant à Micheline et à Jacques, qui bavardaient, de faire silence pendant quelques instants, lui permit de se remettre un peu.

Quand elle fut arrivée au bout de l'ouverture de la *Trompe des Alpes*, la princesse lui adressa les plus chauds compliments.

— Il n'y a pas de musique que je connaisse aussi bien que celle-là, et c'est pour cela que je vous ai demandé de la jouer; vous l'avez admirablement exécutée.

Et elle prit Witold à témoin.

— Parfaitement, répondit celui-ci d'un air nonchalant.

Germaine se demandait quelle épreuve on allait maintenant lui faire subir, lorsqu'elle vit la princesse sortir du salon en emmenant Micheline, et elle resta seule avec Witold et Jacques.

Ce que Jacques lui dit, Witold ne daignant pas lui adresser la parole, elle n'en eut guère conscience, car elle sentait que son sort se décidait en ce moment même : c'était pour confesser Micheline que la princesse l'avait emmenée. Qu'allait répondre l'enfant?

Elle avait deviné juste.

— Comment trouves-tu madame Harouis? demanda la princesse à Micheline, lorsqu'elles furent seules dans le petit salon.

— Elle n'est pas fâchée pour la farce de *Flouc*, c'est une bonne femme.

— Tu vois qu'elle joue très bien du piano?
— Très bien.
— Est-ce qu'elle te plaît?
— Je ne sais.
— Au moins, elle ne te déplaît pas?
— Pourquoi veux-tu qu'elle me déplaise? Elle a l'air bon, et puis elle a une manière de regarder qui est très douce; tu aurais dû la faire chanter, sa voix est une musique.
— Est-ce que tu ne serais pas contente de travailler avec elle?
— Non.
Et elle se mit à marcher par le salon en répétant :
— Non, non.
Puis, s'arrêtant devant sa marraine :
— Travailler; qu'est-ce que tu veux que je travaille avec madame Harouis? La musique?
— La musique et le reste.
— C'est donc une pionne?
— Elle est très instruite, très bien élevée, d'une bonne naissance : elle m'est recommandée par les personnes les plus respectables.
— Pourquoi qu'elle t'es recommandée?
— Pour faire ton éducation.
— Alors c'est une pionne. Si j'avais su ça, je lui aurais mis *Pillard* sur la tête.
— Ecoute-moi, dit la princesse, prenant le ton sérieux, tu es arrivée à l'âge où tout le monde travaille, et tu es même en retard, très en retard sur les petites filles que tu connais.
— Si tu savais comme ça m'est égal!

— Moi, cela me peine ; mon devoir est de te faire travailler. Veux-tu que je te mette au couvent?

— Ne fais pas ça, je me sauverais ; tu es prévenue.

— Je ne désire pas te mettre au couvent, car je ne veux pas me séparer de toi.

Micheline vint à elle et l'embrassa.

— Si je ne te mets pas au couvent, c'est à condition que tu travailleras près de moi avec une institutrice à laquelle tu devras obéir.

— Est-ce qu'elle sera aussi sciante que Regina?

— Regina était une gouvernante pour toi, madame Harouis sera une institutrice, et ce n'est pas du tout la même chose.

— Alors je serai débarrassée de Regina?

— Comment débarrassée ?

— Regina ne sortira plus avec moi, elle ne me poursuivra plus de ses observations?

— Tu n'auras plus qu'à obéir à madame Harouis.

— Eh bien, va pour madame Harouis ; pourvu que je sois débarrassée de Regina, autant madame Harouis qu'une autre : elle a des bons yeux doux.

— Je n'ai voulu rien décider avant de voir si madame Harouis te plaisait ou ne te plaisait point maintenant je vais lui dire que c'est une affaire entendue.

— Elle va rester?

— Mais, sans doute. Où veux-tu qu'elle aille?

— Oh ! je veux bien qu'elle reste, mais à condition qu'elle ne me fera pas travailler tout de suite ; je veux avoir mes vacances comme tout le monde.

— Tu es en vacances depuis que tu es née.

— Tout le monde s'amuse en ce moment ; il n'est pas juste que je ne m'amuse pas aussi ; quand tout le monde travaillera, je travaillerai aussi, puisqu'il le faut.

— Ce n'est pas joli de marchander ainsi.

— Je défends mon droit.

Comme toujours, la princesse céda. Après tout, quelques semaines de plus ou moins n'étaient pas une affaire et ne méritaient pas qu'on fâchât Micheline ; le travail commencerait en octobre... comme pour tout le monde.

Elle rentra dans le salon, où Germaine attendait anxieuse, mais elle ne parla tout d'abord que de choses indifférentes, ne voulant pas aborder ce sujet devant Witold, et Jacques ; ce fut seulement quand ils sortirent qu'elle s'expliqua.

— Je viens de consulter Micheline, dit-elle.

Germaine sentit le cœur lui manquer, un brouillard passa devant ses yeux.

— Elle trouve que vous avez les yeux doux et l'air bon, c'est donc plutôt de la sympathie qu'elle éprouve pour vous que de la répulsion, et présentement cela suffit ; on ne peut pas au bout d'une heure lui demander autre chose.

Hélas ! non, on ne pouvait pas lui demander autre chose, et Germaine devait se trouver heureuse que sa fille n'éprouvât pas pour elle de la répulsion, ce qui pouvait très bien arriver. D'ailleurs, c'était un si grand point d'obtenir que Micheline l'acceptât, que tout disparaissait dans cette joie.

— Je vous ai dit, continua la princesse, qu'avant

de me décider j'avais besoin de réfléchir. Mais il s'est passé pendant le déjeuner un petit fait qui a singulièrement avancé ces réflexions. Ce qui m'inspirait des scrupules malgré les lettres de M. de Guilbermesnil et du comte d'Ayrvault, c'était la pensée qu'il ne suffisait pas d'avoir donné des leçons à de jeunes Chiliennes pour être capable d'élever Micheline de façon à en faire une femme distinguée. Il y a des usages qu'il est aussi utile de savoir que l'orthographe, et que les diplômes ne donnent pas. Les connaissiez-vous, ces usages ? Quand je vous ai vue à table, et quand vous avez écrasé la coquille de votre œuf, j'ai été rassurée. Ce n'était rien, et c'était assez. Il y a pas de petits faits en matière d'éducation, tout se tient ; on est élevée, où on ne l'est pas ; Dieu merci, vous l'êtes, et je puis vous confier Micheline.

IX

Le jour même de son installation à Hopsore et après le déjeuner où elle avait subi le double examen de sa fille et de la princesse, Germaine était entrée immédiatement en fonctions en accompagnant Micheline au bain et à sa promenade de tous les jours sur la plage.

Lorsqu'il avait été question de cette sortie, Micheline lui avait demandé si elle tenait à ce que Regina vînt avec elles, et naturellement elle avait répondu qu'elle ne tenait pas du tout à avoir Regina, heureuse, follement heureuse d'être seule avec sa fille.

— Ah! quel bonheur! avait dit Micheline, en sautant de joie. Si vous saviez comme Regina est embêtante!

— Il ne faut pas dire cela, mon enfant, avait-elle fait observer de sa voix la plus douce et de son regard le plus tendre; c'est là un mot dont une jeune fille de votre condition ne se sert pas.

— Comme vous voudrez, je n'y tiens pas; mettons qu'elle est sciante; c'est toujours des observations qui n'en finissent pas. Je ne vous donnerai pas de mal; je m'habille toute seule.

— Mais je vous aiderai volontiers à vous habiller, et avec plaisir; c'est mon devoir de vous aider désormais dans tout ce que vous ferez.

— Alors je vais prévenir ma marraine.

Et tout de suite Micheline avait couru dire à la princesse que madame Germaine n'avait pas besoin de Regina. Aux premiers mots la princesse avait résisté, ne trouvant pas convenable qu'une institutrice remplît le rôle de femme de chambre; puis, comme toujours, elle avait fini par céder.

Elles étaient donc montées toutes les deux dans la calèche qui les attendait au bas du perron, et Germaine s'était assise à côté de sa fille.

— Regardez Regina, avait dit Micheline lorsque les chevaux s'étaient mis au trot, c'est elle qui bisque; ç'a toujours été son ambition de se placer à côté de moi, elle a même essayé deux fois, et il a fallu que ma marraine se fâche pour l'obliger à se mettre sur le siège de devant; elle disait que ça lui faisait mal au cœur d'aller à reculons. Si vous saviez comme je suis contente d'en être débarrassée !

— Elle devait bien penser que vous auriez une institutrice un jour ou l'autre.

— Elle aurait voulu rester malgré tout ma gouvernante ; mais moi je n'en veux plus, elle m'a trop tourmentée.

Si Germaine avait pu se renfermer dans son rôle d'institutrice, elle n'aurait pas dû interroger son élève, mais la mère n'eut pas la force de ne pas demander à sa fille en quoi et pourquoi on l'avait tourmentée.

— En me disant des choses, répondit Micheline pâlissant, des choses que je ne veux pas répéter ; si ma marraine m'aime, ce n'est pas sa faute. Défiez-vous d'elle, madame Germaine, c'est une méchante femme.

Germaine n'avait pas besoin de cet avertissement ; sans être méchante, Regina pouvait très bien être fâchée de descendre du rang de gouvernante à celui de simple femme de chambre ; il était donc facile de comprendre qu'elle regardât comme une ennemie celle qu'elle accusait d'être l'auteur de cette déchéance.

Regina l'avait vue et remarquée sur la plage, alors que, palpitante de bonheur, elle regardait Micheline jouer au croquet et l'admirait trop émue, trop troublée pour pouvoir s'observer, bouche béante, le visage rayonnant. Devant le buste du prince Regina l'avait surprise encore. Enfin, les gens de l'*Image Saint-Pierre* qui en la voyant passer en voiture avec Micheline l'avaient reconnue, avaient dû raconter aux domestiques du château qu'elle avait soupé et couché dans leur auberge, et surtout sa longue station devant le tombeau du prince.

N'y avait-il pas dans tout cela une mine inépuisable de bavardages et de suppositions? Pourquoi cette émotion en regardant jouer une enfant qu'elle ne connaissait pas à ce moment? Pourquoi ce trouble devant le buste du prince, et cette longue station devant son tombeau? Pourquoi être venue passer une nuit à l'*Image Saint-Pierre*, non la veille de son entrée au château, ce qui serait inexplicable mais, l'avant-veille, ce qui l'était beaucoup moins ?

Ces questions, envenimées par l'hostilité de Regina, pouvaient, semblait-il, conduire à une situation dangereuse, d'où elle ne sortirait qu'avec une extrême prudence et en manœuvrant adroitement.

Il ne fallait pas une grande perspicacité pour deviner ce que Regina et les autres domestiques voudraient avant tout, ce serait savoir ce qu'elle était, d'où elle venait, s'il n'y avait pas quelque secret dans sa vie, et pour cela on ne reculerait devant aucun moyen. On l'espionnerait, on confisquerait ses lettres, on fouillerait dans ses malles et ses armoires. Depuis dix ans, elle avait pu conserver le portrait du prince ainsi que les lettres qu'il lui avait écrites, et ces lettres avaient été la joie de sa vie, son soutien avec le souvenir de sa fille ; bien qu'elle les sût par cœur, il y avait des anniversaires où elle les relisait pieusement, ou bien des jours de désespoir où elle se consolait en les embrassant ; en regardant le portrait, en l'interrogeant, en lui disant ses douleurs. Il fallait que maintenant, si cruel que cela fût dans cette maison où la princesse s'était entourée des reliques de celui qu'elle avait aimé, elle se séparât de ces lettres et de ce portrait, en les mettant en sûreté. Elle en fit un paquet qu'elle cacheta, et, les mettant sous enveloppe, elle les envoya à Eugénie, en lui recommandant de garder avec le plus grand soin ce paquet, « qui était toute sa fortune ». Eugénie était la probité même, et dès là qu'il s'agissait

« d'une fortune, » il était certain qu'entre ses mains, elle serait gardée aussi sûrement que chez le plus fidèle des notaires. En même temps elle lui recommanda de ne plus venir à Hopsore, et de ne lui écrire que quand elle lui écrirait elle-même, en adressant alors sa réponse à Trouville poste-restante. Ces précautions prises, elle put laisser ses malles ouvertes et les clefs aux armoires, Regina en serait pour ses fouilles.

Protégée de ce côté, et d'autre part ayant adopté avec la princesse la tenue et l'attitude qu'une institutrice doit avoir avec la personne au service de laquelle elle est attachée : la déférence, l'obéissance, le respect, il semblait que sa tâche était plus qu'à moitié accomplie.

Mais ce n'était pas seulement, de l'instruction de Micheline qu'elle avait charge, c'était aussi de son éducation, ce n'était pas seulement son esprit qu'elle devait former, c'était aussi son caractère, ses manières de sauvage qu'elle devait corriger, ses mauvaises habitudes qu'elle devait redresser. Et si pour l'esprit on pouvait sans inconvénient attendre la fin des vacances, pour le caractère il fallait agir tout de suite sous peine de se trouver impuissante plus tard.

Le lendemain il y avait au salon de Trouville un bal d'enfants où elle devait accompagner Micheline, qui était danseuse passionnée et aussi polkeuse, valseuse, cotillonneuse, ayant acquis dans cet art une force d'autant plus remarquable que c'était le seul qu'elle eût travaillé jusqu'à ce jour. Elles devaient partir à trois heures et, à deux heures et demie,

Michelino, prête à monter en voiture, entra dans la chambre de Germaine, qui n'était séparée de la sienne que par un cabinet de toilette.

— Me voilà, dit-elle ; comment me trouvez-vous ?

Pour ce bal elle s'était mise en grande toilette, — une de ces toilettes qui, dans certaines parties, étaient bien plus d'une jeune fille que d'une petite fille : robe de faille rose décolletée, très courte, à volants, avec une écharpe bleu de ciel nouée sur la hanche par un gros nœud aux bouts flottants ; bas de soie roses et bottines bleues ; chapeau de paille blanche à plume rose ; sous l'ombre de ce chapeau à larges bords, son visage se montrait tout blanc de poudre, tandis que ses sourcils blonds ordinairement se dessinaient en noir.

— Je ne vous trouve pas bien du tout, mon enfant, dit Germaine avec une douce fermeté.

— C't'idée !

— Je parle sérieusement : vous avez mis de la poudre.

— Pardi !

— Vous avez noirci vos sourcils.

— C'est Regina qui m'a fait les sourcils.

— Eh bien, cela n'est pas d'une jeune fille de votre âge ni de votre monde.

— La baronne de Plailly en met, de la poudre, et madame Bloch aussi, et aussi la belle madame Favrot ; tout le monde, quoi !

— Quel âge a la baronne de Plailly ?

— Trente ans.

— Avez-vous trente ans, et devez-vous vous permettre ce que font les femmes ?

— Pourquoi pas, si ce qu'elles font n'est pas mal.

— Il est mal de mentir, et la poudre est un mensonge.

— Quand tout le monde ment ?

— Il ne faut pas faire comme tout le monde. Vous ne me direz pas, d'ailleurs, que tout le monde se noircit les sourcils. C'est encore un mensonge cela !

— Ella se les noircit !

— Qu'est-ce que c'est que Ella ?

— Ella Webster, une Américaine, qui est mon amie.

— Vous n'êtes pas Américaine; il faut laisser l'excentricité aux étrangers; quand on est une jolie fille comme vous, on se contente de l'être simplement; c'est une grâce de plus, la simplicité, comme la sincérité en est une autre.

— Ah ! si j'étais pâle comme vous, je ne mettrais pas de blanc.

— C'est pour cacher votre fraîcheur que vous vous poudrez ?

— Pour cacher ma peau rouge. C'est canaille d'avoir la peau rouge.

— Voilà encore un mot qu'il ne faut pas dire, mon enfant.

— Quel mot ?

— « C'est canaille. »

— Ah ! zut alors, si on ne peut rien dire, si on ne peut rien faire ; zut, zut ! Partons, n'est-ce pas ?

— Avant de partir vous allez enlever cette poudre de votre visage et ce noir de vos sourcils.

— Ah! non, par exemple, non!

C'était le moment de la fermeté ou bien Germaine perdait son autorité pour jamais.

— Vous ne voulez pas me contrarier?

— Et vous?

— Moi, je suis obligée de vous parler ainsi, et je vous assure que je suis peinée de vous contrarier; mais c'est mon devoir de faire de vous une fille bien élevée, et il faut que je remplisse mon devoir. Vous comprenez cela. Quand vous sortiez avec Regina et qu'on vous voyait poudrée, cela n'était pas très grave, Regina n'était qu'une femme de chambre; mais quand vous sortez avec moi les choses changent : je suis votre institutrice, je dois vous élever pour que vous soyez une honnête fille, avec les manières, l'éducation d'une honnête fille; il faut donc, quoi qu'il puisse m'en coûter, que je corrige votre langage quand il n'est pas convenable, comme il faut que je redresse vos manières quand elles sont mauvaises.

Micheline parut réfléchir longuement, regardant Germaine comme pour lire en elle.

— C'est vrai, dit-elle à la fin, que vous ne voulez pas me contrarier?

— C'est très vrai, mon enfant; et je vous assure que je suis malheureuse lorsque j'ai une observation à vous adresser.

— Bien vrai, ce n'est pas pour plonner?

— Ne le voyez-vous pas à mon regard? dit Germaine, en attachant sur elle ses yeux attendris. Ne le sentez-vous pas à mon accent?

— Je crois que oui… Alors, cela vous ferait plaisir si j'allais me laver la figure?

— Le plus vif plaisir.

— Eh bien, j'y vas!

Et elle courut dans son cabinet de toilette, où Germaine l'entendit barboter.

C'était un triomphe qui mit autant de bonheur que de fierté dans l'âme de Germaine. Par la persuasion, par la fermeté unie à la douceur, elle avait vaincu cette résistance, qui avait été bien près de se changer en révolte ouverte. Mais si Micheline n'avait pas été une brave petite fille pleine de cœur, de bonté, aurait-elle réussi?

Micheline ne tarda pas à rentrer, la peau fraîche et lustrée, les joues roses de cette couleur « canaille » qui l'humiliait.

— Et maintenant? dit-elle avec une révérence.

Germaine s'était promis de ne pas se laisser emporter par des élans d'effusion qui pourraient la trahir, mais elle était si heureuse qu'elle oublia ses promesses et courant à Micheline elle la prit dans ses bras.

— Chère enfant, chère enfant! murmurait-elle en l'embrassant.

— Ah bien, j'espère que ça vous fait plaisir! dit Micheline surprise.

Ce mot rappela Germaine à la réalité de la situation. Il ne fallait pas qu'elle se trahît. Et, d'autre part, il ne fallait pas non plus qu'elle fît trop bon marché de son autorité.

— Ce qui me touche surtout, dit-elle, en rentrant dans son rôle d'institutrice, c'est que vous avez fait volontairement ce que j'étais en droit d'exiger.

— Et si je n'avais pas voulu me débarbouiller qu'est-ce qui se serait passé?

— Nous ne serions pas sorties.

— Ah! par exemple, j'aurais voulu voir ça!

— Partons, dit Germaine, qui trouva prudent de couper court et de ne pas compromettre le succès qu'elle avait obtenu: il était assez beau pour qu'elle s'en contentât; le lendemain elle verrait à en obtenir un autre et à réformer le langage comme elle venait de réformer la toilette. Décidément, il ne serait pas aussi difficile d'habituer Micheline à la docilité qu'elle l'avait cru d'abord.

Mais, en cela, elle se trompait; elle en eut la preuve le soir même.

Pendant le dîner, les oiseaux étaient libres, comme à l'ordinaire, et ils voltigeaient autour de la table, arrivant au plus vite quand Micheline les appelait. Les convives étaient habitués aux mœurs de *mademoiselle Flouc*, il n'y avait pas de danger de bain à craindre; chacun versant le vin dans son verre avant l'eau. Tout se passait donc régulièrement, et la princesse écoutait avec une attention religieuse et une orgueilleuse admiration Micheline raconter ses succès au bal, quand *Pillard* vint se poser à côté de Witold et voulut manger dans l'assiette de celui-ci. Deux fois Witold le repoussa; l'oiseau revint toujours.

— Enlevez-moi donc ce pierrot! dit le prince en s'adressant à Saint-Denis; il est insupportable!

Saint-Denis avait une certaine considération pour Witold, qui, par la figure qu'il faisait dans le monde et par les citations de son nom dans les journaux, lui paraissait soutenir l'honneur des Sobolewski; mais, d'autre part, il avait peur de Micheline. Avant d'obéir, il leva les yeux sur elle pour lui demander la permission de faire ce qui lui était commandé, *Pillard* et *Flouc* étant des animaux sacrés, auxquels personne ne devait toucher.

— Enlevez-le! dit Micheline.

Aussitôt Saint-Denis allongea la main pour prendre l'oiseau délicatement et l'aller porter sur un arbuste de la jardinière; mais *Pillard*, qui n'était pas habitué à de pareilles libertés, se fâcha et voulut s'échapper; Saint-Denis serra la main; l'oiseau se débattit et si bien qu'il se sauva mais en laissant les plumes de sa queue entre les doigts du valet de chambre stupéfait.

— Oh! l'imbécile! s'écria Micheline qui s'était levée; il m'a déplumé *Pillard!* Que vous êtes bête!

Saint-Denis était depuis douze ans dans la maison, de plus il avait une certaine fierté; suffoqué, il tourna la tête vers la princesse pour lui demander protection, mais celle-ci ne parut pas comprendre cet appel.

Germaine le vit et le comprit:

— Mademoiselle Micheline! dit-elle d'un ton sévère.

Mais Micheline ne répondit pas, elle quitta la table

et cherchu à attraper son oiseau qui effrayé ne voulait pas se laisser prendre et voletait en piaillant.

— Micheline, viens dîner ! dit la princesse.

— Dîner ! Ah ! oui. Et ce pauvre petit ?

Elle avait fini par le reprendre, et elle le caressait, elle le mettait dans son cou, elle l'embrassait pour le consoler.

Mais parfois, s'interrompant, elle regardait Saint-Denis et murmurait :

— Bête, bête !

Après le dîner, quand on fut installé dans le salon, Germaine s'approcha de la princesse à un moment où celle-ci se trouva seule :

— Je pense, dit-elle, que mademoiselle Micheline doit être réprimandée pour avoir ainsi apostrophé Saint-Denis.

— Certainement elle a été trop vive; mais pensez à sa colère en voyant ce pauvre oiseau qu'elle aime tant, déplumé par ce maladroit; grondez-la, seulement ce soir, pas tout de suite, que je ne voie pas son chagrin; et puis ne la grondez pas trop fort.

X

Lorsque neuf heures sonnèrent Germaine fit un signe à Micheline, mais celle-ci parut ne pas la voir : elle avait perché *Pillard* consolé ou tout au moins calmé, et elle regardait les images d'un volume du *Tour du Monde* que Jacques, assis auprès d'elle, lui expliquait, lui faisant en quelques mots la géographie et l'histoire des pays dans lesquels les illustrations les promenaient.

Il fallut que Germaine vint la prendre par la main, sentant bien que si elle cédait ce soir-là, elle devrait céder toujours.

— Il est l'heure, dit-elle.
— Laissez-nous finir notre voyage.
— Vous le reprendrez demain.

Micheline se laissa emmener, mais d'un air mécontent, qui ne présageait rien de bon, et en montant l'escalier elle ne dit pas un mot.

Pour les observations qu'elle avait à lui adresser, Germaine eût voulu la voir dans d'autres dispositions, mais malheureusement, elle ne pouvait pas les remettre au lendemain. C'était la fatalité de sa vie d'être obligée de gronder quand elle eût voulu embrasser ; la punition, l'explation de sa faute : que Micheline eût été élevée par une mère, il n'y aurait pas à redresser son éducation maintenant.

Comme Micheline allait entrer dans sa chambre, elle l'arrêta :

— Venez avec moi, dit-elle, j'ai à vous parler.

Micheline la suivit dans la pièce attenant à la chambre de Germaine qu'on avait commencé à aménager en cabinet de travail, avec grande table au milieu, cartes géographiques aux murs, étagère chargée de livres, et elle alla s'appuyer le dos contre cette table.

— Ma chère enfant, dit Germaine de sa voix la plus douce, il m'en coûte beaucoup de vous adresser encore une observation, mais il m'est impossible de laisser passer un fait comme celui du dîner sans vous blâmer de vous être emportée contre Saint-Denis.

— Pourquoi a-t-il arraché les plumes de *Pillard*?

— Il ne l'a pas fait exprès, vous le savez bien !

— Alors c'est un imbécile ; on ne prend pas un oiseau par la queue quand on n'est pas une bête.

— Une fille de votre condition n'appelle pas un domestique imbécile.

— Quand on me fait du chagrin, je ne sais pas ce que je dis. Si vous croyez que je n'ai pas du chagrin de voir *Pillard* déplumé ? Je l'aime, moi, mon oiseau !

— Vous avez raison.

Mais cette concession ne calma pas Micheline, qui continua de se monter, tremblant des lèvres, serrant les dents, comme une enfant sous le coup d'une exaspération nerveuse.

— Oui, j'ai raison ; je n'ai pas de frère à aimer, moi, je n'ai pas de sœur, je n'ai pas comme tout le monde un papa, une maman, j'ai un oiseau, et on me déplume mon oiseau.

Dans sa forme enfantine, combien cette plainte était-elle touchante pour Germaine et lui remuait-elle le cœur : pas de papa, pas de maman ! A qui la faute ? A qui la responsabilité de cette situation ?

Elle ne voulut pas se laisser attendrir.

— Certainement, mon enfant, je comprends votre chagrin, mais enfin, si vif qu'il fût, il ne devait pas vous faire oublier que Saint-Denis est depuis de longues années au service de votre marraine, et, d'autre part, il ne devait pas vous faire oublier non plus qu'une fille de votre condition ne se sert pas de pareilles expressions. Vous devez toujours être polie, vous ne l'avez pas été.

— Quand on est en colère...

— On est dans son tort. Et quand on a tort, la première chose à faire, c'est de le reconnaître ; aussi je compte que demain matin vous direz un mot de regret à Saint-Denis.

— Oh ! ça, jamais de la vie !

Germaine ne voulait pas pousser les choses à bout, et en voyant ces dispositions de Micheline, elle jugea prudent de ne pas insister, au moins ce soir-là. Elle avait l'essentiel, le reste viendrait plus tard. Avec une nature fière et décidée comme celle de cette enfant, il ne fallait rien brusquer ; le mieux était de laisser le temps agir.

— Vous vous révoltez parce que vous n'avez pas réfléchi, dit-elle en mettant encore plus de douceur dans sa voix, et aussi parce que vous êtes encore sous le coup du chagrin que vous cause l'accident de votre moineau ; mais demain matin une voix vous aura parlé pendant votre sommeil, cette voix mystérieuse qui dit : « Tu as bien fait » ou « Tu as mal fait », et vous comprendrez que j'ai raison de vous demander ce mot de regret pour le pauvre homme que vous avez injustement humilié et peiné ce soir. A demain !

— Ni demain, ni jamais ! s'écria Micheline. Je mentirais, je ne mentirai pas.

— Vous mentiriez, si vous le disiez ce soir, mais vous ne mentirez pas en le disant demain, parce que demain vous éprouverez ce regret.

— Je vous dis que je ne l'éprouverai pas.

Et, se mettant à frapper du pied.

— Vous m'ennuyez à la fin !

— Micheline !

— Vous m'ennuyez ; vous demandez une chose et puis après vous en demandez une autre ; ça ne finit jamais ; je vais dire à ma marraine que je ne travaillerai pas avec vous ; il faudra vous en aller ; je ne travaillerai jamais avec vous, jamais, jamais, jamais !

Germaine avait fait deux pas vers elle pour lui fermer les lèvres de sa main, mais elle s'était arrêtée, et, elle la regardait consternée sans penser à lui imposer silence.

Sa fille ! c'était sa fille qui lui parlait ainsi !

Cependant, dans son bouleversement elle ne perdit pas la tête et comprit que tout ce qu'elle pouvait dire en ce moment ne ferait qu'aggraver la situation. Micheline n'était pas plus en état de comprendre des paroles de raison que de sentir des paroles de tendresse. Progressivement l'enfant était arrivée à une sorte de crise nerveuse qui l'avait jetée hors d'elle-même, et elle ne savait ni ce qu'elle disait, ni ce qu'elle faisait. Une autre, une institutrice ordinaire, eût voulu sans doute dompter cette révolte ; mais elle n'était pas cette autre ; si Micheline ne voyait en elle qu'une institutrice, elle n'en était pas moins sa mère, et c'était en mère qu'elle jugeait sa fille, admettant toutes sortes de raisons et de suggestions que cette autre ne pourrait pas comprendre.

Elle la regarda un moment sans parler, mais en laissant passer dans son regard tout ce qu'il y avait d'émotion dans son cœur, de chagrin et de tendre indulgence, puis, détournant les yeux de Micheline interdite, elle entra dans sa chambre.

Qu'allait faire l'enfant ?

Elle ne pouvait pas rester bien longtemps dans le cabinet de travail, et sûrement elle allait se coucher. Pour cela elle avait le choix entre deux routes : ou faire le tour par le vestibule, ou, comme toujours, passer par chez Germaine, traverser les deux cabinets de toilette qui se joignaient et arriver ainsi dans sa chambre.

Si elle prenait ce chemin, passerait-elle sans rien dire? N'aurait-elle pas un mot, un signe de regret?

Pendant assez longtemps, Germaine écouta sans rien entendre, puis une porte grinça, celle du vestibule ; décidément elle ne voulait point passer par la chambre, il n'y aurait ni mot ni signe de regret.

Ce fut pour Germaine une déception qui lui fit monter les larmes aux yeux, car si elle avait admis que Micheline pouvait persister dans sa colère, elle n'avait réellement pas cru qu'il en serait ainsi.

Maintenant, à travers les deux cabinets dont les portes étaient ouvertes, elle entendait Micheline dans sa chambre répondre sèchement à Regina qui la déshabillait.

Jusqu'à une heure avancée, Germaine resta à réfléchir, tantôt marchant dans sa chambre, tantôt affaissée dans un fauteuil, cherchant à prévoir ce qui pouvait arriver, et ne s'arrêtant à rien, car avec une enfant, aussi bien qu'avec une femme telle que la princesse, tout était possible, l'absurde comme le sensé, le probable comme l'invraisemblable ; laquelle des deux était le plus enfant?

Quand les bruits du château se furent éteints, elle pensa à entrer dans la chambre de Micheline. Dormait-elle, la pauvre petite? Après cette crise de la soirée, s'était-elle calmée? Peut-être le remords la tenait-elle éveillée ? Peut-être pleurait-elle dans son lit? Il serait si doux de l'embrasser! Il serait si bon pour elle d'être consolée et rassurée!

Son sommeil ne fut pas long cette nuit-là, et en

core fut-il à chaque instant troublé par des rêves effrayants et des cauchemars : de nouveau elle exposait sa fille dans la forêt et la perdait ; quand elle la retrouvait, c'était pour la perdre encore, et toujours par sa faute.

Comme elle dormait, elle eut la sensation d'un bruit à sa porte ; effrayée, elle s'assit et regarda autour d'elle : il faisait jour.

On grattait à la porte.

— Dormez-vous, madame Germaine?

C'était Micheline.

— Non. Qu'avez-vous, mon enfant? s'écria-t-elle.

— Oh! je n'ai rien. Je vous demandais seulement si vous dormiez, parce qu'il me semblait que vous étiez éveillée.

— Je ne dors pas

— Alors, je puis entrer?

— Certainement.

Micheline parut enveloppée dans sa longue chemise de nuit qui traînait jusqu'à terre, les pieds nus, les cheveux ébouriffés autour de la tête.

Marchant lentement et avec embarras, elle s'approcha du lit.

— Je l'ai entendue, murmura-t-elle faiblement.

— Qu'avez-vous entendu? demanda Germaine, ne comprenant pas.

Micheline répondit plus bas encore :

— La voix dont vous me parliez hier soir, celle qui dit : « Tu as bien fait » ou « Tu as mal fait. » Elle m'a dit que j'avais mal fait, et c'est pour cela que je viens vous dire que je travaillerai avec vous tant que vous voudrez, parce que vous ne m'ennuyez pas.

— Oh! mon enfant! s'écria Germaine éperdue.

L'attirant sur son lit, elle la pressa dans ses bras en l'embrassant longuement, passionnément.

Elle avait conquis sa fille, maintenant rien ni personne ne pourrait la lui reprendre.

XI

La grande curiosité de Germaine, c'était de savoir ce qu'avait été l'enfance de Micheline, et ce qui s'était passé dans sa vie depuis le jour où elle l'avait retrouvée sur la grève de Trouville.

Avait-elle été quelquefois malade ? Quand avait-elle marché seule ? A quelle époque avait-elle commencé à parler ?

Sur cette période de sa vie, Micheline ne pouvait rien répondre, et quand quelquefois la princesse se reportait à ce temps, ce qu'elle racontait était trop vague pour présenter grand intérêt. D'ailleurs Germaine ne l'écoutait qu'avec un sentiment de jalousie dont elle ne pouvait se défendre et qui enlevait tout agrément à ce que ces récits lui apprenaient. Elle avait beau se dire que cette jalousie était injuste, et qu'elle devrait n'avoir que de la reconnaissance pour la princesse, que c'était grâce aux soins qu'elle lui avait donnés que Micheline était devenue la belle petite fille qu'elle était, rien ne lui faisait entendre raison, l'instinct, une sorte d'instinct bestial, celui de la bête pour ses petits, l'emportait.

Mais ce qui bien plus que ce que disait la princesse avait de l'intérêt, c'était une embrasure de porte sur laquelle était inscrite année par année la taille de Micheline. Sur le blanc de la peinture, on avait tracé des raies et au bout on avait écrit des dates au crayon. C'était l'histoire complète de la croissance de l'enfant, qu'elle pouvait suivre exactement depuis l'âge de deux ans jusqu'à ce moment. Comme au bout de la raie n'était point la mesure exprimée en chiffres, ce tableau, bon pour l'œil, n'avait bientôt plus été suffisant pour son esprit ; un jour qu'elle était seule et qu'elle avait pris ses précautions pour n'être point dérangée, elle avait avec un mètre relevé ces raies et ces dates, et alors elle avait pu se rendre compte du développement corporel de sa fille : 15 juillet 1866, 80 centimètres ; 19 juillet 1867, 89 centimètres ; 10 juillet 1874, 1 mètre 35 centimètres. Avec ces dates et ces chiffres, elle la voyait grandir et la suivait pas à pas, d'année en année.

Comme Philbert et sa femme étaient toujours au service de la princesse, Germaine avait pu aussi faire causer la nourrice, qui ne demandait pas mieux que de s'étendre sur les premières années de Micheline.

— Ah ! c'était une belle enfant, et pas criarde, seulement volontaire en diable.

— Et ses dents, comment les a-t-elle faites ?

— Sans qu'on s'en aperçoive.

— Elle n'a jamais été malade ?

— Jamais de la vie.

Son chagrin était de ne pouvoir pas procéder de la même manière pour l'époque qui avait suivi celle-là, mais il aurait fallu interroger Regina et cela n'était pas possible.

Si la nourrice bavardait volontiers et sans chercher les raisons secrètes des questions qu'on lui adressait, il n'en serait pas de même avec Regina, et puis d'ailleurs Germaine ne parlait à la femme de chambre que pour ce qui était strictement nécessaire ; et à propos de l'enfance de Micheline elle pouvait, moins encore qu'à propos d'autre chose, manquer à cette simple règle de convenance. Questionner Regina, c'était lui permettre de questionner à son tour. Alors où s'arrêterait-elle ?

Germaine devait donc s'en tenir à ce que Micheline pouvait raconter elle-même, et quand elles se promenaient en tête à tête, c'étaient de longues conversations qui n'en finissaient plus.

Il y avait deux natures en Micheline, ou tout au moins elle en montrait deux : l'une bruyante, tapageuse, évaporée, exubérante de vie, de mouvement et de gaieté lorsqu'elle était avec ses camarades ; l'autre plus calme, recueillie, réfléchie, rêveuse et même mélancolique lorsqu'elle était seule. L'évaporée eût sans doute tout oublié et il eût été impossible de rien tirer d'elle; la recueillie avait emmagasiné ses souvenirs qu'avec un peu d'adresse et surtout un peu de tendresse il était facile de lui faire conter.

Ce qui lui était purement personnel n'avait pas toujours laissé de traces dans sa mémoire, surtout pour ses premières années : comment elle avait appris ses lettres? depuis quand elle ne couchait plus dans un petit lit? et autres choses de cette importance, mais pour ce qui touchait ce qu'elle appelait sa famille il en était autrement et elle n'avait rien oublié.

Elle était fort nombreuse, cette famille composée des poupées qui lui avaient été données depuis dix ans : une folle ; une mariée avec sa robe de satin à longue traîne, sa couronne de fleurs d'oranger et son voile ; un marin ; une paysanne de l'Auvergne ; une odalisque ; des bébés parlants, pleurants ou muets ; une nageuse, et chacune avait son histoire qui permettait de reconstituer l'histoire de la maîtresse, les deux se mêlant naturellement, puisque celle-ci empruntait sa vie à celle-là.

Parmi ces histoires il y en avait une qui expliquait l'antipathie de Micheline pour Regina et qui, par cela seul, intéressait vivement Germaine : c'était celle d'un bébé appelé Charles. Ce bébé, qui n'avait rien pour lui, ni la beauté, ni la toilette, ni la parole, et qui était tout simplement un de ces gros poupards allemands à la tête de cire et à perruques de lin, était devenu le bien-aimé de Micheline, sans qu'elle sût trop pourquoi ; « peut-être parce que c'était un pauvre garçon, comme elle disait, qui semblait avoir besoin qu'on s'occupe de lui et qu'on l'aime ». Elle s'était donc occupée de lui ; elle l'avait choyé, caressé, gâté ; elle l'avait habillé elle-même avec des vêtements qu'elle lui avait faits ; malgré sa pauvre tournure, elle l'avait emmené partout, de

Paris à Hopsore et d'Hopsore à Paris, sans se lasser, sans l'abandonner, sans lui être infidèle pour les autres bébés plus beaux et plus riches qu'on lui donnait. Cet amour durait depuis deux ans, lorsqu'un jour d'été Regina avait exposé Charles en plein soleil sans lui couvrir la tête, si bien que la cire avait fondu, le nez s'était écrasé, les joues avaient coulé et sur tout le visage, au lieu de ses couleurs rosées, s'était répandue une teinte jaune, comme s'il était atteint d'une effroyable jaunisse. On avait consulté plusieurs médecins : tous avaient échoué dans la guérison de cette maladie terrible. C'était un infirme qu'elle avait maintenant, un estropié, qu'elle aimait toujours, bien entendu, mais qui ne lui donnait plus que du chagrin, le pauvre malheureux ! Elle était persuadée que cet accident était le fait d'une volonté arrêtée chez Regina, non d'un oubli ; de sorte que c'était un assassinat qu'elle ne lui pardonnerait jamais et qu'elle lui ferait expier un jour... quand elle pourrait.

Alors même que ces histoires enfantines n'eussent pas été pleines de l'intérêt le plus puissant pour une mère, en faisant connaître Micheline, elles avaient encore cet avantage de permettre à Germaine de parler de choses qu'il lui eût été bien difficile d'aborder sans prétexte et qui lui tenaient le plus au cœur.

Un jour que Micheline parlait ainsi de son enfance, elle interrompit tout à coup son récit.

— Vous savez, dit-elle, moi je n'ai pas eu de maman ; et c'est bien heureux.

— Heureux que vous n'ayez pas eu de mère ! s'écria Germaine stupéfaite.

Heureux que je ne l'aie pas connue.

— Et pourquoi donc, mon enfant ? demanda-t-elle d'une voix frémissante ; comment pouvez-vous trouver heureux de n'avoir pas connu votre mère ? C'est le plus grand malheur qui puisse frapper un enfant.

— Quand la maman est bonne ; mais quand elle est méchante ?

— Et qui a pu vous dire que la vôtre était méchante ? s'écria Germaine.

— Puisqu'elle m'a abandonnée, c'est qu'elle ne m'aimait pas.

— C'est Regina qui vous a dit cela ?

— C'est Regina, c'est marraine, c'est tout le monde ; mais il n'y a pas besoin qu'on me le dise, je le sens.

Sans doute le coup était rude et bien fait pour porter au cœur de Germaine une cruelle blessure : jusqu'à ce jour sa fille avait vécu avec la pensée que sa mère était une « méchante » et, au lieu de se désoler de ne pas la connaître, elle en était heureuse, au moins lui avait-on dit qu'elle devait en être heureuse. Cependant, si douloureux qu'il fût, elle ne devait pas s'en plaindre, car il lui offrait l'occasion, qu'elle avait déjà bien souvent cherchée depuis qu'elle était à Hopsore sans la trouver, de s'expliquer sur cet abandon.

— Est-ce que vous avez jamais vu une mère méchante ? demanda-t-elle.

— Non.

— Même parmi les bêtes, est-ce que vous n'avez pas toujours vu les mères s'occuper de leurs petits avec amour, avec tendresse ?

— Oui.

— Alors, comment pouvez-vous admettre la pensée que votre mère a été une exception et qu'elle n'a pas fait pour vous ce que votre chatte, ce que votre chienne, ce que vos oiseaux font pour leurs petits ?

— Les chattes et les chiennes ne portent pas leurs petits dans les bois pour les abandonner.

Bien que Germaine connût la terrible logique des enfants, elle ne s'attendait pas à cette réplique; aussi eut-elle un moment d'hésitation.

— Quand la chatte a des petits, continua Micheline, qui vit l'effet qu'elle avait produit, elle les apporte pour qu'on les soigne ; moi, on m'a mise dans la forêt pour que je sois mangée par les bêtes.

Ce qu'il y avait de difficile dans la situation de Germaine, c'était de trouver une explication qui, bonne pour le moment, ne compromît cependant pas l'avenir, et de telle sorte que, si un jour elle pouvait avouer la vérité, ou une partie de la vérité, Micheline ne lui répondît pas : « Pourquoi m'as-tu trompée en me disant le contraire ? » Et c'était à une enfant de dix ans qu'elle parlait.

— Il y a une chose, dit-elle, que vous admettez comme certaine et que cependant vous ne savez pas, que votre marraine ne sait pas, que personne ne sait, c'est que votre mère vous a abandonnée volontairement.

Micheline, touchée par cet argument, réfléchit pendant quelques secondes.

— C'est vrai, dit-elle, je ne sais pas

— Alors si votre mère n'a pas agi volontairement, elle n'est pas coupable, elle n'est pas méchante comme vous le dites, car vous comprenez que c'est la mauvaise intention qui fait la faute ; et comme je vous montrais tout à l'heure qu'il n'y a pas de méchantes mères vous ne devez pas croire que c'est volontairement que vous avez été abandonnée.

— Vous pensez donc que j'ai été volée à maman ?

— Votre mère seule pourrait répondre.

— C'est vrai, et vous n'êtes pas ma mère ; mais enfin vous pensez que j'ai pu être volée ?

— Je pense, et c'est ce que vous devez comprendre, c'est ce que vous devez vous dire et vous répéter, je pense que votre abandon n'a pas été volontaire, qu'il n'a pas pu l'être, et qu'au lieu d'accuser votre mère, vous devez la plaindre. Ne sentez-vous pas ce qu'elle a dû souffrir, ce qu'elle a souffert, car elle vous aimait, elle vous adorait...

Surprise de l'élan passionné avec lequel Germaine avait jeté ces dernières paroles, Micheline la regarda longuement comme pour descendre dans son cœur :

— Mais vous ne l'avez pas connue ! murmura-t-elle.

— Ne savez-vous pas que j'ai perdu une enfant, et, par ma douleur, est-ce que je ne sens pas ce qu'a été celle de votre mère ?

— C'était une petite fille ?

— Oui.

— Quel âge avait-elle ?

— Elle était toute petite.

Brisée par l'émotion, Germaine se cacha le visage entre ses deux mains, n'osant pas supporter les regards de sa fille qui de force allaient lui ouvrir les bras, et la faire se jeter sur elle pour l'étreindre.

— Elle est morte, continua Micheline, et on ne peut pas empêcher de mourir ceux qu'on aime ; ma marraine n'a pas pu empêcher le prince de mourir ; et elle l'aimait bien pourtant ; moi, je ne suis pas morte. Pourquoi ma mère ne m'a-t-elle pas cherchée ? pourquoi ne me cherche-t-elle pas ?

— Soyez sûre que si elle ne vous a pas cherchée, et nous ne savons pas si elle ne vous a pas cherchée, soyez sûre que cela lui a été impossible. Il n'y a pas que contre la mort qu'on ne peut rien ; il y a aussi des circonstances qui arrêtent les volontés les plus fermes.

— Quelles circonstances ?

— La maladie, l'exil, la pauvreté, mille choses qui sont au-dessus de nous, les hasards, les fatalités de la vie.

Germaine vit que ces mots vagues n'avaient aucun sens pour Micheline, ou tout au moins ne la touchaient pas.

— Qui sait si elle ne vous cherche pas encore ? se hâta-t-elle d'ajouter. Qui sait si elle n'est pas à la veille de vous trouver ?

— Vous croyez ! s'écria Micheline avec un éclair dans les yeux.

— Vous seriez heureuse d'avoir votre maman ?

— Si elle me cherchait, c'est qu'elle ne serait pas méchante, c'est qu'elle m'aimerait, c'est qu'elle ne m'aurait pas abandonnée par méchanceté. J'ai une marraine que j'aime bien, mais une maman ! une maman !

Elle dit ce mot avec un regard si tendre et d'une voix si douce, si caressante, que Germaine sentit le cœur lui manquer et un flot de larmes jaillit irrésistiblement de ses yeux, malgré ses efforts pour les retenir.

— Oh ! madame Germaine, dit Micheline, pardonnez-moi ; vous pensez à votre petite fille et je vous fais de la peine ; nous ne parlerons plus de cela.

— Si, nous en parlerons tou... Nous en parlerons souvent... Ces larmes sont les plus douces que j'aie versées depuis que j'ai perdu ma petite fille.

XII

Ce que Germaine avait obtenu depuis qu'elle était à Hopsore était si considérable qu'elle s'imagina que rien de ce qu'elle voulait n'était plus impossible : pendant dix années, tout avait été contre elle ; maintenant, tout était pour elle ; la roue avait tourné.

Tout d'abord elle s'était dit : « Si je pouvais vivre auprès de ma fille ! » maintenant, elle se disait : « Si je pouvais avoir ma fille à moi seule ! »

L'aventure du dîner et l'algarade faite à Saint-Denis lui parurent une bonne occasion pour réaliser cette idée, et tout de suite elle s'en ouvrit à la princesse.

— J'ai grondé Micheline, comme vous me l'aviez recommandé.

— Je vous avais recommandé de ne pas la gronder trop fort.

— C'est précisément ce que j'ai fait ; cependant je dois vous dire que je ne sais pas si l'enfant est corrigée de façon à ne recommencer jamais.

— Il ne faut pas demander l'impossible.

— L'indulgence vous est facile, elle me l'est beaucoup moins ; je suis obligée de me faire obéir, sous peine de perdre toute autorité ; et comme j'ai horreur des réprimandes, qui d'ailleurs peuvent gâter un caractère, je voudrais éviter à Micheline les occasions de se trouver en faute.

— C'est une idée que je ne puis qu'approuver.

— Alors je pense que vous voudrez bien m'autoriser à manger seule avec Micheline.

— Comment ! manger seule avec Micheline ! s'écria la princesse.

— C'est l'usage dans un certain nombre de maisons et c'est un usage général en Angleterre que les enfants ne s'assoient jamais à la table de leurs parents, où ils ne paraissent qu'un court instant au moment du dessert.

C'était mal choisir son exemple, car la princesse avait été si souvent assassinée par Beaumoussel de ce qui se faisait ou ne se faisait pas en Angleterre, qu'elle avait les usages anglais en exécration.

— Je sais, je sais, dit-elle, mais ce qui se fait en Angleterre n'est pas pour me toucher ; c'est une prétention des Anglais d'élever leurs enfants mieux que personne, de les aimer mieux que les mères des autres pays n'aiment les leurs ; pour moi, je ne trouve qu'une supériorité aux Anglais, c'est l'orgueil ; là-dessus, je vous l'accorde, ils peuvent passer pour des modèles. Quant à l'éducation, c'est une autre affaire. Il y a des Anglaises qui élèvent bien leurs enfants et il y a des Françaises qui élèvent bien les leurs. Je m'en tiens à nos usages, et veux avoir Micheline à ma table.

— Mais...

— Je sais tout ce que vous pourrez Quand on veut la tranquillité, on fait manger ses enfants à la *nursery*; quand, au lieu de mettre sa satisfaction dans cette tranquillité... égoïste, vous en conviendrez, on la met dans la gaieté, le mouvement, la vie, on les garde près de soi. Et c'est là mon cas ; Micheline, avec son tapage, ses rires, ses oiseaux, ses questions, ses reparties, ses racontages, est tout le bonheur de mon existence, et je ne veux pas m'en priver. Peut-être est-ce un égoïsme d'un autre genre ; mais, bien entendu, je préfère celui-là à l'autre, puisqu'il est le mien.

Germaine avait tellement à cœur la réalisation de son idée, qu'elle ne voulut pas l'abandonner malgré la résistance qu'elle rencontrait.

— Je vous demande pardon d'insister, dit-elle.

La princesse lui coupa la parole :

— N'insistez pas, tout ce que vous diriez serait inutile. Je vous ai fait connaître les raisons d'égoïsme personnel pour lesquelles je tiens à garder Micheline, mais j'en ai d'autres qui intéressent exclusivement l'enfant, que je vais vous expliquer, en vous demandant votre concours. Vous savez que mon intention est d'adopter Micheline lorsque les conditions d'âge imposées par la loi seront accomplies ; mais si par l'adoption je lui assure ma fortune, je ne puis lui conférer le nom et le titre des Sobolewski.

Depuis que Germaine connaissait les projets d'adoption de la princesse, elle avait vécu avec cette idée que Micheline porterait un jour ce nom de Sobolewski, et cette espérance avait été pour elle une sorte de réparation que la Providence accordait à l'enfant : puisqu'elle était une Sobolewski, la pauvre petite, n'était-il pas juste qu'elle reçût le nom et le titre de son père?

— Mais je croyais, dit-elle, que l'adoptant donnait son nom à l'adopté.

— Sans doute il en est ainsi lorsque l'adoptant est un homme, mais lorsque l'adoption est faite par une femme, c'est son nom de famille que celle-ci donne, ce n'est pas celui de son mari. J'ai consulté des avocats sur ce point, la loi est formelle. Cela est d'autant plus regrettable que si le prince avait vécu il aurait assurément adopté Micheline qu'il avait prise en affection, — une affection paternelle, — et lui aurait donné son nom. En voulant adopter l'enfant, je ne fais donc que réaliser les intentions du prince quant à la fortune, et c'est pour les réaliser quant au nom que j'ai besoin de votre concours. Car ne pouvant pas lui donner le nom de Sobolewski, continua la princesse, il ne m'est possible que de le lui faire conférer par un autre, et cet autre sera le prince Witold, qui deviendra son mari.

— Le prince Witold ! s'écria Germaine, mais il a vingt-sept ou vingt-huit ans.

— Il en a vingt-six et Micheline en a dix ; je conviens que c'est une différence d'âge assez sensible que je voudrais moins grande, mais enfin cette différence n'est pas telle qu'elle rende un mariage impossible entre eux. L'âge ne signifie rien en amour ; j'en sais quelque chose ; il y avait une certaine différence d'âge entre le prince et moi, elle n'a pas empêché que nous nous soyons toujours tendrement aimés, passionnément aimés.

C'était le supplice de Germaine que ces allusions au passé et, loin de les lui épargner, la princesse l'en assassinait à chaque instant : « Ici nous aimions à nous promener en tête à tête, le prince et moi. — Ici le prince m'a dit dans un moment d'épanchement... » Ici, toujours ici. Le prince, toujours le prince. Et avec quelle importance elle prononçait ce mot : « le prince » ; jamais assurément on n'avait donné ce titre au grand Condé avec plus de respect. Si Germaine ne croyait guère à ces épanchements, au moins était-elle obligée d'admettre la passion que cette femme avait éprouvée pour l'homme qu'elles avaient ainsi aimé l'une et l'autre, et c'était là un rapprochement qui la torturait.

— Witold connaît mes intentions, continua la princesse, mais, bien entendu, Micheline les ignore ; elle était bien jeune quand j'ai arrêté ce projet, et maintenant elle n'a pas encore assez de raison pour que je lui parle mariage. Quant au prince Witold, s'il est disposé à accepter Micheline pour femme c'est à condition d'aimer la jeune fille qui, dans deux ou trois ans, va remplacer la petite fille qui maintenant n'est et ne peut être pour lui qu'une enfant. Je vous assure que s'il m'avait répondu, le jour où je l'ai pour la première fois entretenu de ce projet de mariage, qu'il l'acceptait, j'eusse été effrayée, car, à ce moment, cette acceptation n'eût pu être inspirée que par une pensée d'intérêt : il eût vu dans ce mariage une bonne affaire, et l'affaire l'eût décidé. Mais, Dieu merci ! les choses ne se sont point passées ainsi. Tout en étant sensible, comme il devait l'être, aux avantages qui résulteraient pour lui d'un riche mariage, il n'a pas vu que ces avantages matériels. Il a voulu attendre. Que deviendrait Micheline ? il ne pouvait pas le savoir. L'aimerait-il ? Elle-même éprouverait-elle de l'amour pour lui ? Ces questions devaient rester suspendues. D'année en année, Witold a trouvé Micheline de plus en plus charmante ; et il a eu cette joie, qui je l'imagine doit être exquise, de voir grandir et se développer l'enfant qui deviendrait sa femme un jour. Mais Micheline n'a pas plus fait attention à Witold qu'à mes autres beaux-frères le prince Adam et le prince Ladislas ; c'est un parent pour elle, voilà tout. Au moins je le pense, car avec les petites filles il ne faut jurer de rien

— Mais Micheline est l'innocence même ! s'écria Germaine.

— Je le sais, répliqua la princesse d'un ton un peu sec, en femme blessée qu'on lui apporte un témoignage qu'elle n'a pas demandé ; cependant, malgré cette innocence que je suis la première à reconnaître et à proclamer avec l'autorité que me donne notre vie commune, il est possible qu'elle ait des soupçons. Il est des petites filles qui, si innocentes qu'elles soient, ont l'esprit singulièrement alerte pour tout ce qui touche aux choses de l'amour et du mariage ; et précoce, avisée, fine, futée comme elle l'est, Micheline peut bien être une de ces petites filles. Ce que j'attends de vous, c'est que vous la tâtiez sur ce point, délicatement, sans appuyer, par un mot de temps en temps dit au hasard ; pour moi il ne servirait à rien que je voulusse l'interroger, elle me répondrait comme elle répond toujours lorsqu'elle n'ose pas dire ce qu'elle veut. Ce que je désire surtout, c'est savoir comment Micheline juge Witold et ce qu'elle pense de lui, car ces premières impressions peuvent avoir plus tard une influence déterminante sur ses sentiments. Si ces impressions n'étaient pas favorables à Witold, vous voudriez bien les rectifier, en lui montrant qu'elle s'est trompée et qu'il n'est pas tel qu'elle a cru le voir. Cela est facile pour une femme intelligente comme vous et avec un homme comme Witold qui est vraiment charmant.

— J'ai bien peu d'influence sur Micheline pour entreprendre une pareille tâche.

— Cette influence, vous ne tarderez pas à l'acquérir, j'en suis certaine, et à mesure que Micheline prendra confiance en vous, votre parole pèsera avec plus de force sur son esprit et son cœur. Je ne veux pas lui faire violence, et quand elle sera d'âge à se marier je ne l'obligerai pas à épouser Witold, s'il m'est prouvé qu'elle ne l'aime pas ; mais je désire ce mariage et je veux tout faire pour le rendre possible. Je le prépare donc par les moyens qui sont en mon pouvoir et je vous demande de m'aider. Je puis compter sur vous, n'est-ce pas ?

— Mon devoir est de vous obéir.

— Mon Dieu, c'est une éducation comme une autre ; non seulement je vous livre l'esprit de Micheline, mais encore je vous livre son cœur. Maintenant vous comprenez, n'est-ce pas, que je ne veuille pas que Micheline ne paraisse plus à ma table, puisqu'il entre dans mon plan de la rapprocher de Witold autant que possible, de façon à les habituer l'un à l'autre ? Ce n'est pas quand je me mets en peine pour attirer Witold à Hopsore et l'y retenir, que je vais éloigner de lui Micheline.

XIII

Si Germaine n'avait pas opposé d'objections à la princesse contre ce projet de mariage ce n'était pas qu'elle n'en eût point; mais en ne se soumettant pas, elle serait sortie de son rôle d'institutrice, — ce qui eût été une grave imprudence.

« Que fallait-il pour que la princesse la renvoyât ? Une maladresse ; une intervention trop directe ; quelque chose qui inquiétât la princesse sur son autorité ou dans sa jalousie. Il était facile de voir qu'elle s'attribuait le droit d'être seule à aimer Micheline, et qu'elle ne supporterait jamais qu'on lui prît une part de la tendresse de l'enfant. De même elle ne supporterait pas davantage qu'on la contrariât dans ses projets. Micheline lui appartenait ; elle entendait faire d'elle ce qu'elle voulait : l'élever, la marier, arranger sa vie ; le concours qu'elle réclamait c'était celui qui pouvait faire réussir ce qu'elle avait décidé, non celui qui pouvait l'éclairer pour une décision à prendre

Pour Germaine c'était une joie inespérée, quelque chose de miraculeux que Micheline portât le nom et le titre des Sobolewski ; fille d'un Sobolewski, elle devenait princesse Sobolewska ; à ses yeux cela était providentiel, la marque certaine et visible que Dieu lui avait pardonné sa faute. Aussi ne s'inquiétait-elle guère de la parenté qui existerait entre le mari et la femme. N'arrive-t-il pas bien souvent qu'un oncle épouse sa nièce ? Si cela peut avoir quelque chose de choquant, n'est-ce pas seulement alors que l'oncle est en quelque sorte un père, par les soins, la protection, la tendresse d'une intimité de tous les jours ; et cette intimité n'existait nullement entre Micheline et Witold, qui jamais bien certainement ne serait un père pour elle.

Mais si la princesse ne voulait faire ce mariage qu'à condition qu'il assurât le bonheur de Micheline, elle le voulait bien plus ardemment encore ; aussi, avant tout, devait-elle savoir ce qu'était Witold.

La première impression qu'il avait produite sur elle n'avait pas été favorable. S'imaginant trouver en lui un second Casimir, elle avait été péniblement surprise de voir combien peu il ressemblait à son aîné, dont il n'avait ni la beauté fière, ni la mâle douceur, ni... ni tout ce qui faisait le charme de Casimir.

Qu'il ne fût rien, et ne fît rien, alors que ses frères Adam et Ladislas, tout aussi princes que lui, travaillaient, cela n'était certainement pas une bonne note en sa faveur ; mais, enfin, il pouvait y avoir des circonstances atténuantes à la vie oisive qu'il menait et qui n'était pas celle d'un homme sans un sou de patrimoine. Habitué depuis plusieurs années déjà à l'idée d'avoir un jour, par son mariage avec Micheline, la disposition de la grosse fortune de la princesse, il avait pu subir l'influence paralysante de cette espérance, et de faiblesse en faiblesse se laisser engourdir dans cette existence mondaine.

Pour cela seul cependant il ne devait pas être condamné ; il fallait voir.

Décidée, jusqu'à ce qu'elle eût appris à connaître Witold, à ne pas agir sur l'esprit de Micheline dans le sens que lui avait demandé la princesse, elle ne voulut cependant pas attendre ce moment pour savoir ce que l'enfant pensait de lui, et quels sentiments elle éprouvait à son égard. Il était évident qu'elle ne le recherchait pas, et son attitude avec lui ne ressemblait guère à celle qu'elle avait avec le petit-neveu de la princesse. Mais la différence d'âge et de caractère suffisait à expliquer ce contraste : Witold avait vingt-six ans ; Jacques Hébertot en avait dix-sept ; Witold était nonchalant, dédaigneux, fatigué, grave et gourmé dans son abandon ; Jacques était gai, franc, ouvert, toujours en train et de belle humeur, disposé au jeu, au rire, à ce qu'on voulait de lui ; plus jeune que son âge, assurément un gamin encore, tandis que Witold était de beaucoup plus vieux que le sien.

C'était bien assez, sans doute, pour que Micheline allât à l'un et se tînt sur la réserve avec l'autre ; et c'était assez aussi pour expliquer les quelques mots qu'elle avait dits d'eux : ceux qui se fâchaient de la farce de *Flouc* étaient des bêtes, ceux qui ne s'en fâchaient point étaient des bons caractères; Witold, qui s'était fâché, était une bête, et Jacques, qui ne s'était point fâché, n'en était point une.

Mais en dehors de cette classification, Micheline pouvait juger Witold à d'autres points de vue, et il était intéressant de connaître ces jugements; elle l'interrogea donc, et, bien entendu, d'une façon détournée :

— Est-ce que le prince Witold doit rester longtemps encore à Hopsore?

— Je n'en sais rien, répondit Micheline avec une parfaite indifférence.

— Cela a de l'intérêt pour vous, il me semble; le prince Witold au château, c'est une occasion de distraction.

Micheline pouffa de rire.

— Witold, une distraction? En voilà une bonne !

— Cependant...

— Est-ce que vous le trouvez drôle, vous, madame Germaine, le prince Witold?

— Drôle ! Il n'est pas nécessaire qu'un homme de la condition du prince Witold soit drôle.

— Moi... je vais vous dire, vous ne le répéterez pas à ma marraine, n'est-ce pas, parce que ça lui ferait de la peine; eh bien, moi, je le trouve crevant.

C'était encore là un de ces mots malheureux dont Micheline n'était que trop prodigue, mais Germaine ne le releva point, de peur d'arrêter la confidence qu'elle avait provoquée. Déjà elle avait corrigé plus d'une de ces expressions; il ne serait pas sage de vouloir les supprimer toutes d'un seul coup; peu à peu ce langage étonnant s'épurerait, perdant la vulgarité qu'il avait empruntée à Regina, aussi bien que le précieux et le prétentieux imité de la princesse; car il y avait cela de rassurant dans Micheline que si ses qualités étaient bien à elle, ses défauts, pour la plupart, étaient aux autres, de sorte qu'on pouvait très bien croire qu'elle garderait ce qui était à elle, et qu'il ne serait pas difficile de la débarrasser de ce qu'elle avait acquis.

— Est-ce que vous trouvez ça amusant, continua Micheline, un homme qui est toujours fatigué, que rien n'amuse et que tout ennuie; qui ne peut seulement pas marcher ni ouvrir les yeux pour regarder, ni ouvrir la bouche pour parler?

Elle se mit à se promener par la chambre, imitant la démarche lasse de Witold, traînant les pieds, fléchissant les genoux, ouvrant à peine les yeux.

— Là, franchement, est-ce drôle? demanda-t-elle en s'arrêtant devant Germaine et en ouvrant les deux bras d'un geste désolé.

Presque aussitôt elle reprit:

— Le matin il est endormi, dans le jour il est engourdi, le soir il se réveille, mais c'est pour s'en aller à Trouville; je lui ai demandé ce qu'il allait faire, il m'a répondu : « Jouer. » Pourquoi ne joue-t-il pas avec marraine qui serait si contente?

Tout cela n'indiquait pas une sympathie bien vive, cependant ce n'était pas fini; bientôt Micheline continua comme si elle était heureuse de dire ce qu'elle avait sur le cœur :

— Et puis je vais tout vous dire : il me compromet,

— Comment, il vous compromet ? s'écria Germaine interdite.

— Il paraît qu'il s'imagine qu'il deviendra mon mari, et vous comprenez que c'est ridicule ; un homme de son âge !

— Mais qui a pu vous dire qu'il croyait devenir votre mari? On ne s'occupe pas du mariage d'une fille de votre âge.

— Vous croyez ça ! Eh bien, on s'en occupe ; ma marraine voudrait me marier à lui ; et de son côté il voudrait bien m'épouser... plus tard, bien entendu, mais cela n'en est pas moins compromettant et ridicule.

— Mais, encore un coup, qui a pu vous dire cela?

— Ah çà, vous vous figurez donc qu'une fille de mon âge ne voit rien et n'entend rien. Eh bien, j'ai vu certaines choses, et puis j'en ai entendu d'autres. Ne vous imaginez pas que j'ai mes yeux dans ma poche et que mes oreilles ne servent à rien. Il y a des gens qui bavardent.

— Regina ?

— Quand ce serait Regina ? elle n'est pas bête, et elle sait des choses, des choses...

Micheline parut réellement effrayée de tout ce que Regina savait.

— Alors, continua-t-elle, ça me vexe joliment. Ça n'est pas chic, vous savez, d'être épousée pour son argent. Et si Witold m'épousait, ce serait pour la fortune de ma marraine. Vous savez, il n'a pas le sou, Witold. C'est ma marraine qui lui donne de l'argent. Et il paraît qu'il en casse, oh la la ! Je vois ça, moi;

parce que, quand il a besoin d'argent, il est très aimable avec marraine ; il vient tous les soirs dîner ; et c'est des conversations, des secrets qui n'en finissent pas. C'est marraine qui n'a pas l'air content. Mais les affaires de marraine, ça ne me regarde pas ; j'ai assez des miennes.

— Et quelles affaires avez-vous donc ? demanda Germaine.

— Comment ! quelles affaires j'ai ; mais celles qu'il me fait donc ! Si vous croyez que c'est agréable que tout le monde sache qu'on est mariée à l'avance ; ça écarte les amoureux.

Germaine se rappelait le temps de sa première jeunesse, où elle aussi avait eu des amoureux qui lui demandaient en grand secret si elle voudrait bien les épouser quand elle serait grande ; mais si elle avait été, comme toutes les petites filles, préoccupée de l'idée du mariage, si elle en avait vécu, c'avait été avec moins de précocité que sa fille.

— On n'a pas des amoureux à votre âge, dit-elle d'un ton assez sévère.

— Avec ça ! Ella en a trois, amoureux : un secrétaire d'ambassade, le fils de la belle madame Favrot qui n'est encore qu'un potache ; et un autre qui n'est pas chic du tout, oh ! pas du tout, son professeur de dessin.

— Et quel est l'âge de mademoiselle Ella

— Douze ans. Pour Jeanne de Plailly, que vous connaissez, elle en a deux. Toutes mes amies en ont.

— Et vous, vous n'en avez point ?

Micheline montra une certaine hésitation mais à la fin l'orgueil l'emporta sur la discrétion.

— J'en ai un.

— Qui ?

A cette question Micheline parut indignée :

— Si vous croyez que je vais vous le dire ; ce ne serait pas bien ; c'est mon secret.

XIV

Quel était l'amoureux de Micheline?

La question n'était pas bien inquiétante pour Germaine, qui savait ce que sont ces amourettes enfantines. Quelle petite fille ne joue pas à la maternité à six ans et à l'amour à douze? Micheline était un peu précoce, voilà tout; sa franchise prouvait son innocence. Combien de raisons pour expliquer cette précocité : le milieu dans lequel elle avait vécu; les propos d'une femme de chambre bavarde et indiscrète; sa camaraderie peu surveillée avec des petites filles qui croyaient avoir des amoureux, ou qui s'en vantaient tout au moins. Elle faisait comme elles.

En tout cas, cet amoureux n'était pas Witold, et c'était là ce qu'il y avait de plus grave dans ces confidences, car les sentiments qu'elles révélaient ne semblaient pas conduire à un mariage. L'âge modifierait-il les impressions de l'enfant? Sans doute cela était possible. A quinze ans, Micheline pouvait voir Witold avec d'autres yeux que ceux qu'elle avait pour lui en ce moment; elle pouvait se laisser éblouir par le titre qu'il lui apporterait; elle pouvait se laisser toucher par le désir de sa marraine Mais, d'autre part, il se pouvait aussi que ces impressions, au lieu de se modifier pour amener un rapprochement, prissent un caractère plus accentué qui, de jour en jour, rendrait ce mariage plus difficile. C'était en enfant qu'elle le jugeait, par les côtés qui pouvaient blesser la petite fille; mais si à dix ans elle s'étonnait de voir Witold se faire donner par sa belle-sœur l'argent « qu'il cassait », à quinze ans ne s'en indignerait-elle point, et ne mépriserait-elle pas l'homme qui exploitait la faiblesse et la bonté d'une femme? ne dirait-elle pas avec bien plus de force encore : « Ce n'est pas chic d'être épousée pour sa fortune! »

Quoi qu'il pût arriver plus tard de Witold, il était intéressant, pour le moment, d'apprendre quel était cet amoureux que Micheline n'avait pas voulu nommer. Toutes les probabilités étaient pour qu'il n'y eût là qu'un enfantillage, mais enfin elle ne devait pas s'en tenir à des probabilités; il fallait voir, il fallait chercher, il fallait profiter d'un aveu arraché à la vanité féminine, et que l'enfant eût assurément retenu, si elle avait pu imaginer que c'était à sa mère qu'elle se confiait.

Depuis qu'elle avait commencé son métier d'institutrice en accompagnant partout Micheline, elle avait vu à peu près tout le monde de son intimité; mais avec cette conviction que l'enfant « était l'innocence même », comme elle avait dit à la princesse, elle n'avait fait attention qu'aux petites filles.

Les camarades de Micheline, cela avait pour elle un réel intérêt : Jeanne de Plailly, une grosse boulotte blonde qui jouait au croquet sur la plage le jour de l'arrivée de Germaine, et à qui Micheline avait dit cette phrase étonnante : « Si vous voulez, je vous jette chez vous en passant, j'ai ma voiture; » une autre joueuse de croquet, rousse, maigre, anguleuse et digne, Léonide Hubert, qui tenait à ce qu'on lui donnât le titre de baronne et qui n'appelait jamais Micheline autrement que princesse, la plus érudite de la troupe en blason et en connaissances héraldiques, lisant l'*Almanach de Gotha* pour y trouver le prince ou le duc qu'elle pourrait bien épouser, et en choisissant pour ses amies, qu'elle mariait, comme elle se mariait elle-même, seulement un peu moins bien, naturellement; — Isabelle Favrot, la fille de la belle madame Favrot, personne pieuse qui voulait finir ses jours dans un couvent, dégoûtée à treize ans du monde et de la vie, en réalité désespérée de n'avoir jamais un mot de tendresse ni un sourire de sa mère occupée ailleurs et qu'elle adorait; — deux ou trois autres sans physionomie marquée, et que dès lors il était inutile d'étudier puisqu'elles n'avaient pas pu exercer d'influence sur Micheline : — seule, Ella manquait à la collection, n'étant pas encore arrivée à Trouville, où elle était impatiemment attendue par toutes ces petites filles, qui semblaient suivre sa direction; ce que Germaine s'expliquait depuis qu'elle savait que la jeune Américaine avait trois amoureux, dont un secrétaire d'ambassade.

Attentive à rechercher ce que Micheline avait pu prendre à ses camarades qui, à Paris comme à Trouville, étaient de son intimité, Germaine ne s'était point occupée des jeunes garçons.

Bien que, dans sa jeunesse, elle eût été, elle aussi, sensible à ces excitations amoureuses qui troublent tant de petites filles avant même qu'elles puissent soupçonner ce que c'est que l'amour, elle les avait si parfaitement oubliées que son sentiment maternel n'avait point pensé à se demander si l'esprit de Micheline était aussi innocent que son cœur.

Mais maintenant qu'elle était avertie, elle avait ouvert les yeux et cherché autour d'elle.

Ils étaient peu nombreux, les jeunes gens qui se trouvaient mêlés à cette société de petites filles, ou trop âgés sinon pour s'occuper d'elles, au moins pour qu'elles voulussent bien s'occuper d'eux. Le seul qui remplît les conditions d'un amoureux était le frère aîné d'Isabelle Favrot, « le Potache », disait Micheline, un garçon de treize ans qu'on appelait le beau Favrot comme on appelait sa mère la belle madame Favrot, et que sa beauté avait fait l'être le plus vain et le plus vide du monde, comme elle avait fait de sa mère la femme la plus nulle. A la vérité, ce n'était pas une raison pour qu'il n'eût pas été sensible au charme de Micheline. Mais il ne fallut pas longtemps à Germaine pour voir qu'il était inutile de chercher de ce côté; si le beau Favrot pouvait se laisser toucher, c'était uniquement par le charme de sa propre personne, par son élégance, sa distinction, sa toilette, sa façon de monter à cheval, de danser, de nager, de marcher ; jamais bien certainement il n'avait jeté un regard sur Micheline, et, même très probablement, n'en avait-il pas laissé davantage tomber sur Ella, qui avait pris son désir pour la réalité, comme il arrive souvent avec les petites filles toujours disposées à imaginer vrai ce qu'elles rêvent.

Favrot écarté il ne restait plus que Jacques, le petit-neveu de la princesse, et si tout d'abord Germaine n'avait pas pensé à lui, c'est qu'il n'était à Hopsore que depuis peu de temps, et qu'il allait partir, pour ne pas revenir avant plusieurs années en France.

De ce que Micheline lui avait raconté il était résulté pour elle la conviction que dans ces histoires d'amour il y avait plus de vanité que de sentiment, et que ces petites filles devant lesquelles on causait librement, habituées à entendre parler de l'amour comme de la grande affaire de la vie des femmes, ne voulaient pas rester en arrière : elles aussi avaient des amoureux, et plusieurs encore, ah ! mais. Micheline n'en ayant point, « parce que quand on est marié d'avance, cela les écarte », avait très bien pu se donner celui que le hasard lui envoyait au moment où elle faisait triste figure au milieu de ses camarades plus favorisées qu'elle. « Moi aussi, j'en ai un »; et l'officier de marine valait bien le secrétaire d'ambassade sans doute ; c'était plus chic qu'un professeur de dessin.

Si les choses étaient ainsi, il n'y avait pas à en prendre souci ; Jacques embarqué sur son navire, Micheline ne penserait plus à lui et le remplacerait par un autre; mais, comme la vraisemblance de cet arrangement ne suffisait pas à Germaine, qui voulait une certitude, elle fit causer le jeune marin.

Cela ne fut pas difficile, car tandis que Witold ne lui marquait qu'un parfait dédain, ne lui adressant jamais la parole, ne la regardant même pas, Jacques, au contraire, la recherchait volontiers, comme s'il avait éprouvé de la sympathie pour elle.

— Aux complaisances que vous avez pour Micheline, lui dit-elle un jour, on voit que vous aimez les enfants.

— Beaucoup, répondit-il, et c'est assez bizarre, car je n'ai eu ni frères ni sœurs; mais, après tout, cela tient peut-être à ce que je n'ai personne à aimer; avec les enfants on n'est point exposé à des déceptions; si on leur plaît, on est ami tout de suite et ça vous fait une petite famille.

— Vous avez votre tante.

— Certainement, et elle a été très bonne pour moi, mais je l'ai peu vue, et puis ma reconnaissance et mon respect pour ma tante n'utilisent pas toute ma force d'affection.

Il se mit à sourire un peu tristement :

— Il m'en reste qui ne sert à rien. J'ai perdu ma mère quand j'avais trois ans, mon père quand j'en avais sept; on m'a mis alors au collège où j'ai vécu jusqu'au moment de mon entrée au *Borda;* vous voyez que cela ne me fait pas une vie de famille bien remplie par la tendresse et l'affection.

— C'est ce qui vous a fait vous attacher à Micheline ?

— Sans doute, mais je me suis attaché à elle aussi parce qu'elle est charmante ; c'est là un mot banal, j'en conviens, et cependant c'est le seul qui rende bien ce qu'elle fait éprouver ; elle ne serait pas la jolie petite fille qu'elle est qu'elle charmerait encore ; il semble que chez elle ce soit un don. Je me la rappelais comme une gamine assez insignifiante, probablement parce que je n'étais qu'un gamin moi-même ; mais maintenant je ne l'oublierai pas.

— Elle a beaucoup d'affection pour vous.

— C'est dommage que nous ne soyons pas frère et sœur, et bien certainement quand je serai au bout du monde je me le dirai plus d'une fois avec encore plus de regret, tout en me rappelant avec plaisir mon séjour ici qui va me mettre un bon souvenir dans le cœur.

— Vous lui écrirez?

— Non seulement je lui écrirai, mais j'ai promis de lui envoyer les bêtes curieuses du pays où j'irai ; cela vous fera une ménagerie, un jardin d'acclimatation.

Tout cela était assez tendre, mais la situation de Jacques expliquait cette tendresse. Quand elle voulut le presser, elle ne tira rien de plus : il aurait voulu que Micheline fût sa sœur, voilà tout et c'était un souhait bien naturel ; évidemment, il n'admettait pas qu'entre cette enfant et lui il pût exister autre chose qu'un sentiment fraternel, et il fallait l'intuition perverse de l'innocence féminine pour avoir fait de lui un amoureux.

Lorsqu'il partit, Germaine eut la preuve qu'elle ne s'était point trompée.

Elle l'avait conduit avec Micheline à la gare, où il prenait le chemin de fer pour Cherbourg, son port d'embarquement; et les adieux avaient été longs et émus.

Lorsqu'elles remontèrent en voiture pour revenir à Hopsore, Micheline avait les yeux pleins de larmes, et, aux contractions de ses lèvres, on voyait les efforts qu'elle faisait pour ne pas pleurer franchement.

— Cela vous peine, qu'il parte? dit Germaine attendrie.

— Oh! il n'est que temps, il aurait parlé!

XV

Octobre arriva, et les vacances étant finies pour tout le monde, personne ne s'amusant plus, Micheline voulut bien exécuter la convention qu'elle avait passée avec sa marraine et se mettre au travail sous la direction de Germaine.

Trouville était désert : les maisons étaient fermées ; sur les trottoirs des rues, on ne voyait que des encombrements de caisses, dans lesquelles les marchands parisiens emballaient ce qu'ils n'avaient pas vendu ! la plage, si gaie, si bruyante, si lumineuse en août, était morne et grise, battue par une mer sale qu'avaient troublée et jaunie les tempêtes de l'équinoxe d'automne. Où jouer au croquet sur cette grève raboteuse ; avec qui ?

Depuis longtemps, l'aménagement du cabinet de travail était terminé ; les livres étaient tous achetés ; les cartes étaient en place, il n'y avait qu'à s'asseoir devant la grande table noire, que la princesse avait fait recouvrir d'un tapis pour que le bois ne fût pas trop dur aux doigts, comme elle avait fait recouvrir de cuir la chaise sur laquelle devait s'asseoir

Micheline, et cela malgré Germaine, qui voulait une chaise de paille.

— Pensez donc qu'elle ne s'est assise que quand elle voulait bien s'asseoir, et que vous allez la tenir là pendant des heures.

— Mon intention n'est pas de la tenir la journée devant cette table ; il faut qu'elle joue.

— Il faut aussi qu'elle travaille.

— Sans doute ; mais, tout en travaillant, il lui restera du temps pour jouer.

Ce n'était pas la première fois que la princesse montrait cette contradiction dans sa volonté, ayant également peur que Micheline travaillât et qu'elle ne travaillât pas ; disant à l'enfant : « On ne te fatiguera pas » ; et tout de suite disant à l'institutrice : « Je ne veux pas qu'elle perde son temps. »

Le premier lundi d'octobre, à sept heures du matin, Germaine, déjà habillée, entra dans la chambre de Micheline pour l'éveiller et lui imposer dès le début des habitudes de régularité qui devraient se continuer jusqu'au jour où son éducation serait terminée.

Elle la trouva les yeux grands ouverts dans son lit.

— Je venais vous éveiller, mon enfant.

— Pourquoi m'éveiller ?

— Pour que nous nous mettions au travail.

— Aujourd'hui ?

— Est-ce que le premier lundi d'octobre n'est pas le jour de la rentrée ?

— Bien sûr ; mais c'est précisément parce que c'est

le jour de la rentrée que ce n'est pas le jour du travail ; c'est le mardi qu'on commence à travailler ce n'est pas le lundi. J'ai dit que je travaillerais quand tout le monde travaillerait : c'est convenu avec marraine ; on ne revient pas sur ce qui est dit, quatre à quatre à la souris.

Il fallut en passer par là.

Le mardi à sept heures, Germaine entra comme la veille dans la chambre de Micheline, qui la regarda venir.

— Je vois avec plaisir que je n'ai pas à vous réveiller.

— Si vous croyez que j'ai dormi ! dit Micheline avec un soupir.

Mais Germaine ne se laissa pas prendre à cette plainte.

— Alors il vous sera plus facile de vous lever ; vous avez une heure pour votre toilette ; arrangez-vous pour être prête à vous asseoir à votre table quand huit heures sonneront.

— Comment, nous asseoir à table? Ce n'est pas par là qu'on commence l'année ; j'ai pris des renseignements auprès des potaches.

— Et par quoi la commence-t-on ?

— Par la messe du Saint-Esprit. Quand nous aurons été à la messe, je m'y assoierai à votre table... puisqu'il le faut.

Germaine n'osa pas répondre que ces marchandages n'étaient pas d'une petite fille qui veut travailler, certaine à l'avance que Micheline lui répliquerait que précisément elle n'était pas une petite fille qui veut travailler.

— C'est bien, dit-elle, nous irons à la messe; vous avez là une excellente idée.

Jamais Micheline n'avait trouvé la messe aussi courte, et elle fut surprise autant que contrariée que le curé la dît si vite.

— Bien sûr que ce n'est pas une messe du Saint-Esprit! dit-elle.

Il fallut rentrer et s'asseoir enfin devant cette terrible table?

— Madame Germaine! dit Micheline d'un air effaré.

— Qu'avez-vous, mon enfant?

— Voudrez-vous me prévenir avant de commencer.

— Comment, vous prévenir?

— Quand on m'arrache une dent, je dis au dentiste de me prévenir au moment où il doit me faire mal : alors j'empoigne les deux bras du fauteuil et ça me fait moins mal.

— Eh bien, je vous préviens.

— Ah! mon Dieu!

Si Micheline avait vu venir avec effroi ce terrible lundi d'octobre, la princesse, au contraire, l'avait attendu avec impatience, car il y avait longtemps déjà qu'elle regrettait d'avoir permis que Germaine ne fît pas travailler Micheline dès le lendemain de son arrivée.

Le travail imposé eût fait sentir à l'enfant ce qu'était une institutrice, tandis que les promenades, les conversations et le jeu ne lui avaient donné à ce sujet que de fausses idées.

— Tu sais que je l'aime bien, madame Germaine, disait Micheline ; dans les premiers jours elle m'a joliment embê... ennuyée à me faire toujours des observations, mais c'est une bonne femme ; et puis elle a beaucoup de chagrin d'avoir perdu son enfant ; c'était une petite fille ; elle dit que ça lui fait verser de douces larmes d'en parler, et elle veut que nous en parlions souvent.

Ce n'était pas pour aimer Micheline que la princesse avait pris une institutrice, c'était pour l'élever et l'instruire. L'aimer, c'était son affaire à elle, dont elle s'acquitterait bien seule, sans qu'on lui vînt en aide.

Et même elle ne permettait pas qu'on se permît de lui venir en aide pour cela : puisqu'elle avait la chance d'avoir pour fille d'adoption une enfant trouvée, sans parents, sans famille, elle la voulait pour elle toute seule jusqu'au jour où elle la donnerait à un mari.

Depuis qu'elle s'était éprise d'une véritable passion maternelle pour Micheline, elle s'était dit plus d'une fois qu'il serait cruel, ce jour du mariage, et cependant elle n'avait point admis la pensée qu'elle pourrait le retarder d'un mois ; mais partager sa fille avec une femme, avec une institutrice, c'était ce qu'elle n'accepterait jamais.

Et pourtant c'était ce qui semblait se préparer.

— Tu sais que je l'aime, madame Germaine.

Jusqu'où irait cet amour, avec une enfant comme

Micheline, qui avait besoin d'être embrassée et caressée.

Jusqu'où ne le pousserait pas une femme comme cette madame Germaine qui, au lieu de se renfermer dans son rôle d'institutrice, semblait vouloir jouer à la mère ?

C'était cela justement que la princesse ne voulait pas. Micheline ne devait, ne pouvait avoir qu'une mère : celle qui l'avait élevée, choyée, aimée, adoptée.

De quoi se mêlait cette étrangère d'espérer se faire consoler de la perte de son enfant par la tendresse de Micheline ? Avait-on idée d'une pareille audace ?

Le travail allait remettre les choses en place, et quand, au lieu des promenades, des histoires racontées pour l'amusement, du jeu, il allait falloir rester assise sur une chaise (si bien rembourrée qu'elle fût), écouter sans distractions, s'appliquer, apprendre des leçons, les réciter sans faute, Micheline verrait qu'une institutrice était une institutrice, non une mère.

Aussi, quand le fameux premier lundi d'octobre, qu'elle attendait, se changea « en rentrée », se fâcha-t-elle.

— Si vous vous laissez conduire par Micheline, dit-elle avec une certaine aigreur, elle qui était la femme la plus douce du monde, vous n'en ferez rien.

— Je n'ai pas voulu débuter par la sévérité.

— Eh bien, vous avez eu tort, c'était justement là une occasion de faire montre de sévérité.

Germaine s'était inclinée sans répliquer ; et alors la princesse avait eu des remords.

Son embarras était grand en effet; d'un côté elle voulait que par cette sévérité l'institutrice se fît prendre en grippe; mais de l'autre elle ne voulait pas que Micheline souffrît d'être menée d'une main trop rude.

— Quand je parle de sévérité, dit-elle, il faut bien me comprendre : je veux que Micheline vous craigne et vous respecte, de façon à vous obéir; mais je ne veux pas que vous la rendiez malheureuse.

— Soyez certaine que je m'appliquerai de tout mon cœur à la rendre heureuse.

— C'est ce qu'il ne faut pas; ni heureuse, ni malheureuse, vous comprenez ; enfin, ce qu'une institutrice doit être avec son élève, et vous savez comme moi qu'une institutrice n'est ni une amie, ni une camarade, ni une mère.

Ce mot avait éclairé Germaine. Bien souvent elle avait été frappée des contradictions de la princesse : « Grondez-la, mais pas trop fort; — soyez ferme, et, en même temps, soyez douce; » et elle s'était demandé comment la princesse entendait concilier ces recommandations exclusives les unes des autres; mais ce mot : « ni une mère » lui avait expliqué ce qu'elle avait jusqu'à ce jour vainement cherché à comprendre. Et comme elle ne pouvait pas se révolter contre cette jalousie; comme elle ne pouvait pas répondre : « Cette mère, je la suis »; elle s'était promis de s'observer plus sévèrement encore, d'être plus réservée, plus discrète; la princesse ne serait pas toujours sur son dos; seule avec Micheline, elle ferait de sa fille ce qu'elle voudrait.

Mais elle se trompait en croyant que la princesse ne serait pas toujours sur son dos. Pendant la belle saison, la princesse, obligée de recevoir des visites et d'en rendre, l'avait laissée presque toujours seule avec Micheline; mais à mesure que le vide s'était fait à Trouville et que les maisons s'étaient fermées, les choses avaient changé, la princesse était moins sortie, puis elle n'était plus sortie du tout, et à chaque instant elle était venue dans la chambre de travail.

— Ne vous dérangez pas, disait-elle, continuez la leçon comme si je n'étais pas là.

Elle s'installait dans un fauteuil en face de Micheline, de manière à la bien voir, elle se mettait à un ouvrage de tapisserie qu'elle tirait d'un sac pendu à son bras; dans le silence on entendait le frottement de son aiguillée de laine.

Alors Germaine ne pouvait pas faire de sa fille ce qu'elle voulait; plus de tendres regards, plus de douces paroles, il fallait qu'elle fût institutrice, rien qu'institutrice.

— Allons, mademoiselle, travaillez, appliquez-vous; il le faut.

Quand la leçon n'était pas sue, elle devait être sévère.

— C'est toi qui me fais gronder, marraine; quand tu n'es pas là, ça va bien mieux.

— Et pourquoi cela va-t-il mieux?

— Parce que tu me distrais : tu as encore passé un point dans le ponceau; je l'ai bien vu.

— Ne pouvez-vous pas imposer l'application à votre élève? disait la princesse avec dignité.

— Je fais ce que je peux.

Pour les promenades en voiture, il en était comme pour les leçons; plus de tête-à-tête; la princesse était de toutes les sorties, et c'était à côté d'elle que Micheline s'asseyait, l'institutrice devant prendre la place à reculons.

On partait et on allait rendre visite aux bêtes que la princesse entretenait dans ses prairies, les vieux chevaux, les vieux ânes qu'elle nourrissait en attendant qu'ils mourussent de mort naturelle, et pour lesquels on l'accusait de folie. Plus de paroles intimes entre Micheline et Germaine; c'était la princesse qui menait la conversation, et c'était à elle que Micheline répondait. Germaine se tenait dans son coin, silencieuse et réservée, ne disant un mot que quand on le lui demandait.

Heureusement les promenades en voiture ne suffisaient pas à la santé de l'enfant, il lui fallait l'exercice à pied, les courses dans les bois ou le long de la mer, et comme la princesse avait l'horreur de la marche, Germaine trouvait là des occasions de tête-à-tête où sa tendresse contenue pouvait se rattraper.

Après le premier déjeuner, quel que fût le temps, elles partaient. S'il pleuvait, elles se chaussaient de grosses bottes imperméables faites par un cordonnier de Trouville habitué à travailler pour les pêcheurs et passant par-dessus leurs vêtements un manteau en caoutchouc à capuchon qui supprimait le parapluie, elles se mettaient en route. C'était la joie de Micheline de piquer dans le vent la tête basse. Quand il était trop fort, Germaine la prenait près d'elle, l'enveloppait d'un bras par-dessus l'épaule, et elles allaient ainsi du même pas, à l'abri des haies, dont le vent arrachait les feuilles qui volaient autour d'elles. Plus de contrainte, plus de réserve, la liberté; plus d'institutrice, mère et fille!

XVI

Le travail n'avait pas remis les choses en place, et depuis que les leçons étaient commencées Micheline ne paraissait pas aimer son institutrice moins que lorsque celle-ci n'avait qu'à la promener et à l'amuser.

Ce qu'il y avait de plus extraordinaire que cette affection de l'élève pour sa maîtresse, c'était que le travail, qui lui avait inspiré tant d'horreur, ne paraissait plus l'effrayer.

Sans résistance, sans marchandages elle s'asseyait maintenant devant sa table, et sans recommencer jamais la comédie du jour de rentrée et de la messe du Saint-Esprit. On ne pouvait dire qu'elle était l'enfant assidu, appliqué et docile, ce modèle que les professeurs montrent dans les discours de distributions de prix, mais enfin, si elle n'allait pas au-devant du travail, elle acceptait celui qu'on lui imposait.

Et même il y avait un point sur lequel elle faisait plus que ce que son institutrice lui demandait : la géographie.

Un jour Germaine l'avait trouvée montée sur une chaise et le visage collé contre une grande carte d'Europe attachée au mur.

— Qu'est-ce que vous cherchez?

— Ah! voilà, je cherche...

— Justement; que cherchez-vous?

— J'étudie la géographie.

— Vous n'avez pas besoin de carte pour étudier la leçon de géographie que je vous ai donnée.

— Je la sais, votre leçon: « Un isthme est une langue de terre qui sépare deux mers et joint deux terres. »

— C'est un isthme que vous cherchez?

— Ah! ma foi, non.

Comme elle ne paraissait pas disposée à dire ce qu'elle cherchait, Germaine n'insista pas, sachant par expérience qu'il ne se passerait pas beaucoup de temps avant que Micheline le lui apprît d'elle-même, sans se faire questionner.

Après être retournée à sa carte, Micheline s'interrompit:

— L'Islande, c'est en Europe, n'est-ce pas? dit-elle en s'appuyant des deux mains sur le dossier de la chaise.

Germaine n'eut pas besoin d'autres questions pour deviner à quelle préoccupation elle obéissait en cherchant l'Islande : c'était pour une expédition sur les côtes d'Islande que Jacques s'était embarqué; mais elle ne laissa pas voir qu'elle avait compris.

— Oui, c'est en Europe, répondit-elle.

— L'Islande et l'Irlande, ce n'est pas le même

pays ; je trouve l'Irlande, je ne trouve pas l'Islande !

— Cela vous intéresse, l'Islande ?

— C'est pour l'Islande que Jacques s'est embarqué et je voulais voir où il était, parce que cette nuit il a fait froid, et l'Islande c'est un pays froid, m'a dit Jacques.

— Très froid.

— Nous arriverons bientôt à l'Islande ?

— En voyant l'Europe.

— Eh bien, voyons-la tout de suite.

Cette hâte d'arriver à l'Islande fit que la géographie de l'Europe fut rapidement apprise ; jamais Germaine ne donnait la leçon assez longue, et quand on en fut à l'Islande, jamais elle ne donnait des détails assez précis.

Une lettre de Jacques qui tomba au milieu de cette leçon fouetta encore la curiosité de Micheline.

Elle était adressée à la princesse, bien entendu, mais pour être lue par Micheline, surtout dans un passage qui ne se rapportait qu'à elle :

« Dites à Micheline, ma chère tante, que je n'ai pas oublié ma promesse de lui envoyer quelques-uns des animaux curieux des pays où j'irai. Il y a cinq jours j'ai embarqué à bord de la *Jeune-Adèle* de Fécamp, ayant pour armateurs MM. Turretot frères, deux jeunes phoques, le mari et la femme, qui, je crois, feront bonne figure dans le petit bassin du kiosque. J'espère qu'elle les trouvera jolis ; quand ils seront habitués à la voir, elle pourra leur tirer les moustaches, qui sont longues et fortes. Ils appartiennent à l'espèce des veaux marins, c'est-à-dire que leur taille ne doit pas dépasser un mètre, qu'ils sont faciles à apprivoiser, qu'on peut leur apprendre toutes sortes de choses, qu'ils s'attachent à ceux qui les soignent, enfin qu'ils ont de nombreuses qualités et qu'on peut leur donner des talents de société. Madame Germaine trouvera dans le *Règne animal*, de Cuvier, des renseignements à leur sujet ; mais ce qui vaudrait mieux encore, ce serait de consulter les gardiens des jardins d'acclimatation au Havre ou à Paris, ils vous en diraient plus que les livres. Je vous demande pardon, ma chère tante, de l'embarras que ces jolies bêtes aux yeux doux vont vous causer, mais je crois qu'elles feront plaisir à Micheline. La difficulté était de les envoyer ; mais comme j'ai eu la chance de rendre au capitaine de la *Jeune-Adèle* un service important pour lui, qu'il ne savait comment reconnaître, il a bien voulu se charger de les transporter jusqu'à Fécamp en me garantissant qu'ils arriveraient vivants. Vous n'aurez qu'à les faire prendre par une barque de Trouville. Ils doivent être à Fécamp entre le 15 et le 20 octobre. J'oubliais de vous dire (pour Micheline) que le phoque est la sirène des anciens. Qu'elle prie donc madame Germaine de lui faire lire la *Petite Sirène* d'Andersen ; cela aussi lui fera plaisir. »

— Que je suis contente ! s'écria Micheline, est-il bon, Jacques !

— Oui, c'est un brave garçon, dit la princesse, qui n'avait pas de plus grandes joies que celles qu'on faisait à Micheline.

— Si tu voulais ? continua Micheline en allant embrasser sa marraine.

— Eh bien ?

— J'irais avec madame Germaine à Fécamp au-devant des phoques.

— Tu n'es plus en vacances, il faut travailler, répliqua vertement la princesse que cette proposition d'aller à Fécamp avec Germaine avait exaspérée.

— Nous travaillerons en chemin, n'est-ce pas, madame Germaine ?

Quand Micheline demandait deux choses déraisonnables ou irréalisables à sa marraine, il était de règle qu'elle en obtînt une : « On ne pouvait pas tout lui refuser, à cette pauvre petite ! »

Ce fut ce qui arriva cette fois encore.

— Ce sera moi qui irai avec toi à Fécamp, dit-elle.

Il n'y avait pas à se méprendre sur les raisons qui déterminaient la princesse à entreprendre ce petit voyage : elle ne voulait pas que Germaine accompagnât Micheline; et comme elle avait horreur des déplacements et plus grande horreur encore des traversées, si courtes qu'elles fussent, il fallait que ce sentiment de jalousie fût bien fort pour la faire aller à Fécamp, et passer de Trouville au Havre par le temps de bourrasques qui s'était établi depuis une quinzaine.

C'était là un nouvel avertissement pour Germaine, un point noir gros de menaces, sans qu'elle pût prévoir comment elles éclateraient et jusqu'où elles iraient. En s'interrogeant, il lui semblait pourtant qu'elle n'avait pas commis d'imprudences et qu'elle n'était pas sortie du rôle d'institutrice qu'elle s'était tracé. Depuis la tentative pour manger seule avec Micheline, elle ne voyait rien à se reprocher; pas un regard trop doux, pas une inflexion de voix trop tendre; si dans leurs promenades elle enveloppait Micheline de son bras et la serrait contre elle ce n'était jamais sans s'être auparavant assurée que des fenêtres du château on ne pouvait pas l'apercevoir. Que pouvait-elle faire de plus? Elle ne le voyait pas. Et cependant il était évident que chaque jour la princesse se laissait prendre davantage par la jalousie, comme il était évident aussi qu'un jour ou l'autre elle se laisserait emporter. Alors que se passerait-il? Elle ne pouvait pas agir de façon à se faire haïr par Micheline; le voulût-elle, l'essayât-elle d'ailleurs, qu'elle n'y réussirait pas.

Le voyage à Fécamp décidé, Micheline eût voulu partir tout de suite pour guetter l'arrivée de la *Jeune-Adèle*; mais la princesse eut la force de résister à ce caprice; on enverrait aux frères Turretot une dépêche et quand ceux-ci annonceraient l'entrée dans le port de leur navire, il serait temps d'aller à Fécamp. Ce fut le 18 que les frères Turretot répondirent : « La *Jeune-Adèle* vient d'entrer, marée de nuit : les deux phoques en bonne santé. »

Il n'y avait plus à reculer, la princesse avait si souvent dit et répété qu'aussitôt la dépêche des armateurs arrivée on partirait, qu'il fallait partir.

Et cependant le vent d'ouest soufflait en bourrasque, des nuages noirs passaient en tourbillons serrés, les fenêtres craquaient, dans le parc on voyait les arbres aux tiges flexibles se tordre et se coucher avec des gémissements.

— La mer va être dure, dit Micheline, qui avait remarqué le regard inquiet que sa marraine avait jeté sur les arbres en lisant la dépêche, si tu me laissais partir avec madame Germaine, qui ne craint pas le mal de mer?

— Si nous ne partions que demain, dit la princesse, dans la nuit le vent peut tomber?

Micheline ne répondit pas, mais son regard laissa paraître une si vive désolation, son visage une si pénible déception que la princesse n'eut pas la force de persister dans cette idée de retard. Elle avait promis, elle devait tenir quand même, sous peine de s'exposer à des comparaisons fâcheuses : l'institutrice était prête à affronter la traversée, elle devait être prête aussi.

— Nous prendrons le bateau de deux heures, dit-elle... bien entendu, s'il part.

C'était là sa dernière espérance. Le bateau pouvait ne pas partir; il y avait force majeure. Aussi, après avoir regardé les cimes des arbres pour voir si leur balancement un peu moins tourmenté ne promettait pas une accalmie, elle les étudiait maintenant pour voir si leurs inclinaisons n'annonçaient pas une vraie tempête; de même elle allait au baromètre et frappait de petits coups sur son cercle pour l'interroger; elle avait désiré qu'il montât, maintenant elle souhaitait qu'il descendît; il était à 745, qu'il tombât à 740 ou à 735, le vapeur du Havre ne partirait pas : elle était sauvée.

A une heure, Micheline était prête; il fallut qu'elle s'apprêtât aussi; le temps était toujours le même, par grains avec vent de nord-ouest.

Ce n'était pas follement que la princesse se lançait dans cette aventure; elle avait, au contraire, pris ses précautions : Regina était chargée de châles et de manteaux, et dans un sac elle portait tous les cordiaux qui sont reconnus (par qui?) comme des préservatifs du mal de mer; elle savait donc ce qui l'attendait, et pourtant elle l'affrontait.

Quand elles arrivèrent sur le quai, un grain venait de s'abattre sur Trouville, et on ne voyait personne ni sur le bateau ni aux alentours. Partait-il? Une légère fumée blanche s'échappait de sa cheminée, emportée par le vent. Le doute était possible.

— Il va partir? dit Micheline.

— Je n'en sais rien.

— Que Regina aille demander.

Au bout de dix minutes, Regina, inondée, revint leur dire, dans la voiture où elles étaient restées, que le capitaine, qui attendait une accalmie au café, promettait de partir.

En effet, la cheminée du vapeur commença bientôt à vomir des flots de fumée noire, et le mousse, disparaissant dans un suroit qui lui descendait jusqu'aux pieds, alla sonner la cloche.

Le grain continuait de tomber et personne n'arrivait pour s'embarquer.

— Personne ne part, dit la princesse.

— C'est que personne n'a besoin d'aller au Havre

aujourd'hui, répliqua Micheline, personne, excepté nous.

Effectivement, elles avaient le plus grand besoin d'aller au Havre ce jour-là.

Il fallut sortir de la calèche et s'embarquer sur le bateau qui, commençant à flotter, commençait aussi à danser.

— Le temps s'éclaircit, dit Micheline, pour rassurer sa marraine.

Peut-être s'éclaircissait-il réellement, mais, en tout cas, le vent ne se calmait pas ; il soufflait dans la mâture et dans les cordages avec des gémissements sinistres.

Il avait fallu descendre dans la cabine, car la pluie ne permettait pas de rester sur le pont comme la princesse l'aurait voulu, et la mer qu'on entendait au loin briser dans les pieux de la jetée le permettrait bien moins encore tout à l'heure.

Enfin une trépidation dit que le vapeur se mettait en route, et bientôt de rudes secousses annoncèrent qu'on avait quitté la rivière pour la mer.

— Nous avons vent arrière, dit Micheline qui connaissait les choses de la navigation, nous ne serons pas longtemps en route ; tu ne seras pas malade.

Mais le bateau n'avait pas quitté le port depuis dix minutes, que, malgré les cordiaux variés que lui prodiguait Regina, la princesse était malade et même terriblement malade.

Alors Micheline, qui, avec la foi robuste des enfants confiants dans ce qu'ils espèrent, avait cru que sa marraine ne serait pas malade, fut prise de remords.

— Oh ! combien je suis fâchée ! dit-elle, mais pourquoi aussi n'as-tu pas voulu laisser venir madame Germaine ?

— Oh ! la méchante enfant ! soupira la princesse, qui ne s'attendait pas à cette récompense.

— Pourquoi méchante ?

Et Micheline la regarda sans comprendre.

XVII

C'avait été une affaire considérable que l'installation des deux bêtes « aux yeux doux » dans le bassin du kiosque et que l'aménagement de ce bassin, d'après les recommandations du gardien de l'aquarium du Havre.

Aussi le travail de Micheline en avait-il souffert. A chaque instant c'étaient des prétextes nouveaux, des raisons impérieuses et justifiées pour monter au kiosque. Quand Germaine voulait résister, Micheline appelait la princesse à son aide, et celle-ci l'appuyait d'autant plus volontiers que l'enfant, qui savait comment obtenir cet appui, lui demandait de l'accompagner dans sa visite aux phoques. Alors elles ne redescendaient plus, et les raisons tout aussi impérieuses que celles qui les avaient fait venir les faisaient rester. Jamais Micheline n'en avait fini. Tout d'abord elle les avait baptisés : le mâle M. Joseph, la femelle la Petite Sirène; et il fallait les habituer à venir à leur nom. Quand après avoir longtemps appelé, crié : « Joseph ! Joseph ! » elle en voyait un s'approcher, sortant à moitié de l'eau, le corps d'un gris d'ardoise tout lustré, fixant sur elle ses grands yeux noirs aux longues moustaches avec une expression inquiète et craintive, c'étaient des petits cris de joie qui n'en finissaient plus.

— Marraine, il va parler.

Et comme il ne disait rien, c'était une nouvelle leçon qui commençait pour lui apprendre à dire : « Papa ». Comment penser à redescendre auprès de madame Germaine ? Heureuse de l'avoir à elle, tout à elle, la princesse ne disait rien et le temps s'écoulait.

— Comme Jacques a eu une bonne idée ! disait Micheline.

Et elles parlaient de Jacques, revenant l'une et l'autre au service qu'il avait rendu au capitaine de la *Jeune-Adèle* et dont elles étaient également fières. Si Jacques avait été discret, le capitaine n'avait point imité sa réserve, et il avait fait connaître ce service « assez important », comme avait dit Jacques, pour expliquer qu'il eût bien voulu prendre l'embarras d'apporter les deux phoques à Fécamp : un jour, en rentrant à son bord, il était tombé à la mer ; comme il était un peu étourdi il allait se noyer, quand Jacques s'était jeté à l'eau au risque de se noyer lui-même, et l'avait sauvé.

— Quel brave garçon !

Et pendant ce temps Germaine attendait que son élève voulût bien revenir s'asseoir à la table de travail, car jamais elle ne se permettait de monter au kiosque, malgré la joie qu'elle aurait eue de la joie de Micheline. La leçon du voyage à Fécamp avait suffi. Pour que la princesse se fût laissé imposer ce voyage avec tout ce qui en résultait d'ennuis pour elle, de fatigues, de malaise, il fallait que sa jalousie fût réellement exaspérée, et ce n'était pas le moment de l'exciter davantage.

Elle essayait bien quelquefois d'insinuer que des phoques ne méritaient pas un si vif intérêt ni surtout tant d'heures perdues ; mais, devant la surprise ou le mécontentement de Micheline, elle n'avait pas la force d'insister.

— J'étais avec marraine, disait l'enfant.

Germaine ne pouvait pas gronder la marraine.

A chaque instant, il est vrai, elle se promettait d'avoir une explication à ce sujet avec la princesse, mais jamais elle n'osait la risquer, se disant que bientôt on allait quitter Hopsore pour Paris et que tout naturellement les conditions changeraient ; à Paris il n'y aurait pas de bêtes à soigner ; toutes ces occasions de perdre du temps n'existeraient plus ; la princesse aurait autre chose à faire qu'à s'occuper de Micheline du matin au soir.

C'était au commencement de novembre que cette rentrée à Paris devait avoir lieu ; il n'y avait donc que quelques jours à attendre. Mais elle fut retardée ; du cinq reportée au dix, puis au douze, puis au quinze ; et Germaine se demandait si on ne partirait jamais.

Enfin on quitta Hopsore au grand désespoir de Micheline, qui, pour un peu, eût demandé à sa marraine d'emmener les phoques.

— Pourquoi pas ? ils vivent bien dans les baraques des saltimbanques !

Germaine avait cru qu'à Paris il en serait comme à Hopsore et que sa chambre joindrait celle de Micheline! Sans en avoir l'air, d'une façon détournée elle s'était renseignée à ce sujet, et de ce qu'elle avait appris de la distribution de l'hôtel de l'avenue du Bois-de-Boulogne, il résultait que cet arrangement était possible : dès lors n'était-il pas tout naturel qu'il en fût ainsi? Elle devait être auprès de son élève.

Mais justement il n'en fut pas ainsi; bien qu'une chambre fût libre au premier, à côté de celle de Micheline, on la logea au second étage, cette chambre devant être aménagée en cabinet de travail.

Malgré la réserve qu'elle s'était imposée, elle crut pouvoir se permettre une observation à ce sujet.

Aux premiers mots, la princesse parut ne pas comprendre :

— Est-ce que votre appartement n'est pas convenable? demanda-t-elle.

— Ce n'est pas pour moi que je me permets cette observation, je suis toujours bien, et l'appartement que vous voulez me donner est plus que convenable; — c'est pour Micheline. Ne serait-il pas bon que je fusse près d'elle?

— Je suis là.

— On pourrait, il me semble, transformer mon appartement en cabinet de travail et me donner auprès de l'enfant la chambre qui joint la sienne. Je n'ai pas besoin, pour moi, d'être si confortablement logée.

La princesse resta un moment assez long sans

répondre, tenant ses yeux baissés, cherchant évidemment ce qu'elle devait ou ce qu'elle pouvait répondre, avec hésitation et embarras.

— Au surplus, dit-elle tout à coup en relevant la tête et en regardant Germaine en face, il vaut mieux s'expliquer franchement ; oui, cela vaut mieux, et le moment est venu de le faire.

Cependant, malgré cette affirmation, elle ne le fit pas encore tout de suite et elle prit une nouvelle pause qui n'avait rien de rassurant pour Germaine.

— Il y a deux mois, dit-elle enfin, vous m'avez demandé de vous donner Micheline pour prendre ses repas avec vous en tête à tête, maintenant vous me demandez de vous mettre coucher à côté d'elle ; il y a là bien évidemment une répétition qui indique un parti pris. Il y a deux mois, je vous ai répondu que ce que vous me demandiez était impossible ; aujourd'hui, je vous le répète, mais en vous donnant mes raisons, car la situation est telle entre nous qu'elle ne peut pas se prolonger plus longtemps. Madame Germaine, vous voulez me prendre le cœur de ma fille.

Germaine leva la main d'un mouvement instinctif, mais elle eut la force de refouler les mots qui lui étaient montés aux lèvres.

— Vous voulez, continua la princesse, qu'elle vous remplace l'enfant que vous avez perdue ; à vivre près d'elle, à la voir, à l'entendre, vous vous êtes laissé gagner par la tendresse, et il n'est que trop facile de s'apercevoir que vous voudriez qu'elle vous aimât comme elle m'aime, moi sa mère. Eh bien, il faut dire les choses telles qu'elles sont, vous n'êtes point ici pour cela; vous êtes l'institutrice de ma fille, vous n'êtes pas sa mère. Je ne peux pas permettre que vous intervertissiez les rôles : restez institutrice, laissez-moi être mère. Que deviendrait l'éducation de Micheline, si je vous laissais vous perdre dans cette tendresse maternelle? Je vous le demande; vous vous reprendrez vous-même et vous sentirez, sans que j'aie à insister, que cela n'est possible, ni pour Micheline, ni pour moi, ni pour vous.

Germaine était effrayée de la tournure que la princesse donnait à l'entretien et des conclusions auxquelles il était manifeste qu'elle allait arriver; elle voulut se défendre :

— Vous avez voulu, dit-elle, que la maîtresse ait de la sympathie pour son élève, et que l'élève en ait pour sa maîtresse.

— Et je le veux toujours. Mais entre la sympathie et les sentiments auxquels vous vous laissez entraîner, il y a un abîme... qui ne doit pas être franchi. Je vous ai promis d'être franche, je dois l'être. Eh bien, je ne veux pas qu'on aime ma fille d'un amour maternel, et je ne veux pas davantage trouver dans son cœur une tendresse filiale pour une autre que pour moi. Vous voyez que je parle net. Qualifiez cette jalousie comme vous voudrez, peu importe. Cela est ainsi et cela sera ainsi, institutrice, rien qu'institutrice. C'est pour cela que j'ai décidé que vous auriez votre appartement particulier. Et c'est pour cela aussi que j'ai décidé que vous ne sortiriez plus avec Micheline.

— Et avec qui donc sortira-t-elle ? s'écria Germaine éperdue.

— Avec moi, et pour sa promenade à pied avec Regina.

— Mais Regina n'est pas une personne convenable pour elle.

— Cela me regarde et je n'admets pas d'observations là-dessus. Votre rôle est assez important encore pour que vous vous en contentiez, il me semble. Cependant, s'il en était autrement, si vous vous trouviez atteinte dans votre dignité, je ne mettrais aucun empêchement à notre séparation et même je veux que vous sachiez que je serais disposée à vous accorder tous les dédommagements... qui seraient justes.

Il était évident qu'à la place de Germaine une institutrice se serait retirée, mais elle n'était pas une institutrice. Une autre aurait eu de la dignité ; elle ne pouvait pas en avoir, car il était évident aussi que la princesse n'attendait qu'une occasion pour lui offrir « les dédommagements qui seraient justes ».

Non seulement elle devait se soumettre, mais encore il fallait qu'elle empêchât Micheline de se révolter.

En effet, quand Micheline avait entendu parler de sortir avec Regina, dont elle se croyait débarrassée à jamais, elle s'était fâchée, mais comme elle n'avait rien obtenu de sa marraine, qui lui avait répondu qu'il devait en être ainsi, elle s'était rabattue sur Germaine.

— Pourquoi ne voulez-vous plus sortir avec moi ? lui avait-elle demandé dans un moment de tête-à-tête, à la table de travail.

— Qui vous a dit que je ne voulais plus sortir avec vous, mon enfant ?

— Personne ; mais ma marraine vient de me dire que désormais je sortirais avec Regina.

— C'est votre marraine, mon enfant, qui a décidé cela.

— Ce n'est pas vous qui le lui avez demandé ?

— Oh ! non !

Puis, retenant ce cri échappé à son émotion et qui pouvait la trahir :

— Votre marraine a trouvé qu'il était convenable que vous ayez une gouvernante en même temps qu'une institutrice ; vous vous promènerez avec votre gouvernante.

— Si vous saviez comme ça m'est égal que cela soit plus convenable ; moi ça ne me convient pas d'avoir une gouvernante et surtout Regina qui m'en... nuie. Quand je sortais avec Regina on ne disait que des bêtises ; quand je sors avec vous vous me parlez d'un tas de choses amusantes.

C'étaient ces bêtises de Regina qui tourmentaient si fort Germaine. Comment livrer sa fille à cette femme de chambre qui l'avait si mal élevée, et cela au moment même où l'enfant commençait à perdre les détestables leçons qu'elle avait reçues, à oublier les misérables exemples qu'elle avait eus sous les yeux ! Et cependant elle ne pouvait pas résister.

— Ces choses amusantes, nous en parlerons lorsque nous serons ensemble, dit-elle.

— Mais cela n'empêchera pas Regina de m'ennuyer. Vous savez bien que je la déteste, Regina, tandis que vous, madame Germaine, je vous aime bien. Ce n'est pas la même chose de marcher à côté de quelqu'un qu'on déteste, que de se promener à côté de quelqu'un qu'on aime.

— Il faut obéir à votre marraine.

Micheline parut réfléchir.

— Enfin, dit-elle, puisque vous ne pouvez pas me défendre, je me défendrai, je rendrai la vie si dure à Regina que ce sera elle qui demandera à ma marraine de ne plus sortir avec moi ; elle en verra de toutes les couleurs.

— Mon enfant, ne faites pas cela.

— Pourquoi ?

— Parce qu'il est mal de faire souffrir quelqu'un qui ne le mérite pas.

— Regina a tout mérité ; si vous saviez ! enfin je ne lui en ferai jamais assez.

Que Micheline réalisât ces menaces, ce ne serait point sur l'enfant, à coup sûr, que tomberait la colère de la princesse, ce serait sur elle ; et il y aurait là un grief sérieux en même temps qu'un prétexte « à juste dédommagement » qu'elle devait éviter à tout prix ; c'était ce qu'il fallait faire comprendre à Micheline, mais sans tout dire.

— Il ne faut pas que votre marraine puisse supposer que c'est à mon instigation que vous tourmentez Regina, et cela ne manquerait pas d'arriver si vous rendiez la vie dure à votre femme de chambre. Elle sait que c'est pour moi une peine très vive de renoncer à ces promenades, et elle pourrait croire que je veux me venger en vous excitant contre Regina.

— Je comprends ça, mais ce que je ne comprends pas, c'est pourquoi ma marraine, qui voit que c'est un chagrin pour moi, qui sait que c'en est un pour vous, tient tant à ce que je ne sorte plus qu'avec Regina ; ça n'est pas juste, c'est méchant, et ma marraine n'est pas méchante. Je vas lui demander ce pourquoi-là.

Une fois encore Germaine était entraînée, car il semblait que chaque pas qu'elle faisait la poussait malgré elle plus loin qu'elle ne voulait aller ; la pente était fatale et, bon gré mal gré, il fallait qu'elle la descendît sans savoir où et comment elle pourrait s'arrêter.

— Je vous prie de ne pas le lui demander, dit-elle, c'est moi qui vais vous l'expliquer. Votre marraine vous aime... beaucoup et sa tendresse est exclusive. Elle trouve que je manque à mes devoirs d'institutrice en vous témoignant trop d'affection.

— Mais je suis contente moi que vous m'aimiez.

— C'est cela que votre marraine ne veut pas ; elle ne veut pas que vous soyez contente d'être aimée par moi, et elle ne veut même pas que je vous aime d'une affection trop vive. C'est pour cela qu'elle a supprimé nos promenades. Je dois vous faire travailler. Rien ne m'est permis, en dehors de cela.

Micheline resta assez longtemps silencieuse, réfléchissant.

— Je comprends, dit-elle enfin.

— Eh bien, alors, vous voyez, mon enfant, que vous ne devez rien demander à votre marraine, que vous ne devez pas rendre la vie dure à Regina, et même que vous ne devez jamais me marquer trop vivement votre affection, comme vous ne devez pas être affligée si je ne vous témoigne pas la mienne avec la tendresse qui est dans mon cœur. Quoi que je dise, quoi que je fasse, ou plutôt quoi que je ne dise pas et ne fasse pas, soyez certaine que c'est tendrement que je vous aime, — non comme votre institutrice, mais comme votre mère.

— Oui, je le crois, murmura Micheline émue par l'accent passionné avec lequel ces derniers mots étaient prononcés, plus encore que par les mots mêmes.

— Soyez certaine, continua Germaine entraînée, que pour moi vous êtes bien plus une fille, ma fille bien-aimée, adorée, que vous n'êtes une élève, et que c'est comme ma fille que je veux vous instruire, vous soigner avec toute la sollicitude, toute la passion qu'une mère a pour son enfant. Voilà ce qu'il faut que vous sachiez, que vous vous disiez, mais tout bas, tout bas pour qu'il n'y ait que vous et moi qui l'entendions, qui nous comprenions, sans que jamais ces mots de mère et de fille puissent être entendus, puissent être devinés par d'autres que par nous. Ce sera un secret si vous le voulez ?

— Oui, je le veux ; vous verrez que je ne les dis pas, les secrets.

— Que la princesse ait une preuve de notre tendresse et nous serions séparées ; je devrais sortir de cette maison où je ne puis être qu'une institutrice.

— Pauvre madame Germaine ! dit Micheline d'une voix caressante.

L'accent de ces quelques mots était si doux qu'il fit monter les larmes aux yeux de Germaine.

— Oui, pauvre Germaine ! dit-elle, comme si elle se parlait à elle-même, j'aurais été si heureuse de vivre toujours avec vous comme nous avons vécu depuis trois mois, de vous caresser librement, de vous embrasser ! Elles étaient si bonnes, nos promenades !

Elle ne put retenir un long soupir en pensant à ces promenades entre les haies d'Hopsore, quand elles marchaient côte à côte et qu'elle serrait sa fille contre elle.

— Si vous vouliez ? dit tout à coup Micheline qui, placée en face d'elle, la regardait à travers la table.

Germaine l'interrogea d'un coup d'œil.

— Puisque nous sommes seules, j'irais vous embrasser.

Avant que Germaine eût le temps de répondre, Micheline sautant à bas de sa chaise, avait été à elle, et lui passant un bras autour du cou, elle l'avait embrassée.

— Il ne faut pas pleurer, dit-elle gentiment en lui essuyant les yeux avec son mouchoir ; puisque je vous aime et que vous m'aimez il ne faut pas pleurer.

— Chère enfant !

L'attirant contre elle, Germaine la prit dans ses bras, et par un mouvement d'instinct maternel, sans bien savoir ce qu'elle faisait, elle l'assit sur ses genoux, l'allongeant, la serrant comme si elle avait tenu un petit enfant ; elle lui avait mis la tête sur son sein, et, penchée, elle l'embrassait en la regardant dans les yeux.

— On est bien, disait Micheline ; embrassez-moi encore, bercez-moi !

Comme elles restaient ainsi, le bouton de la serrure claqua et la porte s'ouvrit.

C'était la princesse.

Instantanément Micheline se trouva sur ses pieds, tandis que Germaine, sans réflexion, se levait aussi.

La princesse, immobile dans la porte qu'elle ne pensait pas à refermer, les regardait interdite, et elles restaient devant elle comme deux coupables, ne sachant que dire.

Ce fut Micheline qui, avec l'assurance des enfants, se remit la première.

— Madame Germaine m'avait grondée, dit-elle, et je lui demandais de me pardonner.

— Pourquoi madame Germaine t'avait-elle grondée ? dit la princesse d'un air soupçonneux.

— Ah ! voilà.

— Je veux le savoir.

— Si je te le dis, tu vas me gronder aussi.

— Peu importe !

— Mais bien sûr que ça importe !

Micheline avait gagné du temps, et elle savait maintenant à peu près ce qu'elle voulait dire.

La princesse insista, se fâcha presque.

— Parle, je le veux !

— Eh bien, j'avais demandé à madame Germaine pourquoi elle ne voulait plus sortir avec moi ; elle m'a répondu qu'il était plus convenable que je sorte avec une gouvernante ; je me suis fâchée... et voilà.

— Et vous lui pardonniez en l'embrassant, dit la princesse s'adressant à Germaine ; vous êtes beaucoup trop faible pour elle ; je vous l'ai déjà fait observer, je vous le répète.

Cela fut dit sèchement, même durement. Germaine courba la tête sans répondre

Heureusement Micheline vint à son secours.

— Tu vas me faire gronder encore, c'est trop fort ; maintenant c'est toujours parce que tu me dénonces que je suis grondée ; si tu crois que je ne te vois pas faire des yeux à madame Germaine pour qu'elle me punisse ; elle n'a pourtant pas besoin de ça.

Les choses en restèrent là grâce à cette diversion, mais la princesse ne parut pas disposée à excuser la faiblesse qu'elle avait surprise, et elle veilla sérieusement à ce que Micheline ne sortît jamais avec Germaine : la promenade à pied du matin se faisait avec Regina ; celle de l'après-midi se faisait en voiture avec elle.

De trois à cinq heures, Germaine était libre, et ce temps elle l'employait à se promener aussi. Descendant l'avenue, elle gagnait l'allée du tour du lac, et marchant lentement sur le trottoir dans sa robe de deuil, au milieu des toilettes plus ou moins brillantes qui l'entouraient, elle suivait le défilé des équipages avec l'attention d'une provinciale mondaine qui veut apprendre à connaître le Tout-Paris du Bois. Mais dans ce fouillis de voitures, il n'y en avait qu'une pour laquelle elle eût des yeux, — celle de sa fille. Elle la voyait passer, assise à côté de la princesse. Puis, quand le soleil faisait une auréole dorée au Mont-Valérien, elle remontait l'avenue et rentrait à l'hôtel. Elle l'avait vue, elle l'avait admirée; en était-il une plus jolie, une plus belle parmi toutes celles qui avaient passé devant ses yeux ?

XVIII

Le jeudi était le jour de réception de Micheline, de quatre à sept heures ses salons étaient ouverts; à cinq heures il y avait thé et collation; tous les premiers jeudis du mois on dansait, à moins que le bal ne fût remplacé par une séance de prestidigitation ou par une exhibition de curiosités ou de phénomènes quelconques.

Pendant sept années après la mort du prince, l'hôtel de l'avenue du Bois-de-Boulogne était resté fermé; toute à sa douleur, la princesse ne voulait voir personne, seule Micheline lui apportait un apaisement et en l'occupant la distrayait. Mais si Micheline lui suffisait, il était certain qu'elle ne pourrait pas toujours suffire à l'enfant qui s'ennuierait dans cet hôtel désert et silencieux, où ne se montraient que Witold, et, de temps en temps, les frères et les sœurs de celui-ci. De là ces réceptions du jeudi.

C'était Micheline qui les présidait, à la plus grande joie de la princesse, fière de l'aisance et de l'assurance de sa fille : une femme n'eût pas mieux fait que cette enfant; et elle ne se lassait pas de l'admirer, allant à la porte lorsqu'on annonçait une nouvelle venue, l'embrassant ou lui tendant la main selon leur degré d'intimité, la conduisant à sa place, disant un mot aimable à la mère et revenant à la porte sans empressement comme sans lenteur, juste à temps pour accueillir celles qui arrivaient.

Fort mêlées, ces habituées du jeudi, et composées de ce monde exotique qui fait de Paris une sorte de grande ville d'eaux, où l'on vient des quatre coins de la terre pour se rencontrer, se créer des relations et s'amuser : de « richissimes » Américaines, des comtesses du pape, des duchesses italiennes ou espagnoles aux parchemins tout neufs, des parvenues, des enrichies fières de dire qu'elles allaient chez la princesse Sobolewska, et plus fières encore de recevoir chez elles la princesse dont le nom de vraie noblesse faisait de l'effet sur ceux qui ne savaient pas qu'elle était née Sophie Patouillet et veuve Beaumoussel. Mais pour Micheline cela importait peu; que Léonide Hubert fût ou ne fût pas de bonne noblesse, elle n'en avait pas souci, c'était une camarade comme Jeanne de Plailly, comme Isabelle Favrot, comme Ella et les autres; qu'elles tinssent leurs titres de François II, de Pie IX ou d'Alphonse, elles tenaient de la nature leur jeunesse et pour elle c'était là l'essentiel.

Le premier jeudi de février, Micheline, en se mettant au travail, se plaignit de mal à la tête et de frissons; elle éternuait et parlait d'une voix enchifrenée. Germaine, qui l'examina attentivement, remarqua qu'elle avait les paupières un peu gonflées, les conjonctives injectées, et que ses yeux larmoyaient.

— Il ne faut pas travailler aujourd'hui, dit-elle.

— Oh! si, je vous en prie; si je ne travaillais pas, marraine croirait que je suis malade et empêcherait notre bal de cette après-midi.

— Mais vous êtes souffrante!

— Cela ne sera rien; je peux très bien travailler, vous allez voir.

Ce que Germaine vit, ce fut les efforts que Micheline faisait pour s'appliquer, mais sans y réussir; alors elle l'obligea à se reposer.

— Tout à l'heure, cela va aller, dit Micheline.

En effet, au bout d'un certain temps, elle se remit à ses leçons, qu'elle n'apprit pas trop mal.

Cependant, Germaine n'était pas rassurée : c'était la première fois qu'elle lui voyait un malaise et elle s'en tourmentait. Elle n'était pas plus satisfaite de la façon dont on soignait sa santé que de celle dont on dirigeait son éducation. Au lieu d'être au lit tous les jours à neuf heures, Micheline ne rentrait assez souvent qu'à minuit, quelquefois à une heure, avec sa marraine, après le théâtre ou après une réunion où elles avaient été. Pour une enfant de cet âge, c'était là une vie absurde qui la désespérait mais qu'elle n'avait pas pu changer et qu'elle ne pouvait même pas blâmer, forcée, malgré tout, de rester les bras croisés, impuissante et paralysée. Micheline, tendre et caressante pour elle, venait lui dire adieu avant de partir, lui montrer sa toilette; puis, elle n'avait plus qu'à attendre son retour, comptant les minutes quand le retard se prolongeait, s'inquiétant, s'angoissant jusqu'au moment où la voiture roulait sur le gravier du jardin et n'ayant même pas la consolation d'assister à son coucher. Le malaise qui se produisait ne résultait-il pas de ces mauvaises habitudes et de ces fatigues?

La journée s'écoula à peu près bien et à trois heures Micheline passa des mains de son institutrice dans celles de sa femme de chambre pour être coiffée et habillée.

— N'ayez pas peur, je vais bien.

Mais cela n'était pas suffisant pour que Germaine n'eût pas peur : si les frissons avaient cessé, la voix était toujours enchifrenée et la mine était mauvaise. Elle lui fit de longues recommandations de ne pas se fatiguer, de ne pas s'exposer au froid, et elle obtint qu'au lieu d'une robe décolletée elle en mît une montante. Puis elle dut la laisser aller, car elle n'assistait pas à ces réunions du jeudi, et c'était par le bruit des voitures, par le son du piano que de sa chambre elle en suivait à peu près le mouvement.

Jamais elle n'avait trouvé aussi cruel que ce jeudi le temps de l'attente, ne se demandant plus seulement si Micheline s'amusait, mais anxieuse de savoir si Micheline n'était pas plus mal; près d'elle elle eût veillé à ce qu'elle ne se fatiguât pas, et elle lui eût évité les imprudences que dans l'emportement du plaisir elle ne serait que trop disposée à risquer.

Si encore elle avait pu interroger les domestiques qui faisaient le service des salons, par eux elle aurait su comment était Micheline ; mais aucun des domestiques ne lui répondrait si elle lui posait une question de ce genre. Si on l'avait regardée comme une ennemie lorsqu'elle était arrivée à Hopsore, maintenant que la princesse avait affirmé en vingt circonstances son hostilité, la domesticité entière n'avait pour elle que du mépris ou du dédain.

— L'institutrice !

A la façon dont on prononçait ce mot, elle savait quels sentiments on avait pour elle.

Jusqu'à six heures et demie elle attendit, la porte de sa chambre ouverte, écoutant les bruits qui montaient confusément jusqu'à elle par la cage de l'escalier. A ce moment le piano cessa, et les voitures roulèrent dans le jardin. Alors elle descendit au premier pour saisir Micheline au passage.

Un certain temps s'écoula, puis Micheline parut, montant l'escalier en se traînant.

— Ah ! madame Germaine, je n'en puis plus.

— Qu'avez-vous, ma mignonne ?

— Mal à la tête, mal au cœur, froid, chaud. C'est égal, je me suis bien amusée !

— Et voilà ! vous n'en pouvez plus.

— Ne me grondez pas ; défendez-moi plutôt, tâchez que marraine ne se fâche pas si je ne descends pas dîner ; j'aime mieux me coucher.

La marraine ne se fâcha pas contre Micheline, mais elle se fâcha contre Germaine qui aurait dû la prévenir.

— L'enfant disait qu'elle allait bien.

— Vous auriez dû voir qu'elle allait mal.

— Si j'avais pu la surveiller pendant le bal, je l'aurais vu.

La princesse, déjà blessée que Micheline se fût confiée à Germaine et non à elle, fut exaspérée de cette résistance, la première qu'elle rencontrât.

Elle le fut plus encore à l'arrivée du médecin, qui constata une forte fièvre, et conseilla de veiller l'enfant pendant la nuit.

— Je passerai la nuit près d'elle, dit vivement Germaine.

— Ne vous inquiétez pas si elle a un peu de délire, dit le médecin, ayez soin seulement qu'elle ne se découvre pas; si, comme cela paraît probable, nous avons affaire à une fièvre éruptive, il importe qu'elle ne se refroidisse pas.

Au lieu de s'adresser à la princesse, il donna ses instructions à Germaine, — la garde-malade.

C'était par respect des convenances que la princesse n'avait pas relevé l'élan de Germaine devant le médecin, mais lorsqu'elle revint dans la chambre de Micheline après l'avoir reconduit, elle s'expliqua vertement à ce sujet.

— Vous pouvez vous retirer, dit-elle à Germaine qui était en train de tout préparer pour la nuit, c'est moi qui veille ma fille.

— Mais, madame...

— C'est ma place d'être près d'elle, non la vôtre; je vous remercie de votre proposition.

Aux premiers mots, Micheline avait ouvert les yeux et regardé sa marraine; le remerciement qu'elle prit pour sincère la rassura.

— Je serai contente que tu me veilles, dit-elle, mais pas toute la nuit.

— Si je sentais le sommeil me gagner, je te donnerais Regina.

— Oh ! non, je ne veux pas de Regina, cela non ; je suis malade, on ne contrarie pas les malades.

— Eh bien, je n'aurai pas sommeil.

— Tu auras sommeil ; tu sais bien que tu ne peux pas veiller après une heure ; à minuit, madame Germaine viendra te remplacer. N'est-ce pas, madame Germaine ?

Germaine regarda la princesse avant de répondre.

— Marraine ne peut pas dire non si vous dites oui, reprit Micheline ; dites oui.

La marraine était prise ; il était en effet bien difficile, il était impossible qu'elle dît non ; elle voulut cependant ne pas céder tout à fait.

— Que madame Germaine vienne à deux heures, dit-elle.

— Qu'elle vienne à une heure, dit Micheline ; dormez bien jusque-là, madame Germaine. Bonsoir, marraine !

Un peu avant une heure, Germaine descendit ; l'enfant dormait, mais d'un sommeil agité, remuant les bras et les jambes, se retournant à chaque instant, prononçant de temps en temps des mots incohérents d'une voix voilée.

— Prévenez-moi s'il survient quelque chose, dit la princesse avec autorité ; n'interprétez pas, n'attendez pas, avertissez-moi aussitôt.

Germaine s'installa auprès du lit, sans bruit, et,

comme elle la voyait mal sous la lumière de la lampe baissée, écoutant pour juger de son état par la respiration.

La nuit se passa sans incident; si le sommeil n'était pas calme, au moins n'était-il pas interrompu; une seule fois Micheline se réveilla complètement et elle vit Germaine penchée sur elle.

— Ah! vous êtes là, madame Germaine?

— Voulez-vous quelque chose, mon enfant?

— Non, merci; vous êtes là, tant mieux. Et marraine?

— Elle dort. Voulez-vous que je la prévienne?

— Non, ne la réveillez pas.

— Comment êtes-vous?

— Je ne sais pas, je suis engourdie.

Quand le médecin arriva le matin, cet engourdissement durait encore; il trouva auprès du lit de Micheline la princesse et Germaine, et comme il avait la veille donné ses instructions à Germaine, ce fut elle qu'il interrogea.

Mais il se passa ceci de curieux que ce fut la princesse qui, prenant les devants à chaque question, coupa la parole à Germaine. Elle était outrée; comment ce médecin maladroit ne voyait-il pas que c'était à elle qu'il devait s'adresser?

Cependant ce fut encore à Germaine qu'il expliqua ce qu'on devait faire, — il prévoyait une rougeole et il n'y avait que des précautions à prendre en attendant l'éruption.

Soit caprice d'enfant, soit qu'elle souffrît des yeux, Micheline se tourna du côté de la ruelle et ne voulut plus répondre aux questions que sa marraine lui adressait : « Elle était fatiguée, la lumière lui faisait mal, elle voulait dormir »; de temps en temps seulement elle appelait Germaine pour lui demander ce qu'elle désirait; chacun de ces appels était un nouveau coup de couteau pour la princesse : « Qu'avait-elle donc fait, cette maudite institutrice, pour que l'enfant ne pensât qu'à elle ? »

Il en fut ainsi toute la journée, et le soir la princesse, maladroite par trop d'attention et de précaution, ayant laissé tomber un verre qui se cassa, Micheline se mit à pleurer :

— Oh ! je t'en prie, marraine, laisse madame Germaine me soigner.

La princesse se sauva dans sa chambre pour cacher son chagrin, désolée autant qu'exaspérée, n'imaginant pas que les enfants pussent avoir de ces caprices qui leur font prendre en grippe ceux-là mêmes qu'ils aiment le mieux, et accusant Germaine au lieu d'accuser Micheline.

C'était bien la rougeole; elle fut bénigne; en huit jours elle disparut, au moins pour l'éruption; mais comme le catarrhe continuait, le médecin conseilla d'aller passer quelque temps dans le Midi.

Germaine avait cru qu'elle serait de ce voyage, mais la princesse lui déclara que, comme l'enfant ne travaillerait pas, elle la laissait à Paris.

Elle n'eut même pas la consolation de conduire Micheline à la gare de Lyon; ce fut dans le vestibule de l'hôtel qu'elle lui dit adieu, froidement, en lui donnant la main.

XIX

Micheline avait promis à Germaine de lui écrire, mais le temps s'écoulait et aucune lettre n'arrivait. On ne savait même pas à l'hôtel où était la princesse : « Partie pour le Midi » et c'était tout ; à Hyères, à Cannes, à Menton, ou ailleurs.

Et Germaine se désolait, ne sachant que penser : l'enfant était-elle plus mal ? Oubliait-elle d'écrire ? la princesse retenait-elle ses lettres ? Tout était possible.

Cependant le plus probable était que la princesse ne laissait pas Micheline écrire par jalousie, pour se venger, et aussi pour affaiblir cette affection qui pendant la maladie s'était affirmée d'une façon si cruelle pour elle.

Germaine se sentait sûre du cœur de Micheline, ce ne serait point une absence qui la ferait oublier. Mais son angoisse n'en était pas moins vive malgré cette confiance ; l'enfant pouvait être malade ; le médecin avait regretté que l'éruption eût avorté au lieu de suivre son cours ; ce qui rendait une rechute plus facile ; et telle avait été l'exaspération de la princesse que si cette rechute se produisait, elle ne l'appellerait pas pour soigner Micheline.

Il fallait donc qu'elle attendît sans rien savoir, laissant le temps s'écouler, reprenant cette vie d'incertitude et d'inquiétude qui avait été la sienne pendant dix ans, — d'autant plus dure maintenant qu'elle l'avait crue finie.

La princesse avait emmené Regina et Saint-Denis; ils écrivirent à leurs camarades et ce fut par hasard, par un mot entendu en passant que Germaine apprit que la princesse était à Grasse, ou plutôt qu'elle le devina. Ce qu'elle n'avait jamais osé, elle se décida à le faire : elle interrogea la femme de chambre qui la servait.

— N'avez-vous pas reçu des nouvelles aujourd'hui ?

— Oui, de M. Saint-Denis et de mademoiselle Regina.

— Elles sont bonnes ?

— Très bonnes : mademoiselle Regina et M. Saint-Denis vont bien : seulement M. Saint-Denis s'ennuie ferme ; il dit que Grasse, ça n'est pas drôle, et que la princesse a eu une singulière idée de s'établir là au lieu d'aller à Nice, où il y a des plaisirs convenables.

Germaine laissait aller ce bavardage, espérant qu'il arriverait à Micheline, mais, voyant qu'il continuait ainsi sur M. Saint-Denis et mademoiselle Regina, elle essaya une question directe :

— Et Micheline ?

— Ils n'en parlent pas.

Au fait, pourquoi en auraient-ils parlé ? que leur importait Micheline ? Elle avait eu tort d'interroger cette fille.

Elle se mit à étudier les guides et les livres qui parlent de Grasse ; elle vit qu'on envoie là les malades pour lesquels le bord de la mer est trop excitant, et comprit alors la singulière idée qu'avait eue la princesse de s'établir à Grasse au lieu de rester à Cannes ou à Nice.

Elle recommença à attendre, se disant qu'il était impossible que ce silence se prolongeât longtemps.

Enfin, un matin, on lui montra une lettre dont l'adresse était de l'écriture de la princesse ; vivement, anxieusement, elle l'ouvrit :

« Madame,

» Par suite de nouvelles dispositions que je prends pour l'éducation de ma fille, j'ai le regret de vous faire savoir que vos services me sont désormais inutiles. Mais comme il ne serait pas juste que cette modification dans nos arrangements portât préjudice à vos intérêts, vous trouverez ci-inclus un chèque qui vous offrira, je l'espère, une indemnité suffisante. Depuis que vous êtes chargée de l'instruction de ma fille, je n'ai eu qu'à me louer de vous sous tous les rapports ; il n'y a donc, dans cette séparation *forcée*, rien qui puisse être interprété contre vous ; je tiens à le constater hautement.

» Avec mes remerciements, recevez l'assurance de mes sentiments d'estime.

» Princesse SOBOLEWSKA. »

Germaine n'avait pas eu besoin d'aller jusqu'au bout de cette lettre; aux premiers mots : « Par suite de nouvelles dispositions... » elle avait tout compris. On la renvoyait, on la séparait de Micheline, et c'était pour rendre ce renvoi et cette séparation plus faciles que la princesse était à Grasse.

Bien que depuis longtemps déjà elle eût le pressentiment qu'un jour ou l'autre, la princesse, exaspérée dans sa jalousie, voudrait se débarrasser d'elle, elle n'avait jamais imaginé que les choses pouvaient se passer ainsi : il faudrait des circonstances particulières, un ensemble de faits; elle serait préparée; elle se défendrait.

Si elle s'était résignée à tout, c'était pour sa fille; pour être près d'elle, pour l'avoir.

On voulait la lui enlever, elle se révoltait, décidée à tout pour la défendre.

Elle n'avait que trop attendu; et maintenant elle était punie pour sa lâcheté, comme pendant ces dix années elle l'avait été pour sa faute.

Elle la dirait, la vérité; elle l'avouerait, c'était à elle, ce n'était pas à sa fille de payer sa faute.

Plus d'un enfant, dont la naissance n'était pas régulière, aimait cependant sa mère. Micheline ne serait pas autre que ces enfants; maintenant, elle était sûre d'elle; les hésitations, les craintes qui la paralysaient lorsqu'elle était revenue en France n'existaient plus : elle avait gagné le cœur de son enfant, elle ne le perdrait pas.

Il n'y avait pas à balancer; elle devait partir immédiatement pour Grasse; et puisqu'on voulait lui prendre sa fille, — la reprendre.

Elle ne se présentait pas à un tribunal devant lequel la preuve de sa maternité ne serait pas admise; elle dirait simplement à la princesse : « Je suis la mère de Micheline; rendez-moi ma fille. »

A la vérité, Micheline perdrait la fortune que la princesse voulait lui assurer; mais était-il loyal qu'elle héritât de cette fortune?

C'était une question qui bien souvent avait assailli l'esprit de Germaine et qui avait lourdement pesé sur sa conscience : la fille du mari pouvait-elle être l'héritière de la femme?

Ce n'était pas une considération de fortune qui dans les circonstances présentes devait l'arrêter, c'eût été une faute de plus ajoutée à celles au milieu desquelles elle se débattait; elle ne vendrait pas sa fille; elle ne la livrerait pas à la princesse pour que celle-ci en fît ce qu'elle voudrait, l'élevât comme il lui plairait ou plutôt ne l'élevât pas du tout, et la mariât un jour à Witold ou à tout autre qui flatterait son ambition ou sa vanité.

Quand il ne s'agissait que d'elle, quand elle était seule à souffrir, elle pouvait sacrifier sa maternité; au moins elle était là pour veiller sur sa fille, la diriger et au besoin la défendre; mais maintenant il ne s'agissait plus d'elle seule, il s'agissait de Micheline.

Le soir même, elle partit pour Grasse.

Elle ne savait point où habitait la princesse; mais dans une petite ville comme Grasse, il ne devait pas être difficile de la trouver.

En descendant de l'omnibus, elle vit devant elle Regina assise sur un banc et se chauffant au soleil.

— Vous ici! dit la femme de chambre d'un air stupéfait.

— Comment va Micheline? demanda Germaine, incapable de retenir cette question qui la brûlait, et n'ayant plus d'ailleurs de prudents ménagements à garder.

— Elle ne va pas bien; elle a eu une rechute; on aurait mieux fait de rester à Paris.

— Est-elle en danger?

— Je ne crois pas; elle a une forte fièvre.

— Où est l'appartement de la princesse?

— Vous n'avez donc pas reçu la lettre de madame, dit Regina d'un air étonné qui montrait qu'elle connaissait cette lettre.

— Qu'importe cette lettre?

— Puisqu'on vous donne congé.

— Où est l'appartement? demanda de nouveau Germaine.

Regina, qui détestait Germaine et qui trouvait enfin l'occasion longtemps cherchée de satisfaire sa haine, n'allait pas la laisser échapper; elle prit son air bon apôtre et doucereux, presque amicalement :

— C'est un bon conseil que je vous donne : n'insistez pas, croyez-moi, tout serait inutile. La princesse est jalouse de l'amitié que la petite avait pour vous, et c'est pour cela qu'elle vous renvoie. Vous devez donc penser que si en venant lui faire une scène, vous prouvez de votre côté votre amitié pour l'enfant, vous l'exaspérez au lieu de l'adoucir. Rien, ni vous, ni personne, ne la fera changer. Et la preuve, c'est que l'enfant elle-même ne l'a pas touchée.

— L'enfant?

— Oui, la petite. Après vous avoir écrit, la princesse lui a dit qu'elle vous donnait congé : alors la petite s'est mise dans une de ces colères d'enfant terrible qui se croit tout permis ; elle a crié, pleuré, elle vous voulait ; il fallait vous envoyer une dépêche. Et comme elle voyait que cela ne faisait pas d'effet, elle a passé aux prières. Pour la première fois de sa vie, la princesse a tenu bon ; prières, colères, ç'a été tout un. Vous voyez bien qu'il est inutile que vous risquiez une tentative.

Malgré son impatience et son angoisse, Germaine écoutait avec béatitude ce flot de paroles : elle ne s'était pas abusée en se sentant sûre du cœur de sa fille.

— Maintenant il y a plus fort, continua Regina : c'est cet accès de colère qui a probablement déterminé cette rechute, ou qui l'a aggravée ; eh bien, malgré cela et quoique le médecin l'ait avertie, la princesse n'a pas cédé : elle ne veut pas de vous ; à aucun prix, elle ne vous reprendra. Ce que je vous en dis, vous comprenez, c'est dans votre intérêt, pour que vous ne vous exposiez pas à une rebuffade, — ce qui n'est pas amusant.

— Il faut que la princesse me reçoive ; prévenez-la.

— Tenez, voilà Saint-Denis ; interrogez-le, vous verrez s'il ne vous dit pas la même chose.

Regina fit un signe à Saint-Denis pour qu'il approchât.

— Je n'ai pas besoin de Saint-Denis ; prévenez la princesse, voilà tout ce que je vous demande.

— La petite dort.

— Alors j'attendrai.

Regina se décida à monter.

— Après tout, je vais voir, dit-elle.

L'appartement était au premier étage ; il se composait d'un salon dans lequel on entrait, d'une chambre lui faisant suite, puis d'une autre, qui était celle de Micheline.

Regina ouvrit la porte du salon avec précaution ; puis, marchant en étouffant le bruit de ses pas, elle fit un signe à la princesse, qui était assise auprès du lit dans lequel Micheline dormait.

La princesse hésita un moment ; mais, Regina ayant répété son signe, elle se leva doucement et, s'avançant sur la pointe des pieds, elle vint dans la chambre où Regina s'était arrêtée : Micheline n'avait pas bougé, elle paraissait toujours dormir.

— Que voulez-vous ? demanda la princesse à voix basse.

— Madame Germaine est en bas ; elle veut à toute force voir madame la princesse.

Brusquement, Micheline s'assit sur son lit :

— Madame Germaine ! s'écria-t-elle, quel bonheur !

XX

En voyant Micheline sortir les bras hors du lit, la princesse avait couru à elle pour la recouvrir.

Au lieu de répondre, Micheline lui avait jeté les bras autour du cou, et elle l'embrassait.

— Merci, disait-elle, merci !

— Laissez-nous, dit la princesse s'adressant à Regina ; tout à l'heure je vous sonnerai.

Malgré l'envie qu'elle avait de rester pour savoir ce qui allait se dire, Regina dut sortir du salon.

Alors Micheline continua :

— Pourquoi pas tout de suite ? Puisque tu l'as fait venir, pourquoi ne veux-tu pas qu'elle entre ? Je serais si contente !

Les premiers mots « Pourquoi pas tout de suite ? » la princesse ne les avait pas tout d'abord compris ; mais les autres n'étaient que trop clairs et par suite ils n'étaient que trop cruels pour sa jalousie.

— Puisque tu la faisais venir, continuait Micheline, pourquoi ne me l'as-tu pas dit ? cela m'aurait guérie. Tu crois que je dors et n'entends rien ; mais j'ai très bien entendu le médecin t'expliquer que c'était parce qu'on m'avait contrariée que j'avais si fort la fièvre ; alors tu aurais dû me faire plaisir pour me guérir Mais tu me l'as fait, ce plaisir ; maintenant je vais bien aller.

— Tu es malade parce que tu perds ton institutrice, que serais-tu donc si tu me perdais ?

— Oh ! toi, toi, j'en mourrais !

Ce cri fut un soulagement pour le cœur endolori de la princesse.

— C'est vrai ? demanda-t-elle en passant sa main caressante sur le front de l'enfant.

— Si c'est vrai ? Tu crois donc que parce que j'aime madame Germaine, je ne t'aime pas ? Je ne t'embrasse donc pas assez ? Alors penche-toi, je vais t'embrasser.

Lui passant les deux bras autour du cou, elle l'embrassa tendrement.

— Maintenant laisse entrer madame Germaine.

— Mais, mon enfant...

— Puisque tu l'as fait venir, ce n'est pas pour la laisser à la porte.

— Je ne l'ai pas fait venir.

— Tu ne l'as pas fait venir ?

— Non.

— Alors, tu ne veux pas qu'elle entre ? Mon Dieu, que je suis malheureuse !

Micheline fondit en larmes.

— Micheline, Micheline !

Micheline continua de pleurer sans rien entendre, suffoquée, à demi pâmée.

La princesse était éperdue. Penchée sur Micheline,

elle lui caressait les cheveux, en lui disant de douces paroles.

— Les cheveux me font mal, dit Micheline s'interrompant de pleurer.

Vivement la princesse retira sa main et Micheline recommença à sangloter.

— J'avais cru, murmurait-elle de temps en temps, j'avais cru...

La princesse ne savait que dire. Elle était désespérée, et elle se tenait debout auprès du lit, cherchant comment l'apaiser et ne trouvant rien. Il y avait bien un moyen, qui était de faire entrer Germaine ; mais pouvait-elle se résigner à le subir ? Après avoir eu la force de renvoyer cette maudite institutrice, pouvait-elle être maintenant assez faible pour la reprendre ?

Le visage tourné vers le mur, Micheline pleurait toujours, se débattant, gesticulant, rejetant ses couvertures, que sa marraine lui remontait sur les épaules.

— Micheline, mon enfant, tu vas te rendre malade !

— Ce n'est pas moi qui me rends malade ; est-ce ma faute si j'ai du chagrin ? Et j'en ai tant, de chagrin !

Ce fut dans un cri qu'elle jeta ces derniers mots qui remuèrent la princesse jusqu'au plus profond des entrailles.

— Tu sais ce que le médecin a ordonné, essaya-t-elle, il te faut du calme !

— Il a ordonné qu'on ne me contrarie pas ; ce n'est

pas par méchanceté que je suis contrariée, j'ai tant de chagrin ! Il y avait une personne qui m'aimait, on la renvoie.

Un sanglot lui coupa la voix.

— Mais je suis là, moi ; qui peut t'aimer comme je t'aime ?

— Madame Germaine aussi m'aime ; je n'ai pas de frères, pas de sœurs ; je suis toute seule, une enfant trouvée, sans parents ; quand on a une famille pour vous aimer, on n'aime pas son institutrice ; moi, je n'ai pas de famille et je l'aime parce qu'elle était bonne pour moi, si bonne, si tendre ; maintenant que me voilà malade, elle me soignerait avec toi ; toi le jour, elle la nuit ; tu sais que je ne veux pas que Regina me soigne, j'aime mieux mourir.

Comment la calmer ? La fièvre qu'elle se donnait n'allait-elle pas aggraver encore son état ?

Jusque-là, ses paroles n'avaient été qu'une plainte d'enfant, mais voilà que maintenant elle expliquait son chagrin et le justifiait par des raisons.

— Et si tu deviens malade aussi, s'écria Micheline tout à coup, qui est-ce qui me soignera, qui est-ce qui te soignera ? Madame Germaine serait près de moi. tu n'aurais plus à te tourmenter ; tu saurais qu'elle me soigne comme elle me soignait à Paris.

Cela aussi était vrai.

La princesse ne le sentait que trop, et elle s'indignait contre l'égoïsme de sa jalousie, mais c'était le malheur de sa vie d'avoir toujours été jalouse de ceux qu'elle aimait, autrefois du prince, maintenant de Micheline. Si elle avait pu dominer et cacher cette jalousie de façon à ce que le prince n'en souffrît pas, ne pourrait-elle pas agir de même avec cette enfant? Le plus sûr moyen de perdre la tendresse de ceux qu'on voudrait tout à soi, n'est-il pas de leur rendre cette tendresse insupportable? Avec Micheline c'était plus qu'insupportable qu'elle se manifestait à cette heure, c'était cruelle.

Ces réflexions, et aussi les pleurs de Micheline, ses plaintes, son chagrin, sa fièvre, tout se réunissait pour l'accabler, la bouleverser. Et cependant elle ne pouvait se décider à céder, se disant, pour justifier cette résistance à ses propres yeux, que si elle laissait l'institutrice rentrer dans sa maison, c'était abdiquer devant elle. Quelle force cette femme ne prendrait-elle pas dans cette soumission? Elle n'aurait plus qu'à vouloir. Jusqu'où n'irait-elle pas? Dans ses empiétements de domination, cela était de peu d'importance. Mais dans son accaparement d'affection, il n'en était pas de même; c'était là le terrible et l'effrayant.

Micheline était restée la tête collée contre la muraille, continuant de sangloter; peu à peu ses sanglots diminuèrent, et la princesse espéra qu'elle se calmait. Encore un peu de fermeté, et elle se résignerait sans doute.

A ce moment, Micheline se retourna.

— Marraine, dit-elle, pourquoi donc tiens-tu tant à renvoyer madame Germaine?

— Parce qu'elle est trop faible avec toi.

— C'est parce qu'elle m'aime trop. Tu ne veux pas qu'on m'aime?

La princesse ne répondit pas.

— Dis-moi seulement si c'est bien? cheline.

La princesse détourna les yeux devant ceux que l'enfant plongeait en elle.

— Tu ne veux ni me répondre, ni me regarder. Si je mourais, tu n'aurais donc pas de remords de m'avoir fait tant de chagrin?

— Oh! tais-toi, méchante enfant!

— C'est moi qui suis méchante! Valentine Sémauville est morte de la rougeole. Si je n'étais pas très malade, est-ce que le médecin t'aurait dit : « Affaire mal engagée », en secouant la tête?

Quittant le ton des reproches pour celui de la tendresse :

— Marraine, chère marraine, laisse-toi toucher, je t'en prie, ne renvoie pas madame Germaine!

La marraine était déjà bien ébranlée dans sa résolution ; cet appel à la tendresse l'acheva.

Cependant Micheline reprit :

— C'est ma faute, mais tu me punis trop; c'est parce que tu crois que je ne t'aime pas bien ; qu'est-ce que je t'ai fait, qu'est-ce que je t'ai dit? Il faut donc que je te dise toute la journée que je t'aime? Moi, je n'ai pas besoin que tu me le dises, je le vois; eh bien, je te le dirai : je t'aime, marraine, je t'aime parce que tu m'aimes, parce que tu es ma maman.

— Oui, ta mère! mon enfant.

Se penchant sur le lit, elle embrassa Micheline longuement, passionnément.

— Ta mère, ta mère! répétait-elle.

— Alors tu n'as plus peur de madame Germaine? demanda Micheline, qui avec son obstination enfantine poursuivait son idée sans que rien pût l'en distraire.

La princesse était vaincue, à bout de forces et de fermeté.

— Je vais la chercher, dit-elle.

— Ah ! marraine.

— Mais avant que je revienne avec elle, j'ai des observations, des recommandations à lui faire ; ne t'impatiente pas.

— Tu les lui feras après.

— Ce n'est pas après, c'est avant, car ce sont de nouveaux engagements qu'elle doit prendre envers moi.

— Enfin, tu me promets de revenir avec elle?

— Je te le promets.

— Si tu te fâches?

— Je t'ai donné ma promesse; quoi qu'il arrive je la tiendrai, quoi qu'il puisse m'en coûter ; es-tu contente?

— Oh ! si heureuse !...

Pour que sa marraine n'hésitât pas, Micheline sonna.

Regina, qui devait attendre sur le palier, entra aussitôt.

Ce fut Micheline qui prit la parole.

— Dites à madame Germaine de monter.

Regina, furieuse, regarda la princesse pour lui demander la confirmation de cet ordre absurde, car depuis que la lettre de renvoi était écrite elle avait entendu les plaintes de sa maîtresse contre l'institutrice, et elle croyait que celle-ci ne rentrerait jamais en grâce.

— Tu vois ! s'écria Micheline, exaspérée par cette immobilité.

— Faites donc ce que Micheline vous commande, dit la princesse, et quand elle vous donne un ordre, n'ayez pas de ces hésitations, je vous le dis une fois pour toutes.

Regina se décida, et la princesse la suivit en fermant la porte de la chambre de Micheline, puis celle de sa propre chambre, de façon à ce que pas un mot de ce qui allait se dire entre l'institutrice et elle arrivât jusqu'à l'enfant — car elle avait des choses graves à dire, des observations, des recommandations à faire, et sur ce point elle était décidée à ne pas faiblir; ce serait sa vengeance.

Elle n'attendit pas longtemps dans le salon. Germaine entra.

— Ainsi, madame, dit la princesse avec son air Sobolewska, vous avez cru pouvoir ne pas tenir compte de ma lettre ?

Germaine s'était préparée; pendant ce long voyage elle avait arrêté ce qu'elle dirait; l'exaspération qui tout d'abord avait soulevé son cœur s'était apaisée et elle en était venue à des sentiments de justice pour la princesse qui n'avait d'autres torts en réalité que de trop aimer l'enfant qu'elle avait élevée.

Ce fut avec calme qu'elle répondit, mais le cœur serré par la plus poignante émotion :

— Si je n'avais été qu'une institutrice pour Micheline, j'aurais tenu compte de votre lettre, madame, mais, en présence du renvoi qu'elle me signifie, je ne puis pas garder le silence, pas plus que je ne puis vous tromper plus longtemps : Micheline est ma fille, et je viens la reprendre.

— Son père, quel est-il ? s'écria la princesse dans un élan frémissant qui révélait bien des choses.

Quand Germaine, pendant son voyage de Paris à Grasse, avait préparé ce qu'elle devait dire, elle avait prévu cette question. Si peu soupçonneuse, si peu avisée que fût la princesse, elle ne pouvait pas assurément ne pas entrer en éveil à l'annonce d'une révélation aussi grosse. Elle interrogerait. Il fallait donc se tenir prête à répondre.

Sa faute, Germaine ne chercherait pas à l'atténuer; elle avait été coupable, elle ne chercherait pas à le nier; sur ce point, elle ferait sa confession entière et franche.

Mais il y avait deux autres points sur lesquels cette franchise était impossible : la paternité de Micheline et son abandon.

Il fallait qu'elle trouvât un moyen de tromper la princesse sur ces deux points, si misérable que fût le mensonge; et c'était à chercher ce moyen qu'elle s'était appliquée. Malheureusement, elle était peu habile dans l'art d'inventer des histoires en leur donnant la vraisemblance, et ce qu'elle avait combiné ne valait pas grand'chose. Que la princesse en fût ou n'en fût pas satisfaite, elle n'en prenait pas souci. Que le prince ne fût pas compromis, pour elle tout était là.

— Je pense que ce père n'était pas votre mari? dit la princesse d'un ton dédaigneux.

— Il est vrai.

— Alors, qu..l est-il?

— Ce secret n'est pas le mien. Ce n'est pas un père qui vient réclamer sa fille, c'est une mère, et je suis prête à vous prouver que je suis la mère de Micheline. Quant à son père, je ne puis le faire connaître... C'est pour cacher ma grossesse que j'ai quitté le Chili.

— Ah! c'est au Chili que vous êtes devenue enceinte?

Ce cri échappa à la princesse comme lui avait échappé le mot: « Et son père »; mais autant il y avait d'angoisse dans l'un, autant il y avait de soulagement dans l'autre.

Germaine avait réussi sur le premier point: le soupçon qui s'était tout d'abord présenté à l'esprit de la princesse était détourné, s'il avait effleuré Casimir, il ne l'avait pas sérieusement atteint. Elle continua:

— D'ailleurs, ce que je pourrais vous dire du père de Micheline, s'il m'était permis de parler, serait sans intérêt pour vous; mais sur moi, je puis vous donner toutes les preuves que vous me demanderez, et des preuves certaines qu'il vous sera facile de faire vérifier; c'est à Neuilly que j'ai habité en arrivant à Paris, au mois de décembre 1863, et c'est à Bourg-la-Reine, chez un médecin qui existe encore, que je suis accouchée, au mois de juin suivant, c'est à Bourg-la-Reine que...

— Et que m'importe tout cela ?

— Je tiens à ce que vous sachiez que Micheline est ma fille.

— A quoi bon ? Toutes les preuves du monde ne vous donneraient pas des droits sur Micheline, qui, aux yeux de la loi, n'est pas votre fille et ne peut pas l'être. Quand j'ai eu la pensée d'adopter Micheline, j'ai consulté mon notaire et mon avocat ; nous avons examiné dans quelles conditions on pouvait me redemander l'enfant et quelles personnes auraient des droits à faire valoir sur elle. Alors il m'a été expliqué, et je ne l'ai pas oublié, que, dans le cas d'une naissance adultérine, les parents n'auraient aucun droit, — et ce cas est le vôtre précisément, puisque vous étiez mariée ; il est donc inutile que vous fassiez la preuve de votre maternité.

Les paroles de l'avocat Gontaud retentissaient encore trop fortement aux oreilles de Germaine : « Cette enfant n'a pas de mère aux yeux de la loi, et rien ne pourra faire qu'elle en ait une », pour qu'elle ne fût pas paralysée en les retrouvant dans la bouche de la princesse.

— Mon intention n'est pas d'invoquer la loi, dit-elle.

— Invoquerez-vous votre maternité ? Je ne vous y engage pas, car, de ce côté, vos droits seraient encore plus faibles, plus nuls. Entre cette maternité de hasard qui vous a fait mettre au monde cette enfant, et celle de tendresse, de soins, de sollicitude continuée pendant dix ans, quelle est la vraie ? La vôtre ou la mienne ? Vous venez me dire : « Micheline est ma fille, je la reprends. » Et moi, je vous réponds : « Micheline est ma fille, je la garde. » Vous ne pouvez prouver votre maternité que par un accident ; moi, je prouve la mienne par dix années d'affection partagée. Où serait-elle, votre fille, si je n'avais été là pour la recueillir quand il vous a plu de l'abandonner ? Qui de nous deux a fait œuvre de mère ? Qui de nous deux pourra se présenter devant elle la tête haute et lui dire : « Voilà ce que j'ai été pour toi » ? Si vous êtes si abondante en détails sur votre maternité, comment l'êtes-vous si peu en explications sur votre abandon ?

— J'allais arriver à cette explication... qui est bien simple. Obligée de repartir pour le Chili au commencement de juillet, j'avais placé ma fille chez une femme en qui je croyais pouvoir avoir confiance et qui m'a trompée.

— Quand êtes-vous parti pour le Chili

— Le 5 juillet.

— Et c'est le 20 que nous avons trouvé Micheline, dit la princesse qui paraissait accepter ces dates avec soulagement.

— Juste quinze jours après mon départ ; vous voyez qu'il ne m'a pas plu de l'abandonner comme vous le disiez.

— Pourquoi cet abandon s'est-il fait devant ma grille, comme si l'on voulait que l'enfant fût trouvée par le prince, par moi ou par des gens du château ?

— Parce que cette femme, qui avait entendu parler de votre bonté et de votre tendresse pour les enfants, a espéré que vous vous chargeriez de celle que je lui avais confiée, et qu'ainsi sa faute lui serait moins lourde.

— Et comment avez-vous appris que l'enfant était chez moi ?

— Par cette femme qui m'a tout avoué quand j'ai été lui redemander ma fille.

— Où demeure-t-elle ?

— A Argentan.

Comme Germaine voyait où la princesse voulait en venir, elle alla au-devant de la question qui allait lui être posée, sûre à l'avance de la fidélité et de la discrétion d'Eugénie :

— Vous pourrez l'interroger quand vous voudrez; vous pouvez lui écrire.

La princesse ne répondit pas, et ne dit pas ce qu'elle ferait.

— Mais comment ne m'avez-vous pas réclamé tout de suite votre fille ? Comment avez-vous joué cette comédie de l'institutrice ?

Germaine en avait fini avec le mensonge qui lui serrait la gorge pendant ces explications qu'elle trouvait elle-même pitoyables; maintenant qu'il ne s'agissait plus que d'elle, elle pouvait parler franchement et défendre sa fille, se défendre elle-même.

— C'était en effet pour vous reprendre ma fille que j'étais venue à Hopsore. Arrivée trop tard pour me présenter au château, je m'étais logée à l'*Image Saint-Pierre*, et le soir le hasard m'a fait entendre une conversation entre Saint-Denis et l'un de ses amis, qui m'a donné l'idée de ce que vous appelez la comédie de l'institutrice. Cette conversation m'apprit que vous aimiez tendrement Micheline, que vous vouliez l'adopter pour fille, et je compris que vous ne me la céderiez pas sans luttes. De plus, elle m'apprit aussi que vous vouliez lui donner une institutrice. Et alors j'ai pensé que je pouvais être cette institutrice.

— Quand vous pouviez être la mère !

— Pour être la mère, je devais faire connaître la vérité à Micheline, et j'avoue que j'ai eu peur de cet aveu. D'autre part, je devais entrer en lutte avec vous qui défendriez vos droits acquis, et j'avoue encore que j'ai eu peur de cette lutte.

— Vous saviez que vos droits étaient nuls, tandis que les miens étaient inattaquables.

— Je ne fais aucune difficulté pour reconnaître que je trouvais cruel de venir vous reprendre une enfant que vous aviez élevée, à laquelle vous aviez donné vos soins pendant dix années, que vous aimiez et qui vous aimait. Ce sont ces diverses raisons qui m'ont fait me contenter, moi la mère, de n'être que l'institutrice de ma fille, avec la pensée de vivre près d'elle, de me dévouer à elle, de former son esprit et son cœur. Et ce rôle que je m'étais imposé, je l'aurais continué, sans m'en écarter jamais, sans être la mère autrement que par l'affection et le dévouement, vous laissant à vous, madame, les joies et les récompenses de la maternité, si vous ne m'aviez pas écrit cette lettre. Vous voulez me séparer de ma fille, il n'y a plus de considérations humaines qui puissent me retenir, ni la crainte d'une lutte publique, ni la reconnaissance pour vos soins, ni la peine que je puis faire à l'enfant en vous l'enlevant, ni le souci de ses intérêts ; vous ne voulez plus que je sois son institutrice, je vous dis : « Je suis sa mère » ; vous voulez la guerre, je vous dis : « Je suis prête. » Quoi qu'il en puisse arriver, je n'ai aucune responsabilité à craindre ; ma fille saura sur qui la faire retomber : si c'est sur la vraie mère qui a poussé le sacrifice jusqu'à l'anéantissement de la maternité ; ou si c'est sur la mère adoptive dont l'affection étroite et jalouse n'a pas voulu garder auprès d'elle une femme qui ne demandait qu'à se dévouer à son enfant, sans rien réclamer, sans rien attendre. Elle verra qui l'aimait et qui elle doit aimer.

De toutes les raisons sur lesquelles Germaine pouvait s'appuyer, celle-là était de beaucoup la plus forte, car la princesse vivait dans la peur des responsabilités, surtout de celles qui l'engageaient envers Micheline. Que dirait l'enfant si cette lutte éclatait ? Que penserait-elle ? A qui donnerait-elle tort dans son jugement d'enfant, et plus tard dans son jugement de femme ?

Pendant assez longtemps elle resta la tête fixe, regardant devant elle sans rien voir, réfléchissant, et, comme Germaine voulait reprendre la parole, de la main elle fit un signe pour lui imposer silence.

— Feriez-vous le serment, dit-elle enfin, de n'être que ce que vous proposiez tout à l'heure, c'est-à-dire institutrice, rien qu'institutrice, et de n'avoir de la mère que l'affection et le dévouement, sans rien réclamer, sans rien attendre de l'enfant ? J'entends un serment solennel sur la tête, sur la vie, sur le bonheur de votre fille ?

— Je le ferais.

— Êtes-vous prête à jurer que jamais vous n'invoquerez votre maternité ? Faites ce serment et je retire la lettre que je vous ai écrite, vous rentrez auprès de Micheline pour remplir votre rôle d'institutrice dont vous ne sortirez jamais.

Germaine étendit la main :

— Je le jure ! dit-elle.

— Sur la vie de Micheline ?

— Sur sa vie, sur son bonheur, je le jure !

— Eh bien, suivez-moi.

Passant la première, la princesse ouvrit la porte de sa chambre, puis ensuite celle de Micheline.

Le bruit des pas avait averti Micheline que sa marraine ne rentrait pas seule, et vivement elle s'était assise sur son lit.

— Oh ! madame Germaine, s'écria-t-elle, que je suis heureuse !

Germaine eut la force de ne pas céder à la joie qui la poussait dans les bras de sa fille, et de s'enfermer même à ce moment dans son rôle d'institutrice.

— Votre marraine veut bien que je reprenne ma place auprès de vous, pour vous soigner d'abord, puis pour vous faire travailler quand vous serez guérie.

— Mais viens donc que je t'embrasse, marraine !

FIN DE LA DEUXIÈME PARTIE

TROISIÈME PARTIE

I

A dix-sept ans, Micheline ne ressemblait plus à l'enfant que Germaine avait trouvée en arrivant à Hopsore; autant la petite fille avait été audacieuse et délurée dans ses discours sur les choses de l'amour, autant la jeune fille était réservée et même secrète.

Aimait-elle Witold?

Ou tout au moins était-elle disposée à l'aimer?

C'était ce que la princesse et Germaine se demandaient, sans trouver une réponse satisfaisante à leurs questions.

La marraine, pas plus que l'institutrice, ne savait lire en elle, et si parfois Germaine essayait de l'interroger de façon à en tirer une parole précise, elle n'obtenait qu'une plaisanterie ou qu'un sourire énigmatique.

Elle qui, enfant, parlait si souvent de « ses

amoureux », ne parlait plus maintenant que toilette.

Il semblait que sa vie tenait dans la joie d'une robe bien faite ou dans le désespoir d'un chapeau manqué, et, comme sa marraine lui avait ouvert un crédit illimité, elle pouvait donner le vol à ses fantaisies. Tout d'abord, elle s'était contentée d'être habillée mieux que tout le monde; puis, elle avait voulu être habillée autrement que tout le monde. Pour renforcer l'originalité de goût qu'elle tenait de la nature, elle avait appelé l'étude à son aide. Alors on l'avait rencontrée au Louvre, faisant des croquis d'après les portraits de toutes les écoles, italienne aussi bien que hollandaise ou flamande. Au cabinet des estampes, elle avait consulté les vieilles gravures en faisant le désespoir des conservateurs ahuris de ses demandes incohérentes.

Au cabinet des médailles elle avait travaillé les coiffures antiques d'après les camées et les pierres gravées. Mais elle avait surtout longuement pioché le livre de Chevreul sur la loi du contraste simultané des couleurs qui lui avait permis de donner des conseils à son couturier avec une autorité que celui-ci ne possédait pas, malgré son expérience. Que pouvait-il répondre, le malheureux, quand, drapant des étoffes sur une « de ses demoiselles », il était arrêté par une observation de ce genre tombant de cette bouche de dix-sept ans : « Oh! monsieur Faugerolle, comment pouvez-vous associer ces deux couleurs? est-ce que si deux couleurs juxtaposées contiennent un élément commun, cet élément ne tend pas à disparaître? » Ce n'était pas seulement des conseils qu'elle donnait aux fournisseurs; elle distribuait aussi des éloges ou des blâmes rigoureusement motivés d'après la loi du *contraste simultané*, ou du *contraste successif* ou du *contraste mixte*. Malheur à celles qui manquaient à cette loi, elles étaient exécutées, eussent-elles une réputation d'élégance incontestée, et les arrêts de Micheline étaient colportés par ses amies, fières de répéter ce qu'elles venaient d'apprendre : « De l'élégance..., du goût, elle ne sait pas seulement que l'orangé et le bleu sont complémentaires l'un de l'autre. »

A la vérité, cette passion de la toilette n'était pas purement platonique, et ce n'était pas seulement l'unique plaisir d'être bien habillée qui inspirait sa fantaisie, c'était aussi ce qu'une toilette réussie lui rapportait de compliments agréablement exprimés ou de muettes admirations. Car malgré la réserve en parole qui avait succédé à sa vantardise enfantine, il était évident que le besoin de plaire qui la tourmentait à dix ans ne s'était pas éteint en elle, et qu'à dix-sept elle tenait « à ne pas écarter les amoureux » comme elle disait autrefois.

Loin de là, elle faisait tout ce qu'il fallait pour les attirer; et comme avec cela elle avait les doux yeux bleus de son père, sa taille élégante et élancée, la carnation fraîche et laiteuse de sa mère, comme elle avait en propre un air grand, simple, posé, un sourire malicieux, tendre, triomphant où se retrouvait cet attrait mystérieux et troublant qu'ont les enfants nés d'un père et d'une mère de race différente, elle en traînait toujours un nombre plus que respectable partout où elle allait, à Paris comme à Trouville, au théâtre comme aux courses.

Ce qu'il y avait de particulier dans sa coquetterie, c'était qu'elle paraissait tenir plus à la quantité qu'à la qualité et à la fidélité; mettant presque autant d'empressement à congédier les anciens qu'à attirer les nouveaux, comme si ce qu'elle recherchait c'était un hommage rendu à sa séduction, une affirmation de sa souveraineté, bien plus que la provocation de sentiments qu'elle pouvait partager. Du jour où l'on portait franchement ses couleurs, c'était fini, elle ne vous regardait plus; vous n'aviez qu'à rentrer dans les rangs.

— Micheline m'inquiète, disait souvent la princesse; que veut-elle?

Et comme Germaine ne répondait pas à cette question, c'était contre elle que la princesse se fâchait, n'ayant pas la force de se fâcher contre Micheline.

— C'est votre faute; il n'en serait pas ainsi si vous vous étiez appliquée à peser sur l'esprit et le cœur de Micheline pour la préparer au mariage avec le prince Witold.

— Quand Micheline était enfant et que je lui parlais du prince Witold, elle me répondait qu'il était trop triste, et elle lui reprochait de s'ennuyer de tout, d'être endormi.

— Ces reproches étaient enfantins.

— Assurément; cependant ils manifestaient une certaine incompatibilité d'humeur contre laquelle mes suggestions ne pouvaient rien; maintenant, quand je lui parle du prince, et je vous affirme que je lui en parle souvent, pour me conformer à vos instructions aussi bien que pour tâcher d'apprendre ce qui se passe en elle, elle ne me répond jamais qu'en plaisantant, ou bien elle ne me répond pas du tout si j'insiste trop.

— C'est faire injure à Witold que se conduire ainsi.

— Est-elle donc la première fille de son âge qui montre de la coquetterie? à dix-sept ans, toutes les jeunes filles ne vivent-elles pas pour l'amour, et n'ont-elles pas pour unique souci de plaire, non à celui-ci ou à celui-là, mais à tous les hommes qui les approchent?

— Il ne manque plus que vous l'excusiez!

— Je ne l'excuse ni ne la blâme; je tâche de me l'expliquer.

— Alors, quelle fille serait-elle donc?

— Une fille de son âge, tout simplement.

— L'âge ne suffit pas; il faut qu'il s'y joigne une disposition native et c'est là qu'est le danger, pour moi la plus vive inquiétude.

Chez une autre que la princesse, ce mot sur les dispositions natives n'eût été qu'une allusion, mais chez elle, indulgente et bienveillante, toujours attentive à ne peiner personne, c'était une accusation qui en disait long.

Si Micheline lui causait une si vive inquiétude, c'était parce qu'elle était la fille de sa mère, et que cette mère avait été une femme coupable. A la vérité, depuis sept ans qu'elle voyait cette femme chaque jour et qu'elles vivaient de la même vie, il n'y avait pas le plus léger reproche à lui adresser ; et cependant elle était belle encore et d'une étonnante jeunesse à quarante ans ; rajeunie, embellie par son existence auprès de Micheline. Mais qu'importait ? la maternité fait de ces miracles, et le présent ne pouvait pas effacer le passé. Malgré ces années d'expiation, la faute subsistait : à un moment donné, dans une certaine circonstance, cette honnête mère n'avait pas été une honnête femme.

Avant l'aveu que Germaine lui avait fait, la princesse avait quelquefois regretté de ne pas connaître les parents de Micheline, s'imaginant qu'elle trouverait dans cette connaissance des raisons pour aimer plus tendrement l'enfant : bien entendu, ils devaient être des braves gens, tels qu'elle pouvait les souhaiter, et ils étaient heureux qu'elle adoptât leur fille abandonnée par misère ou volée. Mais, depuis que Germaine avait parlé, il se trouvait que c'était précisément le contraire qui s'était produit et, si elle n'avait pas de raisons pour aimer moins Micheline, en tout cas elle en avait pour s'inquiéter ; cet aveu la blessait ; elle n'eût pas voulu que Micheline fût née d'une faute ; cette mère la gênait, et ce père lui-même qu'elle ne connaissait pas la troublait.

Si elle avait accepté le récit de Germaine sans protestations et même sans objections, ce n'était pas sans que le soupçon eût plus d'une fois traversé son esprit. Cette nourrice abandonnant l'enfant qu'on lui avait confiée juste à la porte d'Hopsore ; leur sortie en forêt précisément au moment même de cet abandon ; la facilité avec laquelle Casimir avait consenti à la prendre chez lui et à être son parrain ; le nom de Micheline, la coïncidence de la conception de cette enfant, avec le refroidissement du prince, il y avait dans tout cela un enchaînement de faits qui ne pouvait pas ne pas émouvoir une femme dont la jalousie avait aiguisé l'esprit. Elle n'avait pas attendu ce récit pour être frappée par certains points de ressemblance qui existaient entre Micheline et le prince : les yeux bleus et doux, la taille élancée, la démarche, l'air affable et charmeur. Et cependant elle n'avait rien dit, pas plus qu'elle n'avait laissé paraître une pensée de doute. N'était-ce pas une injure à la mémoire de celui qu'elle aimait? N'était-ce pas une humiliation pour elle, la plus mortifiante, la plus cruelle, d'admettre devant cette femme qu'elle avait pu être trompée? Si du vivant du prince elle avait eu la fierté d'être aimée, elle l'avait bien plus encore depuis qu'il était mort. Mais pour n'avoir rien dit, elle n'en avait pas moins été bouleversée ; et depuis, à chaque instant, malgré elle, ces faits bizarres avaient pesé de tout leur poids sur son cœur. Pourquoi Micheline ne serait-elle pas la fille de Casimir? Pourquoi cet abandon n'aurait-il pas été combiné par cette femme pour se débarrasser de son enfant et l'imposer à son amant? Tout était possible, et les dates données par Germaine ne prouvaient rien, puisqu'elles pouvaient être inventées.

Mais, alors même que cela serait, elle ne se détacherait pas de l'enfant. Le voulût-elle, qu'elle ne le pourrait pas. Dans l'éloignement du souvenir, le prince s'était en quelque sorte transfiguré, et elle était arrivée à cette foi ardente et aveugle, à cette légende religieuse qui n'admet ni la discussion, ni le blâme. Rien de ce qu'il avait fait n'avait pu être mal, et ce n'était plus seulement comme un mari qu'elle l'adorait, c'était comme un fils. Qu'il eût été le père de Micheline, elle serait la grand'mère de l'enfant. Le temps s'était écoulé. A supposer qu'elle eût été trompée, elle n'était plus sous le coup immédiat d'une tromperie qui avait pu se produire avec des circonstances atténuantes, et dans certains jours de cet affolement maternel si puissant chez une femme tendre qui n'a point eu d'enfants, elle en venait à se dire que c'était peut-être la Providence qui avait voulu qu'il en fût ainsi, afin que celui qu'elle avait si passionnément aimé ne lui fût pas enlevé tout entier et qu'elle eût de lui cette enfant.

Tel était le trouble de son cœur à cet égard qu'elle n'avait jamais voulu contrôler les faits que Germaine lui avait donnés, ni consulter les registres de Bourg-la-Reine, ni voir le médecin chez qui Germaine était accouchée, ni interroger la nourrice d'Argentan, cette Eugénie qui avait abandonné Micheline. A quoi bon? Qu'apprendrait-elle? Elle avait peur de trop de précision comme elle en avait eu peur du vivant du prince, alors qu'elle n'osait pas le questionner.

Le mieux était de se tenir dans le vague, et elle s'y tenait.

Mais si Micheline était la fille du prince, cela n'était pas pour rassurer la princesse au point de vue de la fidélité; les dispositions natives n'en devenaient que plus graves, plus inquiétantes, et si elles suffisaient pour expliquer cette étrange coquetterie, elles ne l'excusaient pas.

Que deviendrait le mariage qu'elle avait arrangé si Micheline continuait ce manège?

Witold ne s'effrayerait-il pas ?

Ne se retirerait-il pas ?

Déjà plus d'une fois il s'était plaint, à mots discrets, il est vrai, mais enfin il s'était plaint des dispositions qu'il rencontrait chez Micheline, et il ne fallait pas le laisser se décourager.

Elle devait donc intervenir.

II

C'était une grave affaire pour la princesse que cette intervention, car il était certain qu'il faudrait engager une discussion avec Micheline, et elle avait l'horreur des discussions. Toute sa vie elle avait été dominée par cette peur qui la paralysait, et ce qu'elle avait abandonné pour ne pas subir une discussion, si légère qu'elle fût, aurait constitué une belle fortune. C'était pour ne pas discuter qu'elle payait tout ce qu'on lui demandait; pour ne pas avoir d'observation à adresser à ses domestiques qu'elle laissait diriger sa maison par Regina et Saint-Denis; pour ne pas contester les comptes des gens chargés de l'administration de sa fortune qu'elle acceptait le concours d'intermédiaires qui la volaient à qui mieux mieux. Cela était si bien connu, que cette peur était exploitée ouvertement par la plupart de ses fournisseurs. « Il m'en coûterait beaucoup d'entrer en contact avec madame la princesse, mais... » Il n'y avait même pas besoin d'achever la menace; au mot « contact » elle avait déjà cédé. Il était vraiment heureux que l'annonce : « Beaumoussel, Beaumoussel, vérifiez le cachet », continuât de produire son effet, sans quoi la princesse eût été ruinée depuis longtemps.

Si elle craignait les discussions avec les étrangers, à plus forte raison les craignait-elle avec ceux qu'elle aimait ; et c'était ce qui l'avait pendant aussi longtemps empêchée d'aborder avec Micheline la question du mariage, certaine qu'elle était à l'avance de rencontrer une certaine opposition à ses désirs. Quelle serait cette opposition, jusqu'où irait-elle? elle n'en savait rien ; mais enfin il était évident que, pour le moment, Micheline ne pensait pas à devenir la femme de Witold.

Qui sait, si, en agissant plus tôt, les choses n'auraient pas pris une autre tournure? Elle avait eu tort de s'en remettre à Germaine qui n'avait rien fait, et c'était un grief de plus à ajouter à tous ceux qu'elle avait déjà.

Ces sept années, en effet, ne s'étaient pas écoulées sans tiraillements entre les deux femmes, et s'ils n'avaient point abouti à une guerre déclarée, cela était dû autant à la prudence résignée de celle-ci, qu'au manque de résolution de celle-là. Comment batailler quand l'une avait fait à l'avance sa soumission, et quand l'autre ne pouvait pas se décider à engager l'attaque? Mais parce que la querelle était évitée, le ressentiment n'en persistait pas moins, et d'autant plus vif précisément qu'on ne s'était point expliqué, chacune ayant conscience du sacrifice qu'elle avait fait à l'autre.

— Cette malheureuse! se disait la princesse avec mépris.

— Cette heureuse! pensait Germaine avec envie.

Quant à Witold, la princesse se demandait, n'osant poser franchement sa question, à quel mobile Germaine avait obéi en ne l'imposant pas à l'attention et à la sympathie de Micheline. Ne trouvait-elle pas un Sobolewski assez noble pour sa fille? Au contraire, ne voyait-elle pas une prohibition au mariage entre l'oncle et la nièce? De toutes les inquiétudes qui avaient tourmenté sa jalousie, celle-là avait été une des plus vives, et elle ne l'avait écartée qu'en se disant que cette prohibition légale n'était pas admise dans le monde, où l'on recontre assez souvent des oncles et des nièces que la loi et l'Église ont mariés. Avait-elle des reproches graves à formuler contre Witold? Micheline ne lui avait-elle pas fait des confidences qu'elle ne voulait pas répéter? En tous cas, et quelque fût le mobile qui avait déterminé l'institutrice, on pouvait croire que, si elle avait voulu, les choses eussent pris une autre tournure.

C'était donc son devoir à elle, « la vraie mère », de réparer le mal que « la fausse » menaçait de causer.

Préparée à l'idée de devenir la femme de Witold, Micheline n'eût point cédé à ces fantaisies de coquetterie qui pouvaient la compromettre si elles se prolongeaient.

Et, d'autre part, Witold, en n'étant plus témoin de ces manèges, qui très justement le blessaient dans le présent et l'inquiétaient dans l'avenir, n'eût pas montré cet air ennuyé qu'on pouvait très justement aussi lui reprocher et qui éloignait Micheline de lui.

Car dans cette situation il y avait cela de particulier que, de l'un et l'autre côté, on pouvait se plaindre : Witold de Micheline, et Micheline de Witold. C'était une sorte de cercle vicieux. Micheline était coquette parce que Witold ne s'occupait pas d'elle assez tendrement et se montrait trop sombre, trop endormi, comme elle disait; tandis que Witold était sombre précisément parce que Micheline était coquette. Évidemment Micheline pouvait être blessée qu'un homme qu'elle voyait à chaque instant la traitât toujours en enfant; et, de son côté, Witold pouvait tout aussi bien être fâché qu'on le traitât en vieux.

— Oh! Micheline, quelle folle tu es! disait Witold.

— Oh! Witold, comme tu es sage! disait Micheline.

Il fallait que cela changeât, et elle n'avait qu'à parler, semblait-il, pour que Micheline fût moins folle et pour que Witold fût moins sage, c'est-à-dire pour qu'ils se vissent ce qu'ils étaient réellement, — nés l'un pour l'autre; les objections que Micheline opposerait à ce mariage ne pouvaient pas être bien sérieuses, et dès lors il n'y avait pas trop à s'en inquiéter.

Après s'être ainsi encouragée et s'être reprise à bien des fois, elle se décida enfin, et un soir de novembre, à la veille de rentrer à Paris, où Micheline allait reprendre ses habitudes de la saison précédente, elle aborda cette discussion. Germaine, comme tous les soirs, était remontée à son appartement, elles étaient seules dans le petit salon chinois du rez-de-chaussée, le feu flambait dans la cheminée, tandis que le vent d'ouest s'abattait sur le château, elles avaient toute la soirée pour causer sans craindre d'être dérangées.

— Tu me rendras ce témoignage, ma chère fille, que je ne te poursuis pas d'observations.

— Ça c'est vrai, et même je te dirai que tu ne m'en fais peut-être pas assez. Si donc tu en as une à m'adresser aujourd'hui, comme semblent le présager cet exorde et ton air sérieux, ne te gêne pas, je te prête une oreille attentive.

— Je te prie d'être sérieuse toi-même et de ne pas plaisanter. Tu n'es plus une enfant et je voudrais que tu eusses les idées de ton âge.

— Dis-moi quelles idées, alors.

— Les idées d'une fille à marier.

Micheline se leva vivement et, venant à sa marraine, elle lui mit la main sur les lèvres :

— Veux-tu bien te taire? s'écria-t-elle d'un ton enjoué, sous lequel il était cependant facile de lire une certaine émotion; je ne suis pas une fille à marier.

— Cependant...

Elle ne se laissa pas couper la parole :

— Qu'est-ce qu'une fille à marier? continua-t-elle avec volubilité. C'est une fille qui, pour une raison ou pour une autre, veut quitter sa famille parce qu'elle s'ennuie, parce qu'elle n'a pas assez de liberté, parce qu'elle veut assurer son avenir dont elle est inquiète, parce qu'on la rend malheureuse, parce qu'elle veut s'entendre appeler madame, parce qu'elle a envie de sortir seule, parce qu'elle grille de porter des diamants, et pour beaucoup d'autres *et cœtera* de ce genre. Eh bien, rien de tout cela ne s'applique à mon cas : je ne veux pas te quitter, je ne m'ennuie pas, j'ai assez de liberté, je n'ai pas à me préoccuper de l'avenir; je suis aussi heureuse, grâce à toi, qu'on peut l'être, j'ai assez de perles pour me moquer des diamants : pourquoi veux-tu que je me marie ?

— Parce que tu arrives à l'âge où toi et moi nous devons penser à ton mariage; c'est mon devoir de te le faire observer.

— Mais, je n'ai pas dix-huit ans; tu tiens donc bien à te débarrasser de moi ?

— Je tiens à fixer ta vie.

— Encore faut-il la fixer dans le bon sens, et ce n'est pas à dix-sept ans et demi qu'on est en état de se marier en sachant ce qu'on fait. Tu sais que je ne suis pas pour les mariages précoces; ils ressemblent trop à la loterie : on n'y gagne qu'une fois sur mille et encore pas toujours; laisse-moi mettre un peu plus de chances de mon côté, et ces chances, je ne peux les trouver qu'avec les années qui me donneront la réflexion, la comparaison, la prudence, la sagesse et autres qualités sérieuses qui, pour l'heure présente, me manquent complètement. Ne me crois pas plus grande fille que je ne suis, et laisse-moi travailler l'art de chercher et de choisir un mari.

— Que fais-tu en t'entourant de tous ces adorateurs ?

— Je m'amuse, donc, et joliment. C'est même pour cela que je te demande de ne pas me parler de mariage et de n'en parler à personne. Si je me mariais, ils s'envoleraient et je tiens à les garder.

— Cela n'est pas convenable ?

— En quoi, pourquoi ? Ai-je jamais donné à un seul le droit de croire qu'il était le préféré ? Non, n'est-ce pas ? Eh bien, laisse-moi m'amuser et prendre mon plaisir où je le trouve. C'est ma gloire à moi d'avoir des adorateurs. Si j'ai encore trois ou quatre bonnes années, car enfin il n'est pas déshonorant de se marier à vingt ou vingt-deux ans, ne me les prends pas. Plus tard nous reparlerons mariage. Pour aujourd'hui bonsoir si tu veux bien.

Et elle vint à sa marraine pour l'embrasser, mais celle-ci la retint.

— Ce n'est pas seulement de mariage que nous devons parler, c'est aussi d'un mari.

— Eh bien, il repassera plus tard, quand nous reparlerons mariage ; je ne veux même pas que tu me le nommes ; cela me gênerait de penser qu'il y a de par le monde un monsieur qui s'imagine avoir le droit de juger ce que je fais et ce que je dis.

— Mon devoir est de le nommer, car ce n'est pas lui seulement qui désire ce mariage ; je parle en mon nom comme au sien.

Micheline eut visiblement un mouvement d'émoi, mais bien vite elle se remit.

— Alors nomme-le, ton jeune homme, dit-elle en

riant, car je ne devine pas du tout qui il peut être. Est-ce que je le connais?

— Tu le connais et tu l'aimes déjà, sinon comme un fiancé, au moins comme un ami : tu as vécu près de lui.

Micheline eut un frémissement de lèvres qui trahissait son trouble.

— Est-ce que c'est Jacques? demanda-t-elle d'une voix altérée.

— Quel Jacques?

— Il n'y en a qu'un : ton neveu, Jacques Hébertot.

— Tu es folle ! je t'ai demandé de parler sérieusement; c'est la grande affaire de ta vie, c'est ton bonheur, c'est le mien que nous discutons.

— Alors, c'est Jean, dit Micheline en faisant un effort pour rire, ou bien c'est Pierre.

— C'est Witold, le prince Witold Sobolewski.

A ce nom, Micheline partit d'un éclat de rire :

— Il est donc muet, dit-elle, muet des lèvres et des yeux, qu'il ne m'a jamais parlé de ses intentions matrimoniales? Comment, nous vivons côte à côte, il me voit quand il veut, tant qu'il veut, et il ne parle pas !

— Il s'est conduit en honnête homme.

— Moi je trouve qu'il s'est conduit en roi qui se marie par ambassadeur.

— Il ne se marie pas ; il désire que tu sois sa femme et je le désire comme lui, car il te donnera le nom et le titre des Sobolewski, que la loi ne me permet pas de te conférer en t'adoptant. A la vérité, il n'a pas de fortune ; mais comme tu seras mon héritière, cela importe peu, et d'ailleurs il a mieux que la fortune, il a la noblesse, la grâce, la distinction ; il a l'amour, car il t'aime...

D'un geste Micheline coupa la parole à sa marraine :

— Là-dessus, marraine, permets-moi de m'en rapporter à moi seule. Tu dis qu'il a la noblesse, c'est vrai ; la grâce, la distinction, cela peut se discuter ; mais quant à l'amour, c'est une autre affaire ; l'amour ça se prouve. Que le prince Witold daigne prendre place parmi ceux que tu appelles mes adorateurs, et alors je pourrais juger cet amour. Jusque-là, n'en parlons plus, je t'en prie, car jamais, tu entends bien, jamais je ne me marierai sans aimer mon mari et sans être certaine qu'il m'aime. Quand cette preuve sera faite pour Witold, quand elle sera faite pour moi, nous reviendrons au mariage et nous verrons si notre amour est vraiment assez grand pour que nous devions lui sacrifier, — moi mes années de jeunesse, — toi, marraine, notre vie si intime, si heureuse pour nous deux.

— Ce n'est pas sacrifier sa jeunesse que se marier.

— Au moins, est-ce sacrifier sa liberté, et je t'assure que je tiens beaucoup à la mienne, beaucoup, beaucoup. Mais ce à quoi je tiens plus encore, c'est à ne pas être séparée de toi.

— Justement ce mariage ne nous sépare pas.

— Qui peut savoir ? Pense que si j'épousais Witold, tu deviendrais une belle-mère ; et qui peut dire à l'avance ce qu'un gendre sera pour sa belle-mère. Moi, de mon côté, je vais penser à ton projet, à tes désirs, et plus tard nous en reparlerons... quand la preuve que je veux sera faite et bien faite. Jusque-là, laisse-moi ma liberté, ne m'influence pas, ou bien c'est toi qui me marie, et je voudrais tant me marier moi-même ! Cette fois, bonsoir tout à fait.

III

A Hopsore, les appartements de Germaine et de Micheline étaient restés ce qu'ils étaient autrefois, se joignant, séparés seulement par deux cabinets de toilette qui communiquaient entre eux, de sorte qu'elles pouvaient à chaque instant aller de l'une chez l'autre, se parler, se voir, vivant réellement comme mère et fille. Combien de fois Germaine se relevait-elle pour aller regarder Micheline, et se rattraper la nuit de la contrainte qu'elle devait s'imposer le jour pour rester fidèlement dans son rôle d'institutrice! Le tapis étouffait le bruit de ses pieds nus, et comme on ne fermait les volets que lorsque le vent soufflait en tempête, elle pouvait en choisissant une nuit de lune, arriver jusqu'au lit où Micheline dormait du solide sommeil de l'enfance. Et elle restait là durant des heures, écoutant sa respiration, la contemplant, admirant la grâce de son attitude, le charme de son beau visage que la lumière de la lune argentait.

En sortant du salon chinois, Micheline monta vivement à sa chambre, mais, au lieu de s'y arrêter, elle traversa les deux cabinets de toilette et entra chez Germaine, qu'elle trouva assise devant la table, lisant. C'était en effet l'habitude de Germaine de ne jamais se coucher avant que Micheline fût montée et lui eût dit bonsoir. Comme c'était son devoir d'institutrice, elle quittait le salon après le dîner, laissant ensemble la « mère » et la fille quand elles étaient seules, le quittant plus vite encore lorsqu'il y avait du monde au château. Mais, au moment où Micheline allait se coucher, elle avait son tour, et dans un serrement de main, dans un dernier regard, elle pouvait mettre toute la tendresse dont son cœur était rempli ; elle avait sa fille, pendant la nuit elle allait veiller sur elle.

Au pas hâté de Micheline elle eut un pressentiment qu'il se passait quelque chose d'insolite ; aussi son premier mot fut-il une question :

— Qu'avez-vous, mon enfant ? demanda-t-elle avec la vivacité d'un esprit facile à s'inquiéter.

— Avez-vous sommeil, ce soir ? dit Micheline sans répondre.

— Pas du tout.

— Eh bien, couchez-vous, je vous prie, et attendez-moi ; il faut que je vous parle sans que marraine puisse nous surprendre ; quand elle sera endormie, je viendrai vous trouver.

— Que se passe-t-il ?

— Une chose très grave dont dépend le bonheur de ma vie ; mais si marraine pouvait supposer que je vous consulte, tout serait perdu.

Puis, haussant la voix et parlant, comme on dit

au théâtre, à la cantonade, pour être entendue si on l'écoutait :

— Bonne nuit, madame Germaine!

Rentrée dans sa chambre, elle ne se coucha point, mais, se déshabillant, elle passa un peignoir en flanelle blanche et elle attendit. Elle n'avait pas à craindre que le sommeil la gagnât, elle était bien trop émue. Au dehors, la bourrasque continuait, les rafales s'abattaient sur le château avec des torrents de pluie, et tous les bruits se perdaient dans les hurlements du vent ; c'était à peine si l'on entendait la sonnerie de l'horloge.

Quand elle crut sa marraine endormie, elle revint dans la chambre de Germaine, qui était pleine d'ombre, la mèche de la lampe ayant été baissée.

— Madame Germaine, il faut que vous me sauviez!

— Vous sauver! Et de qui?

— De Witold qui veut m'épouser.

— Ce n'est pas d'aujourd'hui que vous connaissez les intentions du prince; d'où vous vient cet émoi?

— Je croyais qu'en voyant ce que j'étais avec lui... et avec les autres, il avait renoncé à son projet.

— C'est donc pour cela?...

— Pour cela d'abord, et aussi parce que j'y trouve du plaisir; mais il n'a pas renoncé, il veut que je devienne sa femme; ma marraine vient de me le dire.

— Et qu'avez-vous répondu?

— J'ai pris la chose en plaisantant, car au premier mot j'avais vu où marraine voulait en venir et j'avais eu le temps heureusement de me préparer. J'ai joué la surprise : Witold mon mari ! Comment aurais-je deviné les intentions d'un homme aussi endormi ! Enfin sans répondre ni oui ni non, j'ai dit qu'il fallait avant tout savoir si Witold m'aimait et si de mon côté je pouvais l'aimer. Là-dessus, j'ai quitté marraine pour venir vous demander de me sauver.

— Moi !

— A qui voulez-vous que je m'adresse si ce n'est à vous ? Ne m'aimez-vous pas ? depuis sept ans n'avez-vous pas eu la tendresse d'une mère pour moi ?

— Chère enfant ! s'écria Germaine éperdue de bonheur.

— Je ne sais pas ce que c'est qu'une mère, et je ne puis m'en faire une idée que par celles de mes amies, mais je n'en ai jamais vu qui eussent pour leurs filles l'affection, les soins, les prévenances, la douceur, la constante bonté, la patience, la sollicitude que vous, qui n'êtes que mon institutrice, vous avez eus pour moi.

— Oh ! Micheline ! Micheline ! murmura Germaine.

— Je ne pouvais pas vous dire cela sans raison, mais, puisque je trouve une occasion de parler, je veux que vous sachiez ce qu'il y a dans mon cœur de gratitude pour vous, et je vous le dis.

Et, se penchant sur elle, tendrement elle l'embrassa, tandis que Germaine se raidissait contre le trouble de joie délirante qui l'entraînait.

— Si vous êtes ainsi, continua Micheline revenant à son sujet, n'est-il pas tout naturel que je m'adresse à vous quand je suis en danger et que je vous demande de me protéger ! Il est certain que je ne peux pas compter sur ma marraine. Si j'avais cru pouvoir obtenir quelque chose d'elle, je n'aurais pas répondu en plaisantant, comme je l'ai fait, n'ayant d'autre but que de gagner du temps. Pour elle, c'est une idée fixe que ce mariage, car à ses yeux il n'y a pas un plus beau titre et un plus beau nom que celui de prince Sobolewski; un Bourbon demanderait ma main qu'elle préférerait encore un Sobolewski.

— Votre marraine a raison, mon enfant; c'est en effet un noble nom dont toute femme, si bien née qu'elle soit, doit être fière.

— Il n'y a pas que le nom dans le mariage, il y a le mari, et ce n'est pas d'aujourd'hui que vous connaissez mes sentiments sur Witold. Vous rappelez-vous ce que je vous ai dit quand, il y a sept ans, nous avons parlé de lui ?

— Je n'en ai pas oublié un mot.

— Il y avait bien des enfantillages dans mes paroles, mais le fond était que Witold voulait m'épouser pour la fortune que me donnerait ma marraine, et que, moi, je ne voulais pas être épousée pour mon argent. Ce qui était vrai alors est encore vrai à cette heure; c'est toujours la fortune de ma marraine qui est visée; de moi, il n'a nul souci; je serais un monstre qu'il m'épouserait quand même.

— Ceci est de l'exagération, mon enfant. Il y a sept ans, le prince ne savait pas si vous lui plairiez ; aujourd'hui, il vous trouve charmante et il veut vous épouser, ce qui est tout naturel et très légitime ; vous n'auriez pas de fortune que ses intentions seraient les mêmes... probablement.

— Il y a sept ans je sentais d'instinct que Witold ne me plairait jamais, aujourd'hui je n'ai que de trop bonnes raisons pour le savoir. Je n'aurais pas connu les intentions de ma marraine, je ne me serais probablement jamais occupée de Witold ; mais, les connaissant, je n'ai pas laissé passer une occasion sans en profiter pour apprendre ce qu'il était. Et elles ne m'ont pas manqué. Je n'ai pas eu à interroger ; on est venu au-devant des questions que très probablement je n'aurais pas osé poser ; les gens avec qui j'ai à peine des relations, aussi bien que mes camarades et mes amies, tout le monde m'a parlé de lui, et, ce qui est bien rare, n'est-ce pas, il y a unanimité sur son compte : le prince Witold n'est pas un homme qu'une honnête fille puisse épouser. Et je veux être une honnête fille, plus honnête qu'une autre, comme ma naissance m'y oblige.

— C'est justement parce qu'on croyait savoir que le prince Witold avait l'intention de devenir votre mari que vous devez vous tenir en défiance sur ce qu'on vous a dit de lui ; qui sait quelle part l'envie peut avoir dans ces propos ?

— Je comprends cela ; mais il y a des choses qu'il n'est pas nécessaire que l'on dise pour que Witold soit condamné. De quoi vit-il ? De ce que ma marraine lui donne. Est-ce noble, cela ? Ses frères travaillent ; pourquoi ne fait-il pas comme eux ?

— Il écrit dans les journaux.

— On dit qu'il n'est pas en état d'écrire dix lignes bonnes à être imprimées, et qu'il raconte ses indiscrétions mondaines à de vrais journalistes avec lesquels il partage. Cela est-il noble aussi ? Et donner son nom à une écurie de courses dirigée en réalité par des gens tarés, est-ce plus noble ? Et présenter dans les cercles des étrangers qui viennent on ne sait d'où, qui se nomment on ne sait comment, mais qui gagnent à peu près à coup sûr, est-ce honnête ? Voulez-vous, ma chère madame Germaine, que je devienne la femme d'un pareil homme ? Une enfant trouvée mariée à un aventurier, voilà ce que je serais !

— Que puis-je pour vous, mon enfant ! vous savez mieux que personne que votre marraine ne me consulte pas sur ce qu'elle veut faire, et vous savez aussi qu'il suffit que j'émette une opinion pour qu'elle adopte aussitôt l'opinion contraire.

— Je ne vous demande pas de donner votre avis sur Witold, je sais comment il serait reçu. Je ne veux pas vous exposer à fâcher ma marraine. Ce qui s'est passé à Grasse suffit. Ce que je vous demande, c'est de savoir, vous qui avez une liberté que je n'ai pas, ce qu'il y a de vrai dans les propos qu'on tient, et d'obtenir sur Witold tous les renseignements que vous pourrez réunir. Quand nous les aurons, nous chercherons un moyen pour les faire connaître à ma marraine, et alors je ne peux pas croire qu'elle persistera dans son projet de mariage, malgré le prestige que ce nom de Sobolewski exerce sur elle. Jusque-là, je n'ai qu'à gagner du temps et je m'en charge. Je sais que ce que je vous demande est difficile, mais à qui m'adresser, si ce n'est à vous ? Qui peut me protéger, si ce n'est vous, puisque ma marraine est aveuglée par Witold ? Quand je me suis vue menacée, c'est à vous que j'ai pensé tout de suite, à votre affection, à votre dévouement, comme une fille pense à sa mère. Dans cette terrible circonstance, n'en serez-vous pas une pour moi, chère madame Germaine ?

— Oui, mon enfant, dans cette circonstance comme dans toutes celles où vous aurez besoin de moi, heureuse, bien heureuse, je n'ai pas à vous le dire, de vous prouver cette affection et ce dévouement.

Et, attirant Micheline à elle, longuement elle l'embrassa en la serrant dans ses bras.

— Comme une mère, murmurait-elle, comme une mère !

— Je savais bien, s'écria Micheline, que vous ne me repousseriez pas !

— Mais ce que vous demandez est si difficile !... au moins pour moi, pauvre femme, sans relations et sans appui, que je ne puis que vous promettre mon dévouement, sans vous dire ce qu'il pourra faire.

— Nous chercherons ensemble ; c'est déjà un si grand point que je ne sois pas seule à me défendre !

— Ce qui serait un grand point aussi, et plus grand, plus décisif, ce serait d'opposer un mariage à celui que désire votre marraine. Sans doute, ce sera quelque chose de prouver à la princesse, si nous pouvons faire cette preuve, que le prince Witold n'est pas digne de vous ; mais ce serait beaucoup plus encore si, à la place de ce mari auquel elle tient tant, nous pouvions lui en proposer un autre qui donnerait à son ambition les mêmes satisfactions que celui-là. Parmi les jeunes gens qui vous entourent, n'en est-il point qui pourrait être ce mari ?

Micheline parut se troubler.

— Non, dit-elle.

— Vous avez hésité, mon enfant ; ne me parlerez-vous pas comme... une fille parle à sa mère, en toute confiance ?

Micheline resta assez longtemps sans répondre, de plus en plus troublée.

— Oui, dit-elle enfin, il serait mal de n'être pas franche avec vous. A la vérité... elle baissa la voix... J'aime quelqu'un, quelqu'un qui m'aime, mais il ne peut pas... encore donner à ma marraine les satisfactions ambitieuses dont vous parlez ; nous ne pouvons donc pas nous appuyer sur lui pour combattre Witold... Au contraire, il faut qu'elle ignore notre amour, et c'est à vous, à vous seule, que je le confie.

Germaine fut anéantie : sa fille aimait, était aimée ; ce n'était plus une enfant qui parlait.

Elle fit un effort pour cacher son émotion :

— Ne me direz-vous pas quel est celui qui vous aime ? demandait-elle.

— J'aurais tant voulu...

Ce fut dans un mouvement de confusion qu'elle acheva sa pensée.

Mais presque aussitôt relevant la tête :

— N'allez pas croire que je ne sois pas fière de lui ; sa vie est honnête autant que glorieuse.

— Eh bien, alors, qui vous arrête ?

— Mon amour ; mais je sens que, malgré tout, rien ne doit vous être caché : c'est... Jacques.

— M. Hébertot !

— Oh ! je vous en prie, ne m'interrogez pas, au moins aujourd'hui ; plus tard, je vous dirai tout. Je suis trop troublée, trop confuse. Laissez-moi me remettre. Vous avez voulu savoir, vous savez : j'aime Jacques ; vous voyez bien que je ne puis pas être la femme de Witold.

IV

A la vérité, Micheline n'avait jamais montré de sympathie pour Witold, et Germaine se rappelait comment, lors de son arrivée à Hopsore, l'enfant avait parlé de lui ; de même elle se rappelait aussi mille petits faits qui prouvaient qu'elle en était restée au temps où elle disait que ceux qui se fâchaient de ses farces « étaient des bêtes et des mauvais caractères ; » à chaque instant elle le taquinait, elle se moquait de lui et cherchait à le mettre dans son tort ; mais c'était là une hostilité sourde qui n'avait rien de décisif. Au contraire, lorsque, après cinq années d'absence, Jacques Hébertot était revenu en France, l'antipathie s'était nettement affirmée, allant au-devant des occasions pour se manifester. Maintenant qu'elle était avertie, Germaine se souvenait de toute une série de querelles qui avaient alors éclaté, inexplicables à ce moment pour qui n'avait pas des yeux pour voir, mais qui prouvaient bien que c'était l'amour qui avait changé l'hostilité instinctive en mépris et en haine.

Comment n'avait-elle pas vu cela, alors surtout

qu'elle connaissait la tendresse enfantine de Micheline pour Jacques et l'affection fraternelle de Jacques pour Micheline ? Elle avait fermé les yeux au lieu de les ouvrir, trompée par l'accueil que Micheline avait fait au jeune marin. Elle s'attendait à des protestations d'amitié de la part de Micheline, à des élans de joie quand il arriverait, et cela d'autant plus sûrement que, pendant ces cinq années d'absence, Micheline avait à chaque instant parlé de lui ; cherchant évidemment à prononcer son nom rien que pour le plaisir de le sentir sur ses lèvres ; soignant, caressant les bêtes qu'il envoyait de temps en temps, bien plus comme un remerciement pour celui de qui elle les recevait, que pour l'intérêt que ces bêtes inspiraient ; poussant l'étude de la géographie jusqu'à la minutie pour savoir ce qu'étaient les pays où il voyageait, les dangers qu'il courait. Mais, au lieu de ces protestations et de ces élans de joie, elle n'avait été témoin que d'un accueil d'une correction parfaite, sinon glaciale, en tout cas pleine de réserve.

— « Bonjour, Jacques, comment avez-vous été depuis que nous vous avons vu ? »

Et cependant il arrivait couronné d'une auréole glorieuse, malade, miné par la fièvre, décoré à vingt-deux ans, et honoré de la médaille d'or de la Société de géographie pour une campagne de trois années dans le Fouta-Djalon, où il avait fixé d'une manière certaine les sources des grands fleuves qui partent de cette partie de l'Afrique couverte de neiges éternelles : le Niger, la Gambie et le Sénégal.

Il avait raconté comment il avait été, pendant ces

trois années, malade le plus souvent, quelquefois mourant quand il descendait dans les plaines où il ne se sauvait qu'en mangeant le sulfate de quinine à pleines mains ; et pas une fois pendant ces récits, auxquels la princesse et Germaine assistaient, Micheline n'avait trahi une émotion qui eût été une révélation de ses sentiments.

De même, pendant les quatre mois que Jacques avait passé à Hopsore, rien n'avait pu faire croire qu'il était encore l'amoureux d'autrefois : un ami, un camarade, rien de plus, et encore avec la réserve et la retenue d'une jeune fille qui tient à bien marquer qu'elle n'est pas une enfant.

C'était cette réserve qui avait abusé Germaine. Elle s'était imaginé que Micheline voulait que Jacques comprît que tout était fini et que des sentiments d'autrefois il ne restait qu'une bonne amitié fraternelle ; et comme elle trouvait cela tout naturel, elle l'avait cru volontiers.

D'ailleurs, pendant ces quatre mois, elle n'avait pas quitté Micheline, elle ne l'avait pas laissée en tête-à-tête avec Jacques une seule minute, croyait-elle ; il semblait donc impossible qu'il se fût passé autre chose que ce qu'elle avait vu et entendu. Et ce qu'elle avait vu, ce qu'elle avait entendu, avait été d'une innocence parfaite, aussi bien de la part de Micheline que de celle de Jacques.

La différence entre les manières de Micheline à cette époque et celles de la petite fille de dix ans était si sensible d'ailleurs qu'on ne pouvait pas ne pas en être frappé. C'était à ce moment même qu'elle avait cessé de parler des choses de l'amour, et qu'à toutes ses confidences comme à ses indiscrétions, à ses réflexions d'enfant terrible parlant à tort et à travers, disant tout ce qui lui passe par la tête, devinant ce qu'elle ne sait pas, avait succédé un silence absolu dont on ne pouvait la faire sortir même en la provoquant.

Avec ce raisonnement de la logique qui tire sa certitude de faits observés, Germaine avait conçu de ce changement de langage que c'était l'éveil du sentiment de la pudeur chez une jeune fille qui fermait la bouche de Micheline, tandis que c'était l'éveil de l'amour.

Si Micheline n'avait plus parlé et si elle n'avait plus voulu qu'on parlât des choses de l'amour, c'était parce qu'elle aimait.

Et c'était aussi parce qu'elle aimait que de ce jour elle avait pris Witold en haine et en mépris.

Maintenant tout s'expliquait; mais, comme il arrive presque toujours, lorsqu'il était trop tard.

Telle était la situation, et tous les regrets que Germaine pouvait exprimer, tous les reproches qu'elle pouvait s'adresser sur son aveuglement n'y changeraient rien; ce n'était pas du passé qu'elle devait s'occuper, c'était du présent, c'était de l'avenir.

Évidemment il n'y avait aucune comparaison à établir entre Witold et Jacques; l'un avait toutes les qualités qui manquaient à l'autre : la jeunesse, l'enthousiasme, la droiture, la franchise, la gaieté, le cœur, et il n'avait aucun des défauts ou des vices dont celui-là était si abondamment pourvu; mais

Witold était prince, tandis que Jacques n'était qu'un petit officier sans nom et sans patrimoine ; Jacques s'appelait Hébertot ; Witold était Sobolewski, ce qui, pour la princesse comme pour Germaine, avait un prestige plus éclatant, plus troublant que les plus beaux titres du monde.

Micheline ne serait donc pas une Sobolewska. Comment décider la princesse à ce sacrifice ! comment s'y résigner soi-même ! Comment admettre que la princesse consentirait jamais à ce que sa fille d'adoption n'entrât pas dans cette famille des Sobolewski dont elle était si glorieuse de porter le nom, et qu'elle entrât au contraire dans celle des Beaumoussel dont elle était si honteuse !

Germaine passa la nuit à examiner cette situation ; à peser le pour et le contre du parti qu'elle devait prendre ; à chercher par quels moyens elle pourrait amasser les témoignages que Micheline lui demandait ; et aussi quel effet ces témoignages produiraient sur la princesse.

Sans doute il lui était dur de renoncer à ce nom de Sobolewski et à ce titre qu'elle avait caressé pendant si longtemps ; mais ce qui lui était dur comme ce qui lui était doux ne devait pas peser sur sa résolution ; c'était de sa fille qu'il s'agissait, non d'elle-même ; ce n'est pas le nom, ce n'est pas le titre qui fait le bonheur d'une femme, c'est le mari et certainement Micheline ne pouvait pas être heureuse avec Witold pour mari. — Si douloureux que fût pour elle ce sacrifice, elle devait donc l'accepter sans arrière-pensée comme sans regret : Micheline ne voulait pas Witold, elle devait combattre Witold.

Mais pour combattre Witold, qui avait si longtemps enchaîné son esprit par la seule influence de son nom, s'ensuivait-il qu'elle devait servir Jacques qui n'avait pour lui que son mérite personnel, — ces qualités qui avaient séduit Micheline ?

Comme elle tournait et retournait fébrilement dans son esprit agité ces considérations d'où dépendait le bonheur de sa fille, tout à coup une idée déchira les ténèbres au milieu desquelles elle se perdait, et, dans un éclair, lui montra le but à poursuivre.

Il n'avait pas que son mérite, il avait son nom : il était un Beaumoussel.

Qui, après la mort de la princesse, aurait hérité de cette grosse fortune gagnée par le docteur, si Micheline n'était pas venue prendre une place qui légalement ne lui appartenait pas ? Le doute sur ce point n'était pas possible ; mal avec sa propre famille, la princesse aurait laissé la plus grosse part de cette fortune à la famille de celui qui l'avait gagnée, — aux Beaumoussel.

C'était donc œuvre de justice et de réparation que Micheline leur rendît d'une main ce qu'elle leur prenait de l'autre.

Pour cela, elle n'avait qu'à devenir la femme de Jacques.

Comme beaucoup de ceux qui ont souffert et dont la vie a été le jouet de la fatalité, Germaine était disposée à admettre que la main de la Providence était toujours étendue sur elle pour l'expiation ou la récompense. Pendant dix ans, elle avait été séparée de sa fille : punition. Depuis sept ans elle était près d'elle : commencement de rémission de sa faute. Ce mariage, c'était l'absolution.

Dès lors son rôle à elle était tout tracé.

V

De ce que la Providence avait préparé le mariage de Micheline et de Jacques, il n'en résultait pas qu'il devait se faire tout seul et qu'il n'y avait qu'à se croiser les bras, en attendant; si jamais le proverbe: « Aide-toi, le ciel t'aidera! » avait été vrai, c'était en cette circonstance.

De bonne heure, Micheline entra chez Germaine.

— Avez-vous bien dormi? demanda-t-elle.

— Non, mon enfant, pas du tout.

— Moi, très bien. Il y a longtemps que je n'avais passé une aussi bonne nuit; l'esprit tranquille, la conscience rassurée, je ne me suis réveillée que ce matin; et de bonne humeur; ce que c'est que de se sentir protégée. On dort mal quand on a peur; et je n'ai plus peur, puisque vous êtes là.

— Ne vous abusez pas sur cette protestation, mon enfant, elle est bien faible; toute la nuit j'ai cherché comment vous venir en aide, je n'ai rien trouvé.

— Vous trouverez.

C'était à onze heures qu'elles devaient prendre le train. Avant de déjeuner et pendant que la princesse donnait ses dernières instructions au maître jardinier et à Philbert, Micheline et Germaine sortirent dans le jardin pour faire un bouquet avec les chrysanthèmes que la bourrasque de la nuit avait épargnés. Les allées étaient boueuses, coupées de flaques d'eau, mais cela n'était pas pour arrêter Micheline, qui évitait les mares en sautant sur les tas de feuilles amassées et roulées par le vent contre tout ce qui leur avait fait obstacle. Elles ne tardèrent pas à gagner un sentier à pente rapide où l'eau s'était écoulée, et alors elles purent marcher côte à côte. Aussitôt Germaine en profita pour revenir au point si intéressant que Micheline avait écourté la veille, — l'amour de Jacques.

Mais, au premier mot, Micheline tâcha de s'échapper et prit les devants pour aller couper des fleurs; il fallut que Germaine insistât pour la décider.

— Si vous voulez que je vous aide, ne dois-je pas tout savoir?

— Ce que je peux vous dire ne vous fera pas connaître Jacques mieux que vous le connaissez.

— Au moins cela me fera-t-il voir s'il mérite votre amour. M. Hébertot connaissait les projets de mariage de sa tante pour vous et pour le prince Witold; il est étrange qu'il se soit fait aimer de vous.

— Il ne s'est pas fait aimer, je l'ai aimé de moi-même tout naturellement, sans qu'il le veuille, sans qu'il le sache.

— Au moins est-il étrange qu'il vous ait parlé de son amour.

— Il ne m'en a pas parlé volontairement; on ne doit pas l'accuser.

— Vous voyez qu'il faut que je sache tout, puisque les circonstances semblent l'accuser.

— Vous souvenez-vous que je vous ai dit, quand vous êtes arrivée à Hopsore, que j'avais un amoureux. J'en parlais d'autant plus bravement que je ne savais pas ce que je disais. Toute la journée, Ella, Jeanne, mes camarades, racontaient des histoires sur leurs amoureux; je ne voulais pas être plus bête qu'elles, j'en racontais aussi. Seulement, comme je n'en avais pas, et qu'il m'en fallait un, j'ai pris Jacques. C'est ce qui m'a donné l'idée de penser à lui et de m'occuper de lui, car de son côté il n'imaginait pas que je pouvais être son amoureuse; je n'ai pas besoin de le dire, n'est-ce pas? Ah! si l'on savait ce que produisent les histoires que les petites filles se chuchotent dans les coins, comme on les surveillerait mieux qu'on ne le fait! Certainement il me plaisait : je le trouvais bon garçon, bon camarade, il jouait avec moi, et j'avais beaucoup d'amitié pour lui, une amitié qui s'était développée d'autant plus vite que je n'avais autour de moi personne à aimer. Mais certainement aussi cette amitié ne serait pas devenue ce qu'elle est, sans toutes ces histoires d'amoureux. Pendant cinq ans j'ai pu parler du mien...

Elle se mit à rire :

— ...Qui était au delà des mers; si vous saviez comme cela faisait bien dans mes récits, ce « Au delà des mers ». Ella en avait un qui était éloigné aussi, secrétaire d'ambassade au Brésil, mais ce n'était qu'au delà des terres, à un endroit fixé, ce qui est beaucoup moins poétique. Quoi qu'il en soit, quand il revint, il y a deux ans et demi, je l'aimais réellement, et ce fut alors que je cessai de parler de lui, précisément parce que je l'aimais.

— Et lui ? interrompit Germaine.

— Lui ! Cela est mortifiant à avouer, mais il ne s'était douté de rien, et ce fut alors seulement qu'il eut conscience que je pouvais être mieux qu'une camarade.

— Mais je ne vous quittais pas; j'étais toujours en tiers avec vous.

— Vous croyez ? est-ce que, quand nous dansions au Salon de Trouville, vous étiez en tiers entre nous ? et l'on se dit beaucoup de choses dans une contredanse; et le *Tour du Monde*, on ne parle pas que de géographie en feuilletant le *Tour du Monde*; enfin, je ne veux pas vous humilier par une énumération qui vous étonnerait.

— Alors, quand vous a-t-il parlé de son amour ?

— Mais les choses ne se sont pas passées comme ça; c'est au théâtre qu'on parle de son amour et qu'on se fait des déclarations. Un soir que nous feuilletions le *Tour du Monde* précisément, en cherchant les voyages au Japon, où il devait aller, tout à coup, il me dit bien naturellement : « Où serez-vous dans trois ans quand je reviendrai ? Mariée, sans doute, et je retrouverai ma tante toute seule dans ce château. » Qu'il pût avoir une pareille pensée, cela me suffoqua. Alors je lui répondis : « C'est parce que vous croyez que je dois être la femme de Witold que vous me dites cela ? Eh bien, sachez qu'il ne sera jamais mon mari, que je le hais ; que je n'épouserai qu'un homme jeune qui ait de la tendresse, qui ait du cœur, qui ait fait sa vie. » Je vous vois encore, c'était dans le grand salon, vous travailliez à de la tapisserie auprès de la table en malachite ; ma marraine et Witold étaient sur le balcon. Ayant dit cela, je fermai le livre. J'avais parlé les yeux baissés, je les levai sur Jacques et rencontrai les siens, il n'y eut pas d'autre déclaration : nous nous aimions. Un quart d'heure après, nous partions pour le bal du Salon, où vous nous accompagniez, et toute la soirée nous dansions ensemble. Cela se passait le 19 juillet, et comme Jacques n'a repris la mer qu'au mois de septembre, nous avons eu plus de deux mois pour nous aimer et nous dire notre amour. La veille de son départ, je lui jurai que je n'aurais jamais d'autre mari que lui, ni Witold ni personne, et que j'attendrais son retour. Ce qui va vous montrer quel homme il est, il ne voulut pas accepter mon serment ; il m'aimait, il m'aimerait, mais il ne voulait pas enchaîner ma vie, il me rendait donc ma liberté. Si je l'aimais encore lorsqu'il rentrerait en France, il serait heureux, le plus heureux homme de la terre ; si j'avais été obligée de céder à la volonté de ma marraine, lui il m'aimerait toujours. Vous voyez si ma vie est enchaînée et plus solidement que par les serments les plus terribles.

À ce moment la cloche sonna pour le déjeuner, il

fallut revenir au château : le bouquet de chrysanthèmes n'était pas bien gros.

De Trouville à Paris, Germaine eut le temps de réfléchir et de chercher des moyens d'action ; mais les suggestions du voyage ne furent pas plus fertiles que celles de la nuit ; elle ne trouvait rien ni contre Witold, ni pour Jacques ; ni pour empêcher le mariage de l'un, ni pour favoriser celui de l'autre.

Les griefs qu'elle avait contre le marin s'étaient adoucis au récit de Micheline ; à sa faute il y avait évidemment des circonstances atténuantes ; et cela était tout naturel. Puisque la Providence voulait ce mariage, elle n'avait pas pu permettre qu'il en fût autrement, c'était elle qui avait décidé que Micheline aimerait Jacques, comme elle avait décidé que Jacques aimerait Micheline. Il n'y avait donc pas trop à s'inquiéter des difficultés présentes ; si à cette heure elles semblaient à peu près insurmontables, elles s'aplaniraient et les moyens d'action qui restaient cachés apparaîtraient d'eux-mêmes.

Lorsqu'elles arrivèrent à l'hôtel, elles trouvèrent Witold qui attendait la princesse pour lui rendre ses devoirs le jour même de son retour ; et cela fit faire la mine à Micheline, qui se montra plus railleuse que d'ordinaire.

Mais elle la fit bien plus encore quand sa marraine garda Witold à dîner, car elle était toujours la petite fille d'autrefois qui voulait qu'on la prévînt avant de lui arracher une dent ; elle n'était point prévenue de ce dîner avec Witold, et elle n'avait pas amassé une provision de courage pour supporter sa présence.

Après le dîner, elle prétexta la fatigue du voyage pour se retirer chez elle et laisser sa marraine et Witold en tête à tête : contrairement à ce qu'elle prévoyait, la princesse ne dit pas un mot pour la retenir, et même elle se montra satisfaite de son départ.

Aussitôt que Micheline eut refermé la porte du salon, la princesse aborda le sujet qui lui avait fait désirer la sortie de Micheline, et franchement elle raconta son entretien de la veille, sans rien atténuer sans rien exagérer, en honnête femme qu'elle était.

— Micheline, mon cher Witold, vous reproche votre froideur, et avec un sentiment de coquetterie en somme assez légitime, elle est fâchée que vous la traitiez comme une petite fille et non comme la jeune fille qu'elle est maintenant.

— Pour prendre cette attitude, j'attendais votre autorisation, j'aurais cru agir en malhonnête homme en me conduisant autrement.

— Eh bien, cette autorisation, vous l'avez.

Il prit la main de sa belle-sœur et la baisa avec un mouvement d'émotion profonde.

— Telle était ma position que je ne pouvais même pas demander cette autorisation, pas plus que je ne pouvais me montrer empressé auprès de cette adorable enfant. Ah! si vous n'aviez pas dit bien haut votre intention ; ou bien si j'avais ma part du patrimoine des Sobolewski, les choses eussent marché autrement. Mais, par cela seul que j'aurais paru viser votre fortune, j'avais les lèvres closes.

— Vous expliquerez cela à Micheline.

— Assurément ; mais avant je tenais à ce que cela fût dit pour qu'il ne restât pas le moindre doute dans votre esprit, et j'espère que Micheline le comprendra comme vous le comprenez vous-même.

— N'en doutez pas, mon cher prince.

— Ce serait un désespoir pour moi qu'il en fût autrement ; il faut que Micheline sente bien qu'il n'y a aucune pensée de spéculation dans ce projet de mariage, et que c'est parce que je l'aime que je la veux pour femme ; car, telle que je la connais, il est certain qu'elle n'aimerait pas l'homme qui chercherait à l'épouser pour sa fortune, et je veux qu'elle m'aime. Par là, au moins, je suis un Sobolewski, et si je n'ai que bien peu des qualités de notre pauvre Casimir, je lui ressemble en tout cas par ce côté, d'être un homme de sentiment et de mettre le bonheur dans l'amour.

A cette évocation, la princesse sentit les larmes lui monter aux yeux, et elle tendit la main à son beau-frère.

— Oui, vous êtes un brave cœur, dit-elle.

Un triste sourire passa dans les yeux de Witold, ordinairement sans regard.

— C'est bien là ce qui me tourmente en ce moment, dit-il, et ce qui jusqu'à un certain point m'angoisse, car si Micheline ne répond pas à mon amour, si ma tendresse ne la gagne pas, je renoncerai à ce mariage ; mon parti est arrêté à cet égard, et rien —

pas même le désespoir — ne m'en ferait changer : une femme qui m'aime comme je l'aime, ou pas de femme, pas de mariage.

— Elle vous aimera, n'en doutez pas !
— Dieu vous entende, princesse !

VI

Si jusqu'à ce jour Witold avait montré cette froideur et cette indifférence pour Micheline, ce qu'il appelait sa réserve, c'était par calcul, pour tenir la princesse par la peur.

Serait-il le mari de Micheline, ne le serait-il pas ?

Pour qu'il pût sûrement obtenir de la princesse tout ce qu'il voulait, il fallait qu'elle eût toujours ce doute suspendu sur la tête, et qu'elle se dît que ce mariage si passionnément désiré pouvait ne pas se faire.

— Que deviendra Micheline ? répétait-il souvent d'un air inquiet et même fâché.

Alors la princesse se mettait à trembler.

Si elle ne tremblait pas assez fort, il insistait et, redoublant de froideur avec Micheline, il lui adressait son observation ordinaire :

— Mon Dieu, Micheline, que tu es folle !

Et son chagrin était si vif, sa voix était si désolée que la princesse ne savait qu'inventer pour aller au-devant et au delà de ses désirs : ces jours-là, il pouvait avouer tous les embarras d'argent qui le tourmentaient, elle l'en tirait aussitôt.

Elle rachetait ainsi la folie ou les fautes de l'enfant, puis, quand elle le voyait moins sombre, elle expliquait que ces fautes n'étaient pas ce qu'elles paraissaient; en réalité, il n'y avait pas meilleure jeune fille; et c'était un éloge en règle qu'elle entreprenait.

— Certainement, répondait-il, je suis de votre avis, ravissante; cependant elle m'inquiète.

Et à l'éloge il répliquait par des critiques : il y en avait une qui revenait toujours et qu'il répétait avec d'autant plus d'insistance qu'elle était son arme la plus forte, — sa naissance.

— Si nous connaissions ses parents ? Qui peut savoir si ce qui est inquiétant en elle ne lui vient pas de son père ou de sa mère? alors ce serait incurable. Cette mère était peut-être une aventurière, pour ne pas dire plus. Pour vous, personne pieuse, je comprends que vous n'en preniez pas grand souci; mais, pour moi, qui crois à la fatalité de l'hérédité, il en est autrement. C'est l'hérédité qui me fait un Sobolewski, avec les qualités et les défauts de notre race. L'hérédité peut lui avoir transmis de même les défauts et les qualités de la sienne. Quelle est cette race? voilà le point noir.

Que répondre à cela ? La princesse ne sentait que trop la force de cet argument : évidemment un Sobolewski héritier des qualités de cette noble race pouvait avoir peur de s'allier à une femme qui descendait... De qui descendait-elle?

Sans doute un pareil système n'était pas pour séduire Micheline, et Witold le savait mieux que personne; mais ce n'était pas Micheline qu'il avait intérêt à séduire pour le moment, c'était la princesse : Micheline, on verrait plus tard, quand elle serait d'âge à se marier, et alors il se croyait assuré de n'avoir qu'un mot à dire; à l'heure présente, ce qu'il fallait, c'était que la princesse ne marchandât pas quand il frappait à la porte de sa caisse, et ce moyen était le plus sûr qu'il eût trouvé pour l'ouvrir. Une bonne peur; il faisait d'elle ce qu'il voulait.

— Vous comprenez, mes frères ne sont pas mariés; je suis le dernier des Sobolewski.

Il était arrivé à jouer du Sobolewski avec un art admirable, et il savait si bien amener ce nom que, chaque fois qu'il le prononçait, l'effet était certain : la princesse portait la main à la petite clef d'or suspendue à son corsage : ne fallait-il pas lui prouver, à ce fier héritier des Sobolewski, qu'il n'avait qu'à épouser Micheline pour voir cette clef d'or passer entre ses mains ?

C'était grâce à ce moyen qu'il avait pu prendre dans le monde parisien, celui où l'on s'amuse, le rang qu'il occupait.

Lorsqu'il était sorti du collège, peu de temps après la mort de son frère, la princesse lui avait assuré une pension de six mille francs qu'elle avait bientôt portée à douze mille; mais comment aurait-il vécu avec douze mille francs; quelle figure eût-il faite dans le monde! Elle se croyait généreuse, la pauvre bourgeoise; était-elle assez Beaumoussel? Douze mille francs pour un homme comme lui?

Depuis sa vingtième année jusqu'à ce jour il n'en avait jamais dépensé par an moins de soixante-quinze à cent mille et il avait bien fallu qu'il les trouvât.

Un autre à sa place, un aventurier qui n'eût pas été un Sobolewski, les eût tout simplement demandés à la princesse, et, en exploitant âprement la sévérité envers Micheline et la peur du mariage manqué, il les eût probablement obtenus; mais justement il n'était pas aventurier et il était un Sobolewski; s'il adressait à la princesse en s'appuyant sur cette sévérité et sur cette peur, c'était seulement pour compléter ce que son intelligence et son industrie lui donnaient.

Car il employait son intelligence à faire figure dans le monde, comme il y employait son industrie, activement; ce n'était vraiment pas sa faute si souvent elles le laissaient en déficit; la vie est si dure à ceux qui ne naissent pas avec cent mille francs de rente!

Que pouvait-il faire? De l'art comme ses frères? de la musique comme Casimir? de la peinture comme Adam? Leur exemple n'était pas pour les tenter; il se rappelait la fortune de la *Trompe des Alpes*; et il avait sous les yeux le spectacle de la misère qu'Adam supportait sans se plaindre, parce qu'il était un résigné, mais qui n'en était pas moins lamentable. Pouvait-il essayer de la science et de l'industrie comme Ladislas, dont la vie était un combat obscur dans lequel, un jour ou l'autre, il mourrait honteusement ?

Il était prince ; il voulait vivre de l'existence brillante et facile qui convenait à un homme de son rang : il n'avait qu'à regarder autour de lui pour voir des gens qui, sans un sou de patrimoine, dépensaient cent mille francs par an ; il ferait comme eux.

Il y avait quinze ans bientôt qu'il menait cette existence, brillante, il est vrai, en apparence, mais non facile comme il avait imaginé avant de la connaître ; terrible, au contraire, aussi misérable par certains côtés que celle d'Adam, aussi pleine de luttes que celle de Ladislas.

Quand il avait commencé à publier des indiscrétions mondaines dans les journaux, il était tout jeune, et le peu que le journalisme lui rapportait venait à peu près compléter son budget, qui alors était loin de monter à cent mille francs par an. D'ailleurs il avait plaisir à parler de gens dont il était ou dont il voulait devenir l'ami, et il s'acquittait gaiement d'un métier qui, tout en lui rapportant quelques louis de temps en temps, lui coûtait peu de peine : « La fête a été fort brillante ; dans l'assistance nous avons remarqué..... etc. » Cela s'écrivait couramment en déjeunant et sans y penser. Sans grand travail il y avait produit d'argent, et surtout profit de relations agréables ou utiles non seulement dans un certain monde où l'on est affamé de réclames, mais encore dans le journalisme où de nombreuses mains s'étaient tendues vers lui : il était prince, on ne le craignait pas, on était fier de se montrer en public avec lui, et d'amener son nom dans un article : « Je parlais hier de mon ami le prince Sobolewski... Mon ami le prince Sobolewski me disait... » Mais ces quelques louis avaient été bien vite insuffisants, et ce n'était plus de temps en temps qu'il les lui fallait, c'était tous les jours. Où les trouver ? Les honnêtes gens dont il avait cité les noms jusqu'alors n'avaient même pas l'idée qu'on pouvait payer les réclames qu'ils se faisaient faire, et les journaux n'étaient pas disposés à augmenter le prix de leurs lignes, ce qui d'ailleurs eût été insignifiant. Mais à côté de ces honnêtes gens il y avait les aventuriers, les parvenus, les tarés, les étrangers, toute cette bohème mondaine qui demande à la publicité ce que l'honorabilité ne peut pas lui donner, et qui est prête à mettre le prix aux services rendus. C'était à ceux-là qu'il avait eu recours ; à côté des noms qui tiennent une place dans le monde parisien, avaient défilé ceux de cette bohème qui cherche à s'en faire une n'importe comment. On va vite et loin sur cette pente ; après les rastaquouères étaient venus leurs fournisseurs, qui, eux aussi, avaient intérêt à figurer dans le courrier mondain du prince Sobolewski : « L'hôtel si beau et si hospitalier, construit, dans les Champs-Élysées, par notre grand architecte *** pour le duc et la duchesse de *** était hier en fête. La magnifique galerie qui longe l'avenue et qui est une merveille, grâce au savoir et au goût artistiques de ***, était le rendez-vous de tout ce qui compte à Paris, — cinquante lignes d'énumération dans lesquelles figurait tout ce qui compte à Paris, aussi bien parmi les gens du monde que parmi leurs fournisseurs : couturières, bijoutiers, modistes, fleuristes, — la belle duchesse***, — il y avait quelquefois « la très belle duchesse ». mais c'était un tarif spécial que tous ne pouvaient pas s'offrir, — portait une magnifique robe de soie blanche, chef-d'œuvre de ***, toute couverte de dentelles de ***. » Ne s'en tenant pas au journal, il avait réuni ses articles en volumes, divisés en séries : « Les *Grandes demeures* », « les *Grandes fêtes* », « les *Chiffonnées* », avec l'indication, dans une forme voilée, de l'hôtel à Paris et de la villa à la campagne de ces chiffonnées, mais assez précise cependant pour qu'on pût y aller sans se tromper.

Quand il avait commencé à faire courir, les choses s'étaient passées de la même façon. Un dimanche qu'il avait tiré, le matin, de la princesse, en se plaignant de Micheline, quelques billets de mille francs, il avait dans une petite course réclamé un cheval qu'il avait été tout glorieux de faire courir sous ses couleurs. Puis, à quelque temps de là, il en avait réclamé un autre avec les mêmes ressources. Et pendant un an ou deux il s'était contenté des bénéfices qu'ils lui donnaient. Mais il en avait été des courses comme du journal : ce qui était suffisant pour le débutant qui n'avait que de médiocres besoins, ne l'était plus pour l'homme en vue qui en avait de grands. Il fallait plus que quelques petits prix de douze ou quinze cents francs gagnés de-ci de-là en province sans paris. C'était alors qu'il avait dû accepter une association qui avait été le pendant des réclames des fournisseurs. Le temps est loin où les courses de chevaux étaient un divertissement pour quelques riches désœuvrés, elles sont maintenant une affaire qui doit être menée par des hommes d'affaires connaissant toutes les finesses du métier. A ce moment une des petites écuries qui gagnait le plus d'argent avait pour directeur deux associés dont l'un était un cabaretier de Boulogne-sur-Mer qui avait appris les rouéries des courses avec les jockeys et les hommes d'écuries qui buvaient chez lui dans leurs voyages hebdomadaires de France en Angleterre et d'Angleterre en France, et dont l'autre était un marchand de fourrages du quartier des Champs-Élysées ; c'étaient d'habiles gens qui avaient poussé l'habileté si loin qu'un beau jour, pour une volerie trop grosse, on leur avait interdit tous les hippodromes de France. Que faire ? Une vente fictive avait fait passer leur écurie à Witold qui les avait couverts de son nom et de son titre ; personne même chez les suburbains n'osait plus risquer un louis sur les chevaux de Wocquez et Mairesse, tandis qu'on engageait sans défiance des paris sur les chevaux du prince Sobolewski

Pour le jeu, ç'avait été la même chose encore ; quand, à ses débuts, il avait été admis dans les cercles, il s'était contenté des quelques louis qu'il y gagnait timidement avec plus ou moins d'adresse, mais là aussi les quelques louis étaient devenus bien vite insuffisants, et il avait fallu trouver des moyens de mettre le jeu en exploitation réglée, et, tirant parti des relations qu'il s'était créées, il avait accepté devant le tapis vert des associés qui ne valaient guère mieux que ceux qu'il avait sur le turf : — « Quel est ce particulier ? Il a été présenté par le prince Sobolewski. » — Et ceux qu'il présentait ainsi avaient ordinairement une veine invraisemblable.

Tout cela était à peu près connu de Germaine, mais non d'une manière précise, qui permît de dire à la princesse : « Voilà l'homme que vous voulez donner pour mari à Micheline ! »

VII

Il fallait des preuves, comment les réunir ?

Germaine se le demandait, sans trouver de réponse à sa question, lorsque, trois jours après leur installation à Paris, il lui arriva un concours étranger qui, dans les dispositions où elle était, lui parut lui aussi providentiel.

Une après-midi que la princesse et Micheline étaient sortis pour leur promenade ordinaire au Bois et qu'elle était restée à l'hôtel, on vint la prévenir qu'une personne dont on lui remit la carte, « M. Vauvineux », désirait la voir.

Elle connaissait ce Vauvineux ; il avait été autrefois un des hommes d'affaires de la princesse, un de ces complaisants intermédiaires qui s'emploient volontiers sans qu'on leur ait rien demandé ; et, en ces derniers temps, il avait fondé une maison de banque et de crédit, l'*Universelle*, appelée, disait-il, à faire une révolution dans le monde financier. Plusieurs fois il était venu à Hopsore pendant l'été, et elle avait déjeuné avec lui à la table de la princesse. Cependant, comme elle n'avait d'affaires d'aucune sorte avec lui et qu'elle ne s'était jamais mêlée de celles de la princesse, elle hésita à descendre.

— Avez-vous dit à M. Vauvineux que la princesse rentrerait à six heures ?

— Parfaitement; il a insisté pour que je vous monte sa carte et pour que je vous dise qu'il vous priait de lui accorder quelques minutes d'entretien.

Sans doute il s'agissait d'une chose urgente qui intéressait la princesse ; malgré sa répugnance à s'immiscer dans ce qui n'était pas de ses fonctions d'institutrice, elle ne devait donc pas hésiter plus longtemps. Elle descendit, et trouva Vauvineux, qui l'attendait, plus chafouin, plus insinuant, plus mielleux, plus souriant qu'elle ne l'avait encore vu.

— Mon Dieu, madame, je vous demande pardon de m'être permis de vous déranger ; mais j'ai absolument besoin de voir la princesse aujourd'hui, et j'ai pensé que vous pourriez me dire si elle doit être chez elle ce soir; car il me sera impossible d'attendre jusqu'à six heures.

— Je crois qu'elle ne sortira pas, mais je ne puis rien vous affirmer.

— Puis-je vous demander de la prier, au cas où elle devrait sortir, de bien vouloir m'attendre jusqu'à huit heures et demie?

— Je lui transmettrai votre demande.

— Il ne faut pas seulement la transmettre, il faut encore l'appuyer, et chaudement.

— Je ne me permets pas de donner des conseils à la princesse.

— Cela est regrettable, car bien souvent vous pourriez lui rendre service.

Germaine ne répondit pas.

— Ainsi, dans l'espèce, continua Vauvineux en rapprochant son fauteuil comme cela se fait au théâtre lorsqu'on veut indiquer au public qu'il va se dire quelque chose de confidentiel qui doit être écouté, il est d'une importance décisive que je voie la princesse ce soir, et vous allez le comprendre si vous voulez bien me donner quelques minutes. Le succès de notre société, — je veux dire de la société dont je suis le conseil, — est tel que nous triplons notre capital ; il était de dix millions, nous le portons à trente.

Germaine se demandait en quoi ces détails pouvaient l'intéresser, quand d'un mot Vauvineux la rendit attentive.

— Vous savez que la princesse est engagée dans l'*Universelle* pour trois cent mille francs qui, pour une seule année, lui ont donné pour sa part cinquante mille francs de dividende : c'est un succès sans précédent et tel que nous-mêmes n'osions pas le rêver. Qu'elle profite de la nouvelle émission que nous préparons et qui n'est encore connue de personne, pour nous confier une somme importante, ce qui lui est possible (je connais sa situation), et nous la lui doublerons, ce qui lui permettra de donner à sa fille d'adoption un autre mari que le prince Witold.

Vauvineux avait baissé la voix en prononçant ces

derniers mots, mais les eût-il à peine murmurés que Germaine les eût entendus.

— Si je vous parle avec cette franchise, continua Vauvineux, c'est que j'ai remarqué, ce qui, d'ailleurs, n'était pas difficile, combien vivement vous êtes attachée à votre élève, et que dès lors je m'imagine que vous devez lui souhaiter un autre mari que le prince Witold.

Le jour de leur rentrée à Paris, on avait parlé de Vauvineux pendant le dîner, et Witold, qui, d'ordinaire, ne prononçait pas dix paroles se suivant, avait accablé le financier sous un terrible réquisitoire. Il y avait donc entre eux une hostilité déclarée, qui expliquait que Vauvineux cherchât à se venger d'un adversaire. Maintenant, il pouvait continuer aussi longtemps qu'il voudrait; Germaine était tout oreilles. Qui sait si elle n'allait pas trouver auprès de lui les moyens d'action qu'elle avait vainement cherchés?

— Vous connaissez, poursuivit Vauvineux, le respectueux attachement qui me fait le serviteur dévoué de la princesse; c'est à elle que je dois la fortune que j'ai eu la chance d'acquérir, au concours qu'elle m'a généreusement prêté quand je n'avais rien, et je voudrais lui prouver ma reconnaissance autrement qu'en paroles. Déjà j'ai eu le bonheur de lui placer trois cent mille francs dans notre affaire; mais je ne me considère pas comme quitte envers elle; je ne le serai que lorsque je lui aurai donné le moyen de marier cette charmante jeune fille d'une façon digne d'elle. Dans les conditions de fortune où elle se trouve présentement, le prince Witold est possible, car les produits Beaumoussel commencent à baisser, et il est certain que d'année en année ils diminueront toujours; mais si je puis, comme je l'espère, lui quadrupler sa fortune, elle trouvera mieux que ce prince polonais qui n'a pour lui que son titre, et qui a contre lui... toutes sortes de choses.

Germaine ne put pas résister à la tentation :
— Quelles choses ? demanda-t-elle.
— Cela nous entraînerait trop loin en ce moment, mais, si plus tard vous voulez connaître le prince Witold, je suis tout à votre disposition; il y en a long à dire sur lui, très long, et il faut l'aveuglement de la princesse pour n'avoir pas encore vu qu'il ne pouvait pas être le mari de sa fille.
— Cependant... dit Germaine, qui aurait voulu dès maintenant connaître toutes ces choses.
— Soyez certaine, répliqua Vauvineux, que le moyen le plus sûr est l'augmentation de fortune que je propose et que nous réaliserons si vous voulez bien m'aider, en insistant auprès de la princesse pour lui montrer les avantages de notre combinaison.

Germaine fut pour répondre qu'elle n'avait aucune influence sur l'esprit de la princesse, mais elle retint ce mot à temps, heureusement. La démarche de Vauvineux, à laquelle elle ne comprenait rien en commençant, s'éclairait pour elle à mesure que cet entretien se continuait. Évidemment, ce que Vauvineux voulait était qu'elle pesât sur la princesse pour la décider à prendre une grosse souscription dans la transformation de sa Société. S'imaginant qu'elle avait un certain crédit, il cherchait à la gagner, et, dans ce but, il exploitait l'attachement pour Micheline qu'il avait très bien su apprécier dans ses visites à Hopsore; de même qu'il tâchait d'exploiter son antipathie pour Witold, qu'il avait su deviner aussi sous les quelques questions qu'elle lui avait posées à propos du prince. Tout le reste n'était que prétextes et rouerie d'un homme passé maître dans l'art de la tromperie. Si elle avait pu avoir des doutes sur ses intentions, le dernier mot qu'il lui adressa avant de partir les eût dissipés.

— Il est de règle, dit-il, que tout intermédiaire dans une affaire touche une commission, je ne me permettrais pas d'en offrir une à une personne telle que vous, mais nous serons heureux de mettre à votre disposition quelques actions libérées qui représenteront prochainement une fortune.

Il se dirigea vers la porte, mais c'était une fausse sortie : il n'avait pas tout dit.

— Il est bien entendu que si la princesse était contrariée de m'attendre ce soir, vous ne devriez pas la retenir; je reviendrais demain; il ne faut l'indisposer en rien; je n'ai pas perdu ma journée, puisque nous nous sommes compris.

Il eut un sourire qui soulignait ces dernières paroles et disait clairement que ce grand besoin de savoir si la princesse sortirait ou ne sortirait pas le soir n'avait été qu'un prétexte pour « se comprendre ». Ce n'était pas pour la princesse qu'il était venu, mais bien pour l'intermédiaire qu'il voulait gagner. Il partait avec la conviction d'avoir réussi : le grand mariage pour Micheline, la commission pour l'intermédiaire, avaient produit leur effet; il aurait un porte-parole dévoué, qui dirait et répéterait ce qu'il voulait qui fût dit, non seulement ce soir-là, ce qui était peu important, mais les jours suivants, quand il faudrait livrer des assauts à la princesse en employant des armes sérieuses.

Si Vauvineux n'avait dû avoir affaire qu'à la princesse, il n'aurait pas pris ces précautions; il la connaissait de longue date, ainsi que les moyens à employer pour l'entraîner, soit en l'éblouissant, soit en l'intimidant; mais il devrait compter avec Witold, acharné à défendre une fortune qu'il regardait comme sienne, et c'était contre lui qu'il avait cherché une alliée dans Germaine. Mieux que personne il savait combien facilement la princesse subissait l'influence de son entourage, et il espérait que cette institutrice, qu'il avait jugée intelligente, saurait dire à propos les quelques mots décisifs qui démoliraient l'opposition de Witold : puisqu'elle était intelligente, elle serait heureuse de faire manquer un mariage qu'elle devait craindre pour son élève, et, d'autre part, elle serait sensible à l'appât de la commission.

D'ailleurs il n'avait pas l'embarras du choix; il avait pris Germaine parce qu'il ne pouvait pas trouver un autre intermédiaire auprès de la princesse, et il fallait qu'il tirât d'elle tout ce qu'elle pouvait donner.

En effet, malgré ses vingt-cinq pour cent de dividende, l'*Universelle* allait mourir si le nouvel appel de fonds qu'elle tentait ne réussissait pas, et, ce qu'il y avait de terrible, d'une mort honteuse qui mènerait ses administrateurs en police correctionnelle pour altération des statuts, majoration des apports, souscriptions et versements fictifs, constitution d'un syndicat destiné à procurer la hausse fictive des actions, et toute une série d'*et cætera* que le parquet relèverait comme des manœuvres constitutives du délit d'escroquerie.

A la vérité, ce ne serait pas la première fois que Vauvineux passerait en police correctionnelle, mais c'était précisément parce qu'il avait eu le malheur de frotter son banc poli qu'il ne voulait pas le frotter de nouveau.

Et puis, ne serait-ce pas pitié, vraiment, de laisser mourir l'*Universelle*, la dernière création qu'il avait soigneusement méditée, longuement étudiée dans une solitude de trois années que la police correctionnelle lui avait assurée à Melun? Car c'était dans une maison centrale qu'elle avait pris naissance, cette Société qui devait faire une révolution dans le monde financier. Il y avait à peu près un an qu'il piochait cette idée à son atelier, entre deux affreux coquins qui passaient leur temps à préparer les vols qu'ils accompliraient le lendemain de leur libération : brisure de portes, effractions, etc., lorsqu'un matin on lui avait donné pour voisin un remisier avec qui il avait eu autrefois quelques relations, un brave garçon intelligent, entreprenant, appelé La Parisière.

— « Vous ici ! — Ne m'en parlez pas ; pour une simple infraction à la loi sur les Sociétés. — Comme moi. » Naturellement, ils étaient devenus intimes ; n'est-ce pas dans l'infortune que se révèlent les grands cœurs ? — « Pour combien ? — Deux ans. — Et vous ? — Trois ; j'ai une année de faite. — Nous sortirons ensemble. »

Ils étaient, en effet, sortis de Melun à quelques jours de distance, unis par une solide association pour fonder l'*Universelle*. Vauvineux n'était point un égoïste ; il avait partagé son idée avec son ami, et chacun l'avait travaillée, perfectionnée de son côté. Elle était bien simple : au lieu de diriger en leur nom leur Société, ce que leurs antécédents judiciaires rendaient difficile, ils formaient un conseil d'administration composé des noms les plus brillants de l'aristocratie qui voudraient bien se vendre, et, se tenant dans la coulisse, ils se contentaient d'être « les conseillers financiers » de l'*Universelle* ; comme à la tête de leur Société ils n'avaient que des incapables en même temps que des obligés, ils en étaient les maîtres ; rien ne se faisait sans eux et que par eux. Quant à trouver autant de noms à panache qu'il leur en faudrait, ils n'avaient pas le moindre doute à ce sujet. Quant à imaginer qu'on pouvait avoir de la répugnance à accoler un nom honnête aux leurs, ils n'en avaient pas même l'idée. Quant à craindre que leur passé pût les gêner un instant, ils avaient trop l'expérience du monde des affaires pour admettre cette niaiserie : on oublie vite à Paris et plus vite encore à la Bourse. D'ailleurs, où s'arrêterait-on si l'on se mettait à s'adresser des reproches les uns aux autres?

Ils avaient réussi au delà de leur espérance ; des noms, ils en avaient trouvé plus qu'il ne leur en fallait ; de la répugnance, ils n'en avaient rencontré chez personne ; non seulement on ne leur avait pas adressé de reproches, mais on leur avait épargné jusqu'aux allusions.

— Des gaillards très forts, Vauvineux et La Parisière ; s'ils ont eu des malheurs ils les ont payés.

Cependant quoique très forts ils n'avaient pas su, ou, tout au moins, ils n'avaient pas daigné éviter ces infractions qui menaçaient de les ramener à Melun, et c'était pour cela qu'il fallait que leur capital réel, qui était loin des dix millions annoncés, fût triplé ; que la princesse se laissât aller à souscrire à nouveau une grosse somme, et ils étaient sauvés.

Rien ne devait donc être négligé pour la décider.

VIII

Quand Germaine entendit la voiture de la princesse rentrer, elle descendit pour annoncer la visite de Vauvineux.

Dans l'escalier elle rencontra Micheline qui montait.

— Ah ! madame Germaine, quel ennui ! dit Micheline à voix basse ; Witold dîne encore avec nous ; c'est décidément de la persécution ; ne vous fâchez pas si je le malmène un peu fort.

— Calmez-vous et rassurez-vous ; en votre absence, il nous est tombé du ciel un allié. Quand nous serons seules, je vous expliquerai d'où me vient mon espoir. Où est la princesse ?

— Dans le salon bleu, avec le monstre.

Germaine trouva le monstre, comme disait Micheline, en compagnie de la princesse, et devant lui elle transmit à celle-ci la demande de Vauvineux.

— Que veut-il ?

— Il s'agit d'une nouvelle émission qui n'est encore connue de personne.

— A quelle heure doit-il venir ? demanda Witold

qui, le nez sur un journal, paraissait ne rien écouter.

— A huit heures et demie.

— Je suis curieux de savoir ce que peut être cette nouvelle émission.

— Un nouvel emprunt à votre caisse, ma chère sœur, dit Witold.

— J'ai jusqu'à présent fait une trop bonne affaire avec Vauvineux pour que votre mot soit juste, mon cher Witold.

— C'est précisément parce qu'il vous en a fait faire une petite bonne qu'il est à craindre qu'il ne veuille vous en faire faire une grosse mauvaise; n'est-ce pas toujours ainsi que se passent les choses?

Sur ce mot, Micheline entra dans le salon.

— Vous n'êtes pas juste pour Vauvineux, répliqua la princesse; ce que j'ai mis dans sa société m'a rapporté cinquante mille francs, c'est assez joli.

— Vous a rapporté; mais combien cela durera-t-il?

La princesse n'aimait pas qu'on lui donnât des conseils quand elle n'en demandait pas, et encore moins qu'on voulût prendre la direction de ses affaires; déjà, malgré sa peur des discussions, elle avait eu plusieurs fois à se défendre contre les empiétements de Witold, et, sur ce point, elle montrait une fermeté qui lui faisait défaut sur tant d'autres:

— Vauvineux ne m'aurait pas conseillé cette affaire si elle n'avait pas été sûre, dit-elle presque sèchement.

— M. Vauvineux est très dévoué à marraine, continua Micheline, plaçant son mot pour faire de l'opposition.

— Je ne dis pas qu'il n'est point dévoué, je dis seulement qu'avec un homme qui a son passé, il est prudent de prendre ses précautions.

— Croyez-vous, mon cher Witold, que si ce passé avait été ce que vous dites, il aurait trouvé pour le couvrir des gens comme le duc de Charmont, le marquis d'Ardisson, le duc de Mestosa et tous les grands noms qui composent le conseil d'administration de l'*Universelle?* Quant à moi, je considère que le malheur qui a frappé ce pauvre Vauvineux est une leçon qui lui aura profité, et je vous déclare qu'elle ne m'empêchera pas plus de lui confier des fonds pour cette nouvelle affaire qu'elle ne m'en a empêchée pour la première.

— Vous ne savez pas tout ce qu'on dit de lui.

— Je sais que ceux qui réussissent sont exposés à l'envie et à la calomnie.

— Il y a des faits.

— Je ne les connais point.

— Si vous les connaissiez?

— Certainement, je ne ferme pas les yeux à l'évidence, mais encore faut-il qu'on la fasse, cette évidence.

— Eh bien, je la ferai, je vous promets, car je ne peux pas souffrir qu'une honnête femme comme vous soit victime de sa générosité et de sa bonté. Voulez-vous me donner quelques jours avant de vous engager avec Vauvineux? Si vous voulez une date certaine, prenons huit jours.

— Que feront huit jours?

— Ils me donneront le temps de vous prouver qu'il y a imprudence à s'engager avec Vauvineux : est-ce trop que huit jours pour sauver votre fortune?

A une question posée en ces termes, la princesse ne pouvait pas répondre par un refus. Sans doute il lui en coûtait de paraître abandonner Vauvineux qui lui avait toujours été fort dévoué, — au moins le croyait-elle. Mais, d'autre part, elle ne pouvait pas refuser cette preuve que Witold lui proposait; c'eût été un entêtement dont il eût pu très justement se blesser. En somme, cette fortune qu'il défendait était jusqu'à un certain point à lui, et déjà il pouvait la considérer comme sienne, ce qui expliquait son intervention et la légitimait. L'hostilité de Micheline était déjà bien assez blessante. S'il ne rencontrait partout et chez tous que de l'opposition, il finirait par se décourager.

— Soit, dit-elle, je vous promets de ne rien conclure avec Vauvineux avant huit jours.

Contrairement à ce qui se passait d'ordinaire, Germaine était restée dans le salon pendant ce colloque, et pour se donner une contenance elle avait appelé Michelin près d'elle, mais elle n'avait pas perdu un mot de ce qui se disait entre la princesse et Witold.

Si Vauvineux ne s'était point avancé à la légère, cette guerre que Witold voulait lui faire était le salut de Micheline; il n'y avait qu'à le prévenir qu'il devait se défendre.

Pendant le dîner il ne fut plus question de Vauvineux; à huit heures et demie seulement la princesse fit la remarque qu'il allait arriver, et gaiement elle assura Witold qu'elle tiendrait son engagement.

Germaine se demandait comment elle pourrait échanger quelques mots avec le financier mais elle n'eut point à trouver une combinaison qui semblait à peu près impossible : Vauvineux ne vint pas.

— Vous voyez qu'il n'est pas aussi âpre à la curée que vous vous l'imaginiez, dit la princesse à Witold lorsque celui-ci se retira.

— Il est trop habile pour montrer un empressement compromettant.

Germaine ne se coucha point, bien certaine que Micheline voudrait l'entretenir le soir même; en effet, quand tout le monde fut endormi dans l'hôtel, elle entendit un léger frôlement à sa porte, — c'était Micheline qui entrait en se glissant sans bruit.

— C'est maintenant qu'il faut tout me dire. Quel est cet allié dont vous m'avez parlé?

— M. Vauvineux.

Et Germaine raconta la visite du financier, sans rien cacher

— Quelles choses sait-il sur Witold? interrompit Micheline, ne voyant tout d'abord que cette menace immédiate.

— Il ne s'est pas expliqué là-dessus.

— Eh bien, alors?

— Ne sentez-vous pas que s'il se voit menacé par le prince Witold, il s'expliquera, et qu'il s'arrangera pour apprendre d'une façon précise, avec preuves à l'appui, ce qu'il ne sait peut-être aujourd'hui que par des propos en l'air.

— Alors il faut qu'il soit averti de la guerre que Witold veut lui faire.

— Assurément, cela le pousserait à se défendre et à démolir celui qui veut le perdre, mais il y a à cela un danger auquel je n'avais pas pensé tout d'abord, et qui, depuis que je réfléchis à cette situation, me paraît grave.

— Quel danger?

— Celui qu'il perde le prince dans l'esprit de votre marraine.

— Vous appelez cela un danger! s'écria Micheline stupéfaite.

— Vous ne pensez qu'au prince Witold

— Et à Jacques!

— Il faut penser aussi à la fortune de votre marraine que le prince défend.

— Pour lui-même, pour qu'elle ne lui échappe pas.

— Que ce soit pour lui, pour la princesse ou pour vous, il n'en est pas moins vrai qu'il la défend contre les entreprises de Vauvineux. Que M. Vauvineux soit l'aventurier et le voleur qu'il dit, cela est possible, nous n'en savons rien; mais ce que nous pouvons comprendre, c'est que si, après une lutte entre eux, Vauvineux reste maître du champ de bataille, la fortune de votre marraine se trouvera exposée.

— Qu'importe la fortune, quand il s'agit de la vie?

— Je ne dis pas que le bonheur ne doive pas passer avant l'argent; mais je ne voudrais pas que par une imprudence nous eussions contribué à compromettre la fortune de votre marraine qui, en réalité, est la vôtre.

— Lâchons Vauvineux sur Witold et ne prenons pas souci du reste ; advienne que pourra !

— Cela est un moyen qui est de votre âge, mais qui n'est plus du mien.

— Vous, une femme d'argent !

— Pour vous, oui, mon enfant, comme pour vous je serai une femme d'intrigue s'il le faut, bien que par nature je ne sois ni l'une ni l'autre, vous avez dû vous en apercevoir.

— Vous êtes une femme de cœur, voilà ce que je sais.

Quand Micheline lui disait un mot de tendresse, Germaine perdait tout de suite la tête; mais ce n'était pas le moment de s'abandonner, il fallait ne penser qu'aux difficultés de la situation présente et aux moyens à employer pour les surmonter.

— Vous comprenez, n'est-ce pas, dit-elle, que si M. Vauvineux est venu me proposer d'être son intermédiaire et de peser sur l'esprit de la princesse pour la pousser dans cette affaire, moi qui ai si peu d'influence et de crédit, c'est qu'il a un intérêt considérable à mettre la main sur une partie de la fortune de votre marraine, et cela doit nous inspirer une grande défiance? Vous comprenez aussi que s'il a tant tenu à avoir un entretien avec moi pour que j'obtienne de la princesse qu'elle le reçoive ce soir, alors qu'il n'est même pas venu, c'est qu'il a simplement cherché un prétexte pour me gagner à sa cause, et cela doit redoubler notre défiance?

— Je ne dis pas qu'il faille avoir confiance en lui, mais c'est l'affaire de ma marraine; la vôtre, c'est de le pousser pour démolir Witold; puisqu'il sait des choses terribles contre Witold, il faut nous en servir.

— Je vous ai dit que pour vous j'étais capable de devenir une femme d'intrigue, et je le deviendrai. Demain, j'irai trouver M. Vauvineux.

— Chère madame Germaine! s'écria Micheline en lui prenant la main.

— Il faut que ce soit pour vous, car je ne suis guère brave; mais enfin, en me préparant j'aurai cette résolution. Quand M. Vauvineux connaîtra les menaces du prince Witold, il voudra se défendre et il parlera en même temps qu'il agira : si les choses qu'il sait ou qu'il peut apprendre ont la gravité qu'il dit, le prince sera sérieusement menacé.

— Il sera perdu.

— Peut-être! si alors vous avez la fermeté de dire à votre marraine que vous ne l'épouserez jamais.

— Soyez tranquille, j'aurai cette fermeté et je le dirai plutôt dix fois qu'une.

— Nous pouvons donc réussir, mais ma tâche ne serait pas accomplie jusqu'au bout si je vous débarrassais seulement du prince Witold, il faut qu'en même temps je débarrasse la princesse de M. Vauvineux.

— Et comment?

— Vous voulez lâcher M. Vauvineux contre le

prince Witold : je voudrais en même temps lâcher le prince Witold contre M. Vauvineux ; qu'ils se combattent, qu'ils se démolissent et vous échapperez à l'un en même temps que la fortune de votre marraine échappera à l'autre.

— C'est admirable !

IX

Germaine était une timide dont les fatalités de la vie avaient fait une opprimée. Le sentiment du devoir à accomplir la redressa, et celui de la responsabilité lui mit la résolution au cœur.

Pour la première fois, elle avait réellement sa fille entre ses mains, — son bonheur et sa fortune, — que la Providence lui remettait la jugeant enfin digne d'être mère. Qu'elle ne fût pas là, qu'elle n'intervînt pas d'une façon active et il était vraisemblable que la princesse finissait par imposer Witold à Micheline; ou bien si Witold était démoli par Vauvineux, il était vraisemblable que le financier s'imposerait; dans le cas où Witold l'emportait, c'était Micheline qui était perdue; dans le cas, au contraire, où il était battu, c'était la fortune.

Le lendemain matin, à neuf heures, elle entrait dans les bureaux que l'*Universelle* occupait au premier étage d'une maison de la rue de Grammont d'apparence honnête et grave comme il convenait à une société qui comptait les noms les plus nobles dans son conseil et ne voulait pas être confondue avec les vulgaires agences du quartier de la Bourse. Rien du tripot, rien du coupe-gorge à l'*Universelle*, ni par la maison, ni par les garçons de caisse d'une correction sévère dans leur habit bleu de roi à larges boutons d'argent, tous décorés.

Quand elle demanda Vauvineux, on lui répondit qu'il ne pouvait pas recevoir en ce moment et elle attendit.

Puis, le temps s'écoulant, elle se décida à écrire un billet court qu'elle pria un garçon de remettre à M. Vauvineux, et presque aussitôt elle fut introduite dans un vaste cabinet de travail où Vauvineux était assis devant un immense bureau dont l'autre côté était occupé par son associé La Parisière.

En la voyant entrer, Vauvineux se leva et vint au-devant d'elle.

— Comment, chère madame, vous avez pris la peine de venir jusqu'ici? Je serais passé à l'hôtel dans l'après-midi.

Puis s'adressant à La Parisière :

— Mon cher La Parisière, je vous présente madame Germaine, de qui je vous ai parlé.

La Parisière voulut bien se redresser pour saluer courtement, et Germaine vit une vraie tête de singe, au front bas et fuyant, à la physionomie mécontente et dure.

Un peu honteuse du rôle qu'elle avait à jouer, Germaine eût mieux aimé être seule avec Vauvineux, mais elle n'était pas venue pour reculer, et, puisqu'il fallait parler devant ce vieux singe aux abajoues blanchies et aux mains retroussées, elle parlerait.

Au reste, Vauvineux, qui parut lire sa répugnance, lui vint en aide.

— Qui nous vaut l'honneur de votre visite? Vous pouvez parler devant mon ami La Parisière, nous ne faisons qu'un.

— J'ai tenu à vous dire que je ne pourrais pas remplir auprès de la princesse le rôle que vous vouliez me confier.

— Comment cela?

La Parisière ne fit pas de question, mais il releva la tête par un geste qui disait qu'il était attentif.

— Je rencontrerais auprès de la princesse, continua Germaine, une opposition contre laquelle je ne pourrais rien; j'aime mieux vous en prévenir à l'avance.

— D'où viendrait cette opposition?

Elle hésita un moment.

— Du prince Witold, dit-elle enfin; elle ne viendrait pas, elle est venue; le prince Witold est rentré hier avec la princesse, et il était là lorsque j'ai dit que vous désiriez voir la princesse le soir et dans quel but.

Vauvineux laissa échapper une grimace de mécontentement.

— J'ai été interrogée, continua Germaine, j'ai dû répondre.

— Oh! je ne vous blâme pas, chère madame; d'ailleurs, je n'ai à me cacher de personne, pas plus du prince Witold que d'un autre.

La Parisière crut devoir renchérir, et, s'adressant du geste à Germaine, mais en parlant les yeux dans ceux de Vauvineux :

— Vous n'avez que ce que vous méritez, mon bon Vauvineux; voilà ce que c'est que d'avoir voulu faire profiter la princesse Sobolewska d'une bonne affaire, on s'imagine que vous avez voulu la fourrer dans une mauvaise. Si vous étiez resté tranquillement ici comme je le voulais, la princesse serait venue demander, que dis-je demander ? serait venue implorer ce que vous avez été lui offrir.

— Que voulez-vous ! interrompit Vauvineux avec bonhomie.

— Je voudrais que vous fussiez plus sage et plus pratique. Parce que la princesse Sobolewska vous a rendu service autrefois, il semble que vous ne pourrez jamais vous acquitter envers elle.

— Il est vrai.

— Vous avez déjà fait assez; croyez-moi, restez-en là.

Vauvineux ne répondit rien à ce conseil amical, mais s'adressant à Germaine avec un sourire :

— Et sur quoi le prince Witold appuie-t-il son opposition ? demanda-t-il d'un air presque indifférent.

— Il ne l'a pas dit; il a seulement demandé à la princesse de ne pas s'engager avec vous avant huit jours.

— Pourquoi huit jours ?

— Parce qu'avant huit jours il se fait fort de lui

prouver qu'elle ne doit pas mettre de nouveaux fonds dans votre affaire.

— Alors c'est la guerre?

— Une guerre acharnée et telle que je ne pouvais pas me permettre d'intervenir sans m'exposer à me faire broyer, moi chétive.

— Nous ne vous demandons pas cela, madame, dit La Parisière en intervenant de nouveau, car nous renonçons à toutes relations avec la princesse Sobolewska; elle a besoin de nous, nous n'avons pas besoin d'elle.

Germaine eut un mouvement d'émoi, et ce fut avec angoisse qu'elle se demanda s'il parlait sincèrement; avait-elle donc perdu son allié en voulant l'engager plus fortement?

Ils ne se disaient plus rien ni l'un ni l'autre, et ils se regardaient; mais, comme l'expression de leur visage montrait plus d'inquiétude que de colère, cela la rassura.

— On ne m'y reprendra plus à vouloir faire la fortune des autres malgré eux, dit Vauvineux.

— Je vous avais prévenu, répondit La Parisière; si vous m'aviez écouté, cela ne serait pas arrivé.

Une fois encore Vauvineux ne répliqua point, car il y avait cela de curieux entre ces deux associés que l'un paraissait spécialement chargé de gronder l'autre, mais ce qui ne méritait pas moins l'attention, c'étaient les regards qu'ils échangeaient à chaque instant en gens qui ont créé un langage muet à leur usage.

Ce fut à Germaine que Vauvineux répondit.

— Bien entendu, il n'y a rien de changé entre nous; ce qui est dit est dit, vous aurez vos actions.

— Je ne saurais les accepter, s'écria Germaine, honteuse de ce marché.

— Pourquoi donc? Vous nous avez rendu service, car c'en est un grand que de faire connaître à d'honnêtes gens les coquins qui les guettent; nous espérons bien que ce ne sera pas le dernier.

Germaine ne persista pas dans son refus; il serait temps de le renouveler si un jour ils renouvelaient leur offre — ce qui était douteux.

Elle se leva pour se retirer et Vauvineux la reconduisit à la porte avec toutes les démonstrations d'une respectueuse politesse.

— Au revoir, chère madame, au revoir!

Et il referma lui-même la porte en saluant encore.

— Si on s'arrangeait avec ce Witold? dit La Parisière quand Vauvineux revint à son fauteuil.

— Quel arrangement est possible avec un homme qui veut tout pour lui.

— Quelle canaille!

— Il se croit à la veille d'épouser la fille d'adoption de la princesse, et veille sur une fortune qu'il considère comme lui appartenant déjà. Il n'y a pas d'arrangement possible. D'ailleurs, ce serait tromper l'espérance de cette brave dame qui est décidément plus intelligente que je ne croyais, et qui compte bien que nous allons faire une guerre à mort au Witold pour qu'il n'épouse pas la petite.

— La guerre, la guerre, elle est bien aventureuse

pour nous; j'aimerais mieux un arrangement même médiocre.

— Il n'y en a ni de médiocre ni de bon à attendre; il faut renoncer ou persévérer; renoncer, vous savez ce qui nous attend si nous n'avons pas les fonds de la princesse; persévérer n'est possible que si nous démolissons Witold; il a demandé huit jours pour nous battre, c'est à nous de prendre les devants et de telle sorte qu'avant trois jours nous l'ayons mis dans l'impossibilité de nous nuire.

— Cela s'engage mal.

— Je ne dis pas non, mais qui va tout seul en ce monde? avez-vous jamais eu un succès sans l'emporter haut la main? Moi, non. D'ailleurs il ne s'agit pas de partir en guerre nous-mêmes; nous y enverrons le duc de Charmont, il faut bien qu'il nous serve à quelque chose; il est le président du club de Witold, il a barre sur lui.

— Avec sa peur du scandale, il n'osera rien faire.

— C'est justement la peur du scandale qui le décidera; il aimera encore mieux qu'il éclate au cercle qu'ici, sur un autre que lui. S'il n'y avait pas prise sur le prince Witold, la chose serait difficile, mais précisément il y a prise. Depuis longtemps on parle de tricheries, de cartes marquées, de *télégraphie* dans laquelle le prince Witold remplirait le rôle de *comtois*, et si la bombe n'a pas encore éclaté, c'est que personne ne se soucie d'y mettre le feu.

A ce moment, un garçon entra dans le cabinet et annonça que le duc de Charmont venait d'arriver.

— Allons-y, dit Vauvineux, l'heure a sonné.

Vauvineux et La Parisière bougonnant, passèrent dans le salon du président du conseil.

En devenant malgré lui et sous le coup de la nécessité homme d'argent, le duc n'avait rien perdu de son élégance de manières et de sa politesse ; le financier n'avait pas tué le gentleman ; au contraire il l'avait encore affiné, comme si celui-ci tenait à affirmer bien haut sa race et son titre, de peur qu'on ne le confondît avec les gens de son nouveau milieu :

— Bonjour, messieurs, dit-il gracieusement, quoi de nouveau ?

— Il a de nouveau, dit La Parisière, que nous sommes en danger d'être fichus.

Si le duc exagérait son élégance native et sa politesse, par contre, La Parisière exagérait sa brutalité acquise dans le monde des affaires ; c'était sa réplique à des manières qui l'humiliaient.

— Qu'est-ce à dire, messieurs ? demanda le duc avec hauteur.

Là-dessus, Vauvineux prit son sourire le plus insinuant :

— Ce n'est pas ainsi que les choses doivent être présentées, dit-il. La Parisière va trop vite. Vous savez que quelques petites irrégularités ont été commises lors de la constitution de notre société, notamment en ce qui touche certaines souscriptions qu'on qualifie de fictives... Une niaiserie !

— Vous m'aviez assuré...

— Que nous les ferions disparaître. C'était à quoi nous travaillions et ce que nous allions réussir en appliquant à l'ancien capital un nouvel apport de la princesse Sobolewska, lorsque le prince Witold Sobolowski est venu se jeter au travers de notre combinaison, afin de mettre la main sur la fortune de sa belle-sœur. Eh bien, monsieur le duc, il faut que vous exécutiez le prince Witold Sobolewski à votre cercle, ce qui vous est facile avec tout ce qu'on lui reproche, et de telle sorte qu'il perde toute influence et tout crédit sur l'esprit de sa belle-sœur, — ce qui arrivera sûrement s'il est déshonoré, car la princesse est trop honnête femme, pour donner sa fille d'adoption à un homme perdu.

— Mais, messieurs...

— L'influence du prince Witold détruite, nous reprenons la nôtre sur la princesse, qui nous fait cet apport de fonds indispensable pour effacer ces petites irrégularités, et alors, au lieu d'être fichus, comme le dit La Parisière, nous pouvons lancer notre nouvelle émission qui nous assure le succès, un succès foudroyant.

— La situation est bien simple, interrompit La Parisière durement, d'un côté la police correctionnelle, de l'autre la fortune, et vous savez que si nous allons en police correctionnelle, vous y viendrez avec nous, monsieur le duc.

X

En sortant de la rue de Grammont, Germaine s'était dirigée vers le boulevard Malesherbes, où demeurait Witold.

Elle n'avait accompli que la moitié de sa tâche : Vauvineux contre Witold, c'était bien ; maintenant il lui fallait Witold contre Vauvineux. Et le difficile dans son entreprise, c'était de combiner les deux actions de façon à les faire marcher ensemble sans que l'une devançât l'autre. Witold avait demandé huit jours pour démolir Vauvineux ; celui-ci à coup sûr ne prendrait pas ce délai pour démolir Witold ; il fallait donc que Witold se pressât.

C'était un confortable appartement de garçon que Witold occupait, boulevard Malesherbes, tout auprès de la Madeleine, et digne par son élégance d'un homme qui comptait dans le monde parisien. A la vérité, l'ameublement en appartenait à un tapissier à la mode qui usait largement de la publicité dont disposait Witold, mais cela ne regardait point le public, qui ignorait cet arrangement, connu seulement de quelques personnes ; pour le vulgaire, lorsqu'il était admis chez le prince Sobolewski, il se trouvait en présence de jolies choses : meubles, tapis, tentures, marbres, bronzes, tableaux, curiosités, qui faisaient honneur au goût de celui qui les avait choisies.

Germaine, qui n'était jamais venue chez Witold, fut surprise de cette élégance, et, avec la simplicité d'une naïve qui s'imagine que le luxe ne va pas sans la fortune, elle se demanda comment ce riche mobilier pouvait appartenir à un homme vivant d'expédients.

Dans le salon où on l'avait introduite en attendant que Witold pût la recevoir, se trouvaient deux hommes d'apparence vulgaire, veston court de gros drap à carreaux sombres, chapeau de feutre, grosses bottines, ayant tout l'air de gens d'écurie, qui causaient en anglais et qui ne s'interrompirent point quand elle entra; l'ayant reconnue pour une Française, ils s'imaginaient sans doute qu'elle ne pouvait pas les comprendre.

Elle s'était assise devant une table et elle avait pris un journal qu'elle lisait, n'écoutant point ce qu'ils disaient, lorsque quelques mots forcèrent son attention.

C'était évidemment de Witold qu'il s'agissait entre eux, et tout ce qu'i le touchait l'intéressait trop pour qu'elle ne prêtât point l'oreille à leur entretien. L'un s'exprimait avec l'accent d'un Anglais de naissance, l'autre avec un accent français. Bien qu'elle sût admirablement l'anglais, il y avait des mots qu'elle ne comprenait point et qu'elle entendait pour la première fois : des termes de sport sans doute ou d'argot.

— Comment! disait l'un, celui qui avait l'air d'être Anglais, quand des pauvres diables, après m'avoir déposé leur montre, leur chaîne, une épingle, les boucles d'oreilles ou le bracelet de leur femme, une reconnaissance du mont-de-piété, des couverts en argent, pour avoir quelques louis qui leur permettent de faire face à leurs engagements, me rendent ces quelques louis régulièrement, vous voulez que je garde à perpétuité toute la quincaillerie de votre prince qui ne rend jamais rien! Non, j'en ai assez, à la fin. Si tous mes clients étaient comme lui, ma maison ne serait pas assez grande. J'ai besoin de mon argent.

— Il vous rendra bientôt tout ce qu'il vous doit.
— Quand, bientôt?
— Quand il sera marié.
— Pourquoi ne se marie-t-il pas tout de suite?
— Parce qu'en se faisant désirer il obtiendra une plus grosse dot : soyez tranquille, il connaît son affaire.

— Voilà le diable, je ne suis pas tranquille; je finis par ne plus y croire, à son mariage; vous verrez qu'il nous filera dans la main.

— Il n'y a pas de danger; avant trois mois il sera marié, et vous, vous serez payé. Mais ce n'est pas tout : aussitôt qu'il aura la dot, il montera une écurie comme on n'en a jamais vu en France, et qui est-ce qui aura des grosses commissions? ce sera mon petit Rochester.

Bien que Germaine ne fût pas au courant des choses du sport, elle avait trop souvent entendu

Micheline et Witold parler des courses pour ne pas connaître Rochester, le plus hardi et le plus heureux des bookmakers. Ainsi Witold en était réduit à emprunter sur gages à cet homme qui avait plus de confiance dans les pauvres diables qui rendaient que dans le prince qui ne rendait jamais rien. La fortune de Micheline servirait à payer ses dettes et à entretenir une écurie de courses. Cela était vraiment rassurant.

— Vous verrez quelles affaires nous ferons, continuait l'ami du petit Rochester en le tapotant sur l'épaule; nous les roulerons tous.

— Prenez garde qu'il ne vous roule vous-même, mon vieux Wocquez, dit Rochester : il est bien malin.

A ce moment, deux ouvriers tapissiers entrèrent dans le salon, accompagnés du valet de chambre, et se mirent à décrocher deux des tableaux que Germaine avait en face d'elle : des *Nymphes* de Corot, des *Singes à table* de Ph. Rousseau.

— Vous n'avez rien apporté pour les remplacer? demanda le valet de chambre; ça va faire un vide, ce n'est pas joli.

— Le patron a dit que le prince vienne choisir lui-même ce qu'il veut; vous comprenez qu'il n'allait pas manquer l'occasion de vendre.

— Alors ils sont vendus, ceux-là.

— Il faut les faire voir.

— A propos, continua le valet de chambre, le canapé du fumoir a un accroc : vous devriez bien l'emporter et dire qu'on me le remplace.

Chaque mot était significatif pour Germaine ; elle comprenait maintenant d'où venait ce luxe qui l'avait si fort surprise : de chez le tapissier, où il était loué.

Évidemment si elle passait quelques heures dans ce salon, elle en apprendrait bien d'autres.

Mais une porte s'ouvrit et Witold parut, accompagnant une femme la tête enveloppée dans un épais voile marron qui la cachait comme un masque. Il la conduisit jusque dans le vestibule, puis, revenant, il alla tout de suite à Germaine.

— Eh quoi ! c'est vous, madame, dit-il avec surprise, se passe-t-il donc quelque chose de grave ?

— J'aurais à vous entretenir un moment.

— Je suis à vous.

Et, allant aux deux hommes, il leur tendit la main :

— Bonjour, Rochester, bonjour, Wocquez ; je suis à vous tout à l'heure, le temps de recevoir madame.

— Mais je suis pressé, dit Rochester de son air de dogue anglais, prêt à mordre et en montrant ses crocs pointus.

— Vous ne voudriez pas, mon cher, faire attendre une femme.

Et, sans plus s'occuper de lui que s'il avait été un pauvre diable, Witold passa dans son cabinet avec Germaine.

— Je pense qu'il s'agit de quelque chose de grave ? dit-il.

— Pour la fortune de la princesse, oui, répondit Germaine, et aussi pour moi.

— Est-ce qu'elle a cédé avec Vauvineux? s'écria Witold.

— M. Vauvineux n'est pas revenu à l'hôtel.

Witold eut un soupir de soulagement.

— Mais hier, continua Germaine, il s'est passé entre lui et moi des choses qui, me semble-t-il, doivent être connues de vous, et que j'aurais dites à la princesse si je n'avais craint de la blesser en paraissant me mêler de ses affaires, ce qu'elle n'aime pas, vous le savez.

— Quelles choses? demanda Witold vivement.

— M. Vauvineux m'a offert un certain nombre d'actions libérées si je réussissais à décider la princesse à mettre de nouveau une grosse somme dans la société.

— Le coquin!

— Il m'a semblé, en effet, que ce n'était pas là un honnête procédé, auquel M. Vauvineux n'aurait pas eu recours s'il n'avait eu souci, comme il le prétend, que de l'intérêt de la princesse; et j'ai voulu vous prévenir afin que vous avisiez.

— Soyez tranquille.

— J'ai cru qu'il y avait urgence et je suis venue.

— Je vous remercie au nom de Micheline, pour qui je vais agir énergiquement. Vauvineux n'aura rien, soyez-en certaine. C'est un nouveau service que Micheline vous devra et qui sera à ajouter à tous ceux qu'elle vous doit déjà. Je vous promets que nous nous en souviendrons.

C'était la première fois depuis sept ans que Witold adressait une parole gracieuse à Germaine qu'il avait toujours traitée avec un parfait dédain, la regardant de haut comme une domestique, un être infime qui pour lui n'existait pas ; mais le moment était vraiment mal choisi et Germaine eut hâte d'échapper à des remerciements qui la mettaient mal à l'aise. D'ailleurs elle n'avait plus rien à dire : Witold était averti. Elle n'ajouta qu'un mot :

— J'ai cru qu'il n'y avait pas de temps à perdre.

— Assurément, et je n'en perdrai pas; j'ai demandé huit jours, je ne les prendrai pas; demain ou au plus tard après-demain l'affaire de Vauvineux sera réglée, il ne sera plus à craindre.

— Puis-je vous prier de ne pas parler de ma démarche? demanda-t-elle.

— Ne craignez rien, je n'en parlerai qu'à Micheline... plus tard... et j'espère que ce plus tard sera bientôt.

Germaine avait hâte de rentrer auprès de Micheline, qui attendait son retour anxieusement; maintenant elle n'avait plus rien à faire ; ce qui allait se passer était en dehors d'elle et au-dessus d'elle; les deux adversaires qu'elle avait lancés l'un sur l'autre allaient se choquer et la coïncidence qu'elle avait cherchée semblait devoir se réaliser.

Elle aurait donc pu enfin faire œuvre de mère une fois dans sa vie, sauver sa fille, assurer son bonheur.

Du jardin, elle vit Micheline à une fenêtre, guettant la grille d'entrée; elle n'osa pas lui faire un signe, mais vivement elle monta l'escalier.

— Eh bien?

Elle raconta ce qu'elle avait fait, ce qui s'était dit :

— Witold est perdu ! s'écria Micheline.

— Et Vauvineux aussi.

— Que va-t-il se passer?

— Je n'en sais rien ; mais, au moment où la lutte va éclater, je ne voudrais pas que vous fussiez seule, et je crois qu'il serait mauvais que votre ma..raine n'eût pas près d'elle quelqu'un qui eût le droit de parler pour elle, avec fermeté, avec autorité.

— Quelqu'un? Jacques !

— Oui.

— Oh ! madame Germaine? s'écria Micheline éperdue.

— Il faut lui envoyer une dépêche ; il est à Toulon, il peut être ici demain : il arrivera sans prévenir, sans dire qu'il est appelé.

— Faisons la dépêche tout de suite.

— Je la porterai.

La dépêche fut écrite par Micheline, qui voulut se donner cette joie comme s'il s'agissait d'une lettre qu'il pourrait lire : elle était un peu longue, d'un style qui n'avait rien de télégraphique ; mais qu'importait? Ce qu'il fallait avant tout, c'était qu'elle fût claire et précise.

Lorsque Germaine revint du bureau du télégraphe, Micheline était assise dans l'attitude du recueillement, les yeux brillants, exaltés, les lèvres tremblantes.

Elle se leva et, venant à elle lentement avec une gravité qu'elle ne lui avait jamais vue :

— Madame Germaine, dit-elle, je vous en prie,

répondez-moi avec votre cœur, comme moi je vous interroge avec le mien.

— Que voulez-vous? demanda Germaine surprise de cette émotion.

— Vous avez connu maman?

— Mon enfant !

Ce fut un cri qui s'échappa du cœur de Germaine, mais instantanément elle réagit contre cette faiblesse.

— Pourquoi me demandez-vous cela? dit-elle.

— Parce que, si bonne que vous soyez, vous ne pouviez pas faire pour une élève qui n'eût été qu'une élève ce que vous avez fait pour moi. Si je ne vous ai pas remerciée tout à l'heure, ce n'est pas remerciée que je devrais dire, c'est que la joie m'emportait. En votre absence, j'ai réfléchi, j'ai senti que si vous avez été ce que vous êtes depuis huit ans, que si vous avez fait ce que vous venez de faire, c'est que vous avez connu maman, c'est que vous l'avez aimée, c'est que c'est elle qui vous a mise près de moi. Oh! ce n'est pas d'aujourd'hui que j'ai cette pensée, bien des fois j'ai voulu vous en parler; mais maintenant je ne puis plus me taire; vous ne pouvez pas vous taire non plus; je vous en prie, parlez-moi de maman.

Germaine croyait avoir épuisé les émotions les plus terribles, elle n'en avait jamais cependant éprouvé de plus violente. Allait-elle faiblir? Allait-elle ouvrir ses bras? Quelle joie!

Mais ce n'était pas à elle qu'elle devait penser,

c'était à sa fille. Elle n'avait plus qu'un sacrifice à lui faire, celui-là. Elle le ferait.

— Non, mon enfant, non, je n'ai pas connu votre mère; je n'ai pas eu besoin qu'on me dise de vous aimer; vous voyez, vous sentez combien je vous aime !

Un domestique, ouvrant la porte, annonça que la princesse attendait pour le déjeuner.

XI

Dans l'après-midi, Witold se présenta à l'hôtel, car il agissait maintenant en fiancé et tous les jours régulièrement il venait faire sa cour à Micheline.

Pour la première fois, il fut accueilli presque gracieusement : Micheline voulait être politique, et en même temps elle prenait un malin plaisir à se faire aimable pour un homme qu'elle ne craignait plus et qu'elle haïssait. Assez longtemps il l'avait assassinée de ses observations revêches, elle se vengeait en favorisant des espérances qui allaient être si cruellement déçues : ne serait-ce pas une douleur de plus pour lui de dire qu'il perdait à la fois et une belle fortune et une femme dont il était aimé?

Tout bas, elle riait de voir ses mines satisfaites et ses airs vainqueurs; le réveil n'en serait que plus dur.

A un certain moment, il put s'approcher de Germaine, qui travaillait dans un coin du salon, et lui, qui ne lui avait jamais adressé la parole, se pencha par-dessus son épaule pour regarder sa tapisserie.

—C'est très joli, ce que vous faites là, dit-il à haute voix, très joli !

Et tout bas il ajouta :

— La mèche est allumée; elle brûle; la mine va sauter.

La princesse, toute surprise, le regardait.

— Vois donc comme le bonheur rend Witold aimable, dit-elle à Micheline, il parle à madame Germaine.

— Il deviendra charmant, répondit-elle en riant.

Puis tout bas elle ajouta :

— ...Si Dieu lui prête vie.

— Tu dis?

— Rien, marraine.

Il était venu les prendre pour les accompagner au Bois, où il avait intérêt à se montrer comme le mari de Micheline, l'héritière de la princesse Sobolewska; Germaine resta seule à l'hôtel.

Vers quatre heures on lui monta la carte de Vauvineux, et rapidement elle descendit, anxieuse de savoir ce qu'il voulait lui apprendre. Se laisserait-il devancer par Witold? Du premier mot il la rassura :

— C'est commencé, dit-il en plaisantant, ne bougeons plus.

Mais quand elle lui eut rapporté les paroles de Witold, il cessa de rire.

— Qu'a dit la princesse? demanda-t-il, croyant que c'était à elle que ces paroles avaient été adressées.

— Rien; mais vous savez que la princesse a en vous toute confiance.

— Je l'espère bien; avouez que ce serait une grande ingratitude s'il en était autrement. Je vous prie de dire à la princesse que je suis venu pour la voir, et surtout de le dire devant le prince, ça l'endormira.

Un des soucis de Germaine et de Micheline était de se demander si Jacques serait arrivé au moment où la mine sauterait, car Witold voudrait sans doute se défendre, il tenterait quelque coup désespéré, et il importait que la princesse sentît auprès d'elle un bras fort sur lequel elle pourrait s'appuyer. Elles avaient travaillé l'*Indicateur*, et elles avaient trouvé qu'en admettant les circonstances les plus favorables, il ne pouvait pas être à l'hôtel avant le lendemain à six heures du soir. Ne serait-il pas trop tard ?

Comme il était possible que Micheline ne pût pas échanger un mot en particulier avec lui, elle voulut lui écrire pour le mettre à peu près au courant de ce qui se passait, et lui expliquer ce qu'elle attendait, ce qu'il devait dire, ce qu'il devait faire jusqu'au moment où ils se seraient entendus.

Mais cette lettre n'occupa pas la journée, et il resta de longues heures à passer : Witold arriverait-il avant Jacques ? A chaque instant elle échangeait un regard inquiet avec Germaine, qu'elle trouvait tout aussi tourmentée qu'elle l'était elle-même.

Witold, contrairement aux nouvelles habitudes prises depuis le retour à Paris, ne vint pas dans la journée, et Vauvineux ne parut pas davantage.

Enfin, à six heures et demie, le timbre du concierge sonna, et presque aussitôt un domestique ouvrant la porte annonça :

— M. Jacques Hébertot.

— Comment ! te voilà ? s'écria la princesse.

Après avoir embrassé sa tante, serré la main de Micheline qui lui glissa sa lettre, et salué Germaine, il expliqua son arrivée ; il avait quelques jours de congé, il venait les passer à Paris.

— Va t'habiller, dit la princesse, et redescends vite pour dîner, tu nous accompagneras à l'Opéra.

La lettre de Micheline brûlait les doigts de Jacques ; ce fut en courant qu'il monta à sa chambre ; de Toulon à Paris il avait agité toutes les probabilités comme toutes les impossibilités, mais sans s'arrêter à rien de satisfaisant ; il allait donc savoir ce que Micheline voulait de lui.

« Avant deux mois nous serons mariés, mon cher Jacques. »

Et elle expliquait comment.

Si, en redescendant, son premier regard fut pour Micheline, il en eut un aussi pour Germaine qui la toucha plus comme une promesse que comme un remercîment : il ne lui serait point hostile, il la laisserait aimer Micheline.

Après le dîner, la princesse, Micheline et Jacques partirent pour l'Opéra, où ils arrivèrent comme le deuxième acte de *Faust* commençait. Tout au bonheur d'être près de Jacques, Micheline prit sa place habituelle sur le devant de la loge, mais en restant tournée vers lui, continuant leur entretien, tandis que la princesse, qui n'avait pas les mêmes préoccupations, passait l'inspection de la salle, d'une loge à l'autre. Il lui sembla que toutes les lorgnettes qu'elle rencontrait étaient braquées de son côté ; alors, se penchant vers Micheline :

— Tu es en beauté ce soir, tout le monde te regarde.

Ce mot rappela Micheline à la réalité, et à son tour elle jeta un regard circulaire sur la salle : c'était vrai, tous les yeux étaient ramassés sur leur loge; elle remarqua qu'on se parlait en les examinant. Que se passait-il donc? Elle n'était pas assez infatuée de sa beauté pour s'imaginer que c'était elle qui soulevait cette curiosité.

Elle fit un signe à Jacques, qui le comprit : évidemment il y avait quelque chose. Mais quoi?

Les lorgnettes ne les quittaient pas; à l'entr'acte, Jacques sortit.

— Ne nous abandonnez pas longtemps, dit Micheline, qui craignait de voir apparaître Witold.

Il n'y avait pas une minute qu'il avait fermé la porte de la loge qu'elle se rouvrit, et Micheline crut que c'était Witold. Mais sa peur la trompait. C'était un vieil ami de sa marraine, un médecin qui avait été le camarade de Beaumoussel et n'avait pas cru devoir se fâcher avec sa veuve quand elle s'était remariée.

Comme la princesse l'accueillait en riant :

— Je vois, dit-il, que vous ne devez pas savoir ce qui se passe.

— Je ne sais rien. Parlez.

— Eh bien, ma pauvre amie, la police a fait une descente aujourd'hui dans les bureaux de l'*Universelle* ; les scellés ont été apposés; Vauvineux et La Parisière sont arrêtés.

— Ce pauvre Vauvineux! dit la princesse.

— N'êtes-vous pas dans l'affaire?

— Pas pour une grosse somme, heureusement. De quoi accuse-t-on Vauvineux?

— D'escroquerie.

— Et le duc de Charmont, et le duc de Mestosa?

— Ils ont été les dupes de Vauvineux.

— Voilà donc pourquoi on nous regarde tant, dit la princesse; il me semble cependant que je ne dois pas être la seule victime de l'*Universelle*.

Micheline, au premier mot du vieux médecin, avait espéré mieux; en réalité, Vauvineux ne l'intéressait que comme l'ennemi de Witold. Qu'allait devenir la lutte engagée, si Vauvineux était écrasé?

Elle éprouva un moment d'angoisse. Heureusement Jacques, qui rentra bientôt, lui adressa un coup d'œil et elle se rassura.

Le médecin ne tarda pas à sortir; aussitôt Jacques se pencha vers sa tante et parlant d'une voix étouffée:

— Si vous vouliez, dit-il, il serait bon de rentrer.

— Et pourquoi donc?

— Il se passe quelque chose de grave, de très grave, et il est mieux d'échapper à ces regards curieux.

— Une perte de trois cent mille francs n'est pas chose si grave; tu vois que je peux donner ma douleur en spectacle.

Comme il la regardait sans comprendre, Micheline intervint.

— Marraine vient d'apprendre que M. Vauvineux est arrêté.

— Il ne s'agit pas de Vauvineux, dit-il vivement,

mais du prince Witold; croyez-moi, ma tante, allons-nous-en.

— Witold ! tu me fais peur.

— En voiture je vous conterai tout.

Le troisième acte allait commencer.

— Je vais retenir un fiacre, dit Jacques, puis je reviens vous prendre.

En effet, il ne fut que quelques minutes absent; quand elles descendirent l'escalier, elles ne rencontrèrent personne, tout le monde était rentré dans la salle.

— Eh bien ! qu'y a-t-il ? demanda la princesse aussitôt que le fiacre, dans lequel elles s'étaient à grand'peine entassées, commença à rouler.

— Un grand chagrin pour vous, ma tante.

— Witold s'est tué ! s'écria la princesse, qui, depuis la mort de Casimir, ne pensait qu'à des accidents tragiques.

— Non... par malheur !

— Par malheur ?

— Par malheur pour vous, ma tante. Vous allez voir que je n'ai que trop raison en vous rapportant ce que vient de me raconter un ancien camarade, le garçon le plus loyal que je connaisse, qui a vu, de ses propres yeux vu, la terrible aventure du prince. Depuis longtemps on le soupçonnait d'être l'associé d'un de ces étrangers, comme il y en a tant à Paris, qui vivent d'escroqueries au jeu.

— Witold !...

— Aujourd'hui, on a voulu tirer l'affaire au clair. Le duc de Charmont, qui est le président du cercle, avait convoqué les membres du comité. On jouait au *quinze* où la valeur des cartes a seule un intérêt. On a surveillé l'ami de Witold, et, à un certain moment, le duc de Charmont a arrêté la partie. On se servait de cartes marquées. D'où venaient-elles ? Une enquête a été ouverte et, sévèrement menée par le duc de Charmont, elle a prouvé que ces cartes avaient été marquées par un garçon du cercle à l'instigation... du prince Witold.

— C'est impossible ! s'écria la princesse.

— La preuve est faite.

Il s'établit un moment de silence; tout à coup la princesse, entourant Micheline de son bras, l'attira contre elle.

— Oh ! ma pauvre enfant ! s'écria-t-elle suffoquée ma pauvre enfant !

Tendrement, Micheline l'embrassa avec effusion à plusieurs reprises.

— C'est toi qui es à plaindre, dit-elle, toi qui avais mis tant d'espérances en lui.

— Mais toi, mais toi ?

— Moi, qu'importe ?

Le moment était décisif, Micheline voulut en profiter.

— Moi, je ne pouvais pas l'aimer, puisque j'en aime un autre.

Et elle tendit les deux mains à Jacques.

— Certes, ma tante, j'aurais voulu vous demander Micheline dans d'autres circonstances, dit Jacques, mais puisqu'elle a parlé...

— Ah ! tais-toi, s'écria la princesse, tous deux taisez-vous, c'est indigne !

Le lendemain de bonne heure, la princesse fit appeler Jacques, qui la trouva assise à un bureau, avec un carnet de chèques devant elle.

— Tu vas aller chez Witold, tu lui remettras cette enveloppe dans laquelle il y a un chèque; tu lui diras qu'il ne fasse pas de tentative pour me revoir, il ne serait pas reçu. S'il veut aller à Londres, à Vienne, en Amérique, je lui servirai une pension. S'il veut argumenter, se défendre, tu parleras avec autorité, comme mon neveu, comme le chef de la famille... comme le mari de ma fille.

— Oh ! ma tante !

— Va ! ne me parle pas, ne me remercie pas, je suis anéantie.

Avant de partir, Jacques eut le temps de prévenir Micheline, qui, aussitôt qu'elle l'eut vu fermer la grille, monta chez Germaine.

— Ma marraine consent.

Elle s'attendait à un élan de joie, elle vit des larmes emplir les yeux de Germaine.

— Vous pleurez ?

— Ne croyez pas que je ne sois pas heureuse, mon enfant ; je le suis, je vous le jure, mais je ne peux pas penser que nous allons être séparées sans une émotion cruelle.

Et ses larmes qu'elle avait retenues jaillirent irrésistiblement.

Il y eut un moment de silence.

Tout à coup Micheline lui prit la main.

— Hier, vous n'avez pas voulu me répondre, mais hier je n'étais qu'une enfant, aujourd'hui je suis une femme.

Elle l'attira vers elle, la regarda les yeux dans les yeux, puis d'une voix frémissante :

— Vous êtes maman !

— Ma fille ! ma fille !

Pendant assez longtemps elles s'embrassèrent sans parler, au moins sans prononcer des mots qui se suivaient : « Maman ! Ma fille ! »

Micheline, la première, se remit.

— Il faut tout me dire... Mon père ?

— Oh ! tais-toi ! s'écria Germaine épouvantée.

Il y avait dans le cabinet de travail un portrait de Casimir, comme il y en avait d'ailleurs dans les principales pièces de l'hôtel. Micheline, tirant doucement Germaine par la main, l'amena devant ce portrait.

— Ces yeux bleus, ces traits, ces cheveux blonds, cette ressemblance, tout cela n'est pas trompeur, lui, c'est lui.

Germaine éperdue se jeta sur l'épaule de sa fille et resta là, le visage caché, étouffant.

— Regina savait donc, murmura Micheline.

— Je te dirai tout. Mais jamais la princesse ne doit soupçonner que je t'ai avoué que je suis ta mère.

— Elle ! Oh ! la pauvre chère femme !

FIN

NOTICE SUR « MICHELINE »

Alors que, dans les comédies et les romans, les personnages s'appelaient Eraste, Lucile, Clitandre, le Chevalier ou la Marquise, les auteurs étaient à l'abri des embarras et des réclamations qui sont nés du jour où ils ont emprunté leurs noms à la réalité. Si l'on prend un nom sur une enseigne ou dans le Bottin pour l'imprimer dans une œuvre de fiction, sait-on jamais si celui qui possède ce nom avec l'autorité de l'état civil ne se plaindra pas ?

Pas un romancier, pas un auteur dramatique qui n'ait eu à se débattre contre les réclamations de cette sorte. De même que tous mes confrères, j'y ai été exposé comme j'y ai exposé les journaux qui publiaient ou reproduisaient mes romans. A Pau, un journal veut publier mon roman *Cara*, mais il s'aperçoit que le personnage principal s'appelle Daguilhon; or, comme le président de la Cour ou le procureur général porte ce nom, il ne veut pas s'exposer à déplaire à ce haut personnage. De Rouen, mon camarade Lapierre, directeur du *Nouvelliste*, m'écrit : « Ne te fâche pas si tu vois le nom de ta madame Daliphare écrit Danifare; nous avons une abonnée qui s'appelle comme ton héroïne : elle a réclamé. » Et dix autres et vingt autres de ce genre. Quand elles se présentaient sur le ton conciliant, je m'efforçais de leur donner satisfaction; mais quand c'était avec menaces ou en invoquant un droit, je n'y répondais pas, résigné à un procès s'il fallait plaider.

Dans les *Batailles du mariage*, ayant à mettre en scène un Polonais, je l'avais appelé Sobolewski. Pourquoi? Je n'en sais rien. D'après quoi ou d'après qui? Je n'en sais rien non plus. Huit ans après, dans *Micheline*, je me sers encore de ce nom qui, me semblait-il, m'appartenait bien.

Il y avait six mois que *Micheline* avait paru dans le *Temps*, et trois semaines qu'elle avait été publiée en librairie, quand je reçois une lettre signée « Comte Sobolewski », me demandant d'avoir à faire disparaître ce nom de mon roman. Je réponds au comte Sobolewski en lui donnant rendez-vous à la Librairie Nouvelle, et un matin de novembre, à l'heure fixée, je vois descendre d'un correct coupé très bien attelé un jeune homme qu'à son air polonais je reconnaissais pour celui que j'attends.

— Est-ce que vous trouvez que nous sommes bien ici pour causer? me dit-il. Voulez-vous que nous allions au Café Riche?

Et, à peine assis, il envoie deux verres de madère à son cocher et à son valet de pied.

— Est-ce que vous en voulez à quelqu'un de ma famille? me demande-t-il.

Je lui explique comment j'ai pris ce nom au hasard, croyant l'inventer.

— Vous savez, ennuyeux pour moi, ce hasard; ou plutôt pour les miens et mon entourage; car, moi, je m'en fiche un peu. Arrangez ça.

Je ne demandais certes pas mieux que d'arranger ça, car ce hasard était plus qu'ennuyeux; mais comment? Je ne pouvais pas rattraper les exemplaires des *Batailles du mariage* publiés pendant huit ans, ni la collection du *Temps* pendant la durée de mon feuilleton, ni les dix ou douze mille exemplaires de *Micheline* déjà vendus, ni ceux tirés. Ce fut ce que je lui expliquai. Évidemment il avait cru plus facile l'arrangement qu'il voulait. A la fin, nous tombâmes d'accord que le mieux était de publier une lettre que je fis aussitôt, qu'il lut, et qui parut le soir même dans le *Temps* :

« Mon cher Hébrard,

» Dans mon roman *Micheline*, que le *Temps* a publié il y a quelques mois et qui vient de paraître en librairie, le personnage principal se nomme Sobolewski. Ce nom a provoqué les justes susceptibilités d'une famille Sobolewski qui existe réellement. Voulez-vous me permettre de déclarer publiquement qu'entre cette famille et celle de mon roman, il n'y a aucun lien; que j'ignorais son existence, et que dans le choix du nom de mes personnages, je n'ai été guidé que par un hasard... fâcheux ? J'ai voulu être bien polonais, je l'ai été trop.

» Recevez, etc.

» H. M.

» 6 novembre 1884. »

www.ingramcontent.com/pod-product-compliance
Lightning Source LLC
Chambersburg PA
CBHW052138230426
43671CB00009B/1296